Sue Miller
mit David Staal

Die schönste Stunde der Woche

Promiseland – Kinder für Gott begeistern

Sue Miller

mit David Staal

Die schönste Stunde der Woche

Promiseland –
Kinder für Gott begeistern

Projektion J

Titel der Originalausgabe:
Making Your Children's Ministry the Best Hour of Every Kid's Week

Published by Zondervan Publishing House, Grand Rapids, Michigan 49530, USA

1. Auflage 2004

Die Bibelzitate wurden der „Gute Nachricht Bibel" entnommen.

ISBN 3-89490-550-6

Übersetzung: Annette Schalk
Umschlaggestaltung: Hanni Plato
Umschlagfoto: Jerome Tisne/Getty Images
Satz: Die Feder GmbH, Wetzlar
Druck und Verarbeitung: Schönbach-Druck, Erzhausen

Für die durch nichts aufzuhaltenden
Mitarbeiter von
Willow Creek,
die *Promiseland* für alle Kinder
zur schönsten Stunde der Woche machen.
Ihr habt es wirklich drauf!

*„In allen meinen Gebeten denke ich
an euch alle und danke dabei meinem Gott."*
Philipper 1,3

Inhalt

Dank

Pat Cimo – Ich danke dir als meiner Partnerin bei diesem ganzen Abenteuer für deine Liebe und Leitung.

Die Mitarbeiter von *Promiseland* – Ich kann mir für mein Leben und meinen Dienst kein besseres Team als euch vorstellen.

Bill Hybels – Danke für 30 Jahre Mentoring in Leitungsfragen und immer tiefer werdende Freundschaft. Ich bin sehr gern Teil deines Teams!

Fred Vojtsek – Dir und Gott gebührt der Verdienst, dass ich nicht aufgab, wenn es schwer wurde, also: Danke!

David Staal – Ich danke dir für deine Leidenschaft, Kreativität und die unermüdliche Arbeit an diesem Buchprojekt. Ohne deine Gaben und Talente würde es dieses Buch nicht geben.

Meine Familie – Danke für ein Leben voller Erinnerungen. Danke für den Reichtum des Lebens, den ich Tag für Tag genieße. Ihr alle seid die Liebe meines Lebens.

Vorwort zur deutschen Ausgabe

Dieses Buch ist ein flammendes Plädoyer dafür, dass die Arbeit mit Kindern in einer Gemeinde mehr sein muss als nur Betreuung und geistliche Unterhaltung.

Mit ansteckender Leidenschaft beschreibt Sue Miller, dass es um nicht weniger geht als um die konsequente Umsetzung des Missionsbefehls unter den Kindern.

Sue Millers Buch gibt einen umfassenden Einblick darin, mit welcher Energie und Entschlossenheit die Mitarbeiter von *Promiseland* den Auftrag Jesu umsetzen: *Der Kindergottesdienst soll für alle Kinder zur schönsten Stunde der Woche werden und lebensverändernde Kraft haben.*

Genau diese Vision brauchen wir auch in Deutschland, wo die Frustration der Mitarbeiter oft groß und die Zahl der Kinder, die den Kindergottesdienst besuchen, gering ist.

Promiseland nimmt keineswegs für sich in Anspruch, das ultimative Konzept für die Arbeit mit Kindern zu haben, wohl aber werden vertraute und bekannte Elemente in einer neuen dynamischen Weise kombiniert, die sowohl Kinder als auch Mitarbeiter begeistert.

Der erste *Promiseland*-Kongress 1999 in Bochum war für unsere Gemeinde der Auslöser einer ungeahnten Welle von Veränderungen. Hoch motiviert kamen die Mitarbeiterinnen von dieser Veranstaltung zurück, entschlossen, den *Promiseland*-Ansatz konsequent in unserer landeskirchlichen Gemeinde umzusetzen. Eine neue Liebe und Begeisterung für die Kirche der Stadt breitete sich in ihren Herzen aus.

Die Gemeindeleitung gab grünes Licht, und so wurde das aus drei Teilen bestehende *Promiseland*-Konzept mit Spielzeit, Plenum und Kleingruppen anstelle des traditionellen Kindergottesdienstes gestartet. Vor allem die Spielzeit am

Anfang erwies sich als geniales Mittel, um neue Kinder mühelos zu integrieren. Der Einsatz der begabten Musiker und Kommunikatoren in einem Plenum setzte eine Fülle von Kreativität frei, die bislang ungenutzt in der Gemeinde geschlummert hatte. Die Kleingruppen erwiesen sich als Lösung für das Problem der Unruhe und der Anonymität in einer wachsenden traditionellen Kindergottesdienstgruppe: Nun war jedes Kind im Blick und konnte in seiner geistlichen Entwicklung begleitet werden. Schon nach kürzester Zeit wollten sowohl Kinder als auch Mitarbeiter die Kleingruppen nicht mehr missen. Auf Grund der wachstumsfähigen Struktur, die das *Promiseland*-Konzept bietet, konnten im Laufe der Zeit immer mehr Kleingruppen entstehen, ohne dass sich dadurch im Ganzen etwas verändert hätte. Heute besuchen über 200 Kinder den sonntäglichen Kindergottesdienst, dem wir den programmatischen Namen „Treffpunkt Vaterhaus" gegeben haben. Über 50 Mitarbeiter, darunter auch viele Männer und eine wachsende Anzahl von Jugendlichen, die vor Jahren selbst das „Vaterhaus" besucht haben, widmen sich mit großem Eifer und hohem zeitlichen Aufwand den Kindern.

Die Begeisterung der Kinder weckte auch die Neugier der Eltern. Immer mehr von ihnen ließen sich in den zeitgleich am Sonntag stattfindenden Gottesdienst der Erwachsenen einladen, der im Laufe der Jahre immer stärker zu einem besucherfreundlichen Gottesdienst umgewandelt wurde.

Auch aus der früheren, in mehrere Gruppen zerstückelten Jungschararbeit während der Woche ist eine noch stärker auf ganz kirchenferne Kinder ausgerichtete dynamische Arbeit entstanden, der dieselben Prinzipien und Strukturen zu Grunde liegen.

Was wir von *Willow Creek* gelernt haben, ist, mit einem Satz gesagt: Man braucht ein brennendes Herz voller Liebe zu den entkirchlichten Menschen, aber auch eine durchdachte Strategie und gute Strukturen, um in unserer Gesellschaft als Gemeinde effektiv zu sein.

Das Buch von Sue Miller zeigt, dass die Aufgabe größer ist, als vielleicht mancher angenommen hat, der in den letzten Jahren von *Willow Creek* einige Impulse aufgegriffen hat. Die Schlüsselfrage ist: Sind wir bereit, alles zu verändern, was verändert werden muss, um den Auftrag Jesu unter den Kindern in unserer heutigen Gesellschaft zu erfüllen? Es wäre zu wenig, wenn wir bestehende Kindergottesdienste nur etwas kreativer und moderner machen würden. Vielmehr gilt es, Kindern die Wahrheiten der Bibel auf eine Weise zu vermitteln, die dazu führt, dass sich ihr Leben verändert. Jedes Kind, das für Christus und seine Gemeinde gewonnen wird, lohnt die Mühe und den Einsatz.

Sue Miller zeigt gangbare Wege auf, wie man der ganzen Gemeinde eine neue Sicht und Wertschätzung der Kinder vermitteln kann. Eines der inspirierendsten Kapitel in diesem Buch ist sicher das Kapitel über die vielfältigen Möglichkeiten der Gewinnung von Mitarbeitern. Deutlich wird, dass es in der Arbeit mit Kindern nicht nur um die Kinder, sondern genauso um die Mitarbeiter geht. Der Aufbau eines starken, liebevollen und begeisterten Teams ist eine Aufgabe, der wir größte Aufmerksamkeit widmen sollten. Menschen wollen, so zeigen die Erfahrungen von *Promiseland*, ihre kostbare Zeit und Kraft für etwas einsetzen, das zählt. Der Dienst an den Kindern muss wieder als eine solche Aufgabe begriffen und gestaltet werden: Es geht um das Leben der Kinder und darum, wo sie die Ewigkeit verbringen.

Die *Promiseland*-Prinzipien, die Sue Miller vermittelt (kindgemäße Gestaltung, lebensrelevante Verkündigung, kreative Vermittlung des Evangeliums, beziehungsorientierter Ansatz, Spaß und Sicherheit), sind einfach, verständlich und übertragbar. Die Strukturen, die sie vorschlägt – eine gut durchdachte Kombination von Plenum und Kleingruppen, die hohe Wertschätzung der Mitarbeiter, auf deren Gaben, Verfügbarkeit und Entwicklung geachtet wird –, bieten ein Konzept, das auch in Deutschland in hohem Maße umsetzbar ist, sowohl im landeskirchlichen als auch im freikirchlichen Raum.

Noch sind in unserer Gesellschaft auch viele kirchendistanzierte Familien der Kirche gegenüber offen: Wenn die Kinder wollen, dürfen sie kommen. Warum den Kindergottesdienst nicht so kreativ, biblisch fundiert, lebensrelevant und persönlich gestalten, dass die Kinder kommen *wollen*? Das ist die Herausforderung, vor die *Promiseland* uns stellt.

Wir können also von Sue Miller und ihrem Team viel lernen. Vor allem, dass es keinen Grund gibt, von Gott zu klein zu denken: Seine Liebe zu den Kindern ist universal. Und weil ihm jedes Kind unendlich wichtig ist, muss es auch uns wichtig sein. Was Gott in Amerika getan hat, kann auch in Deutschland Wirklichkeit werden. Es gibt bereits an vielen Orten sehr ermutigende Beispiele.

Und deshalb ist es auch Sue Millers Hauptanliegen, neue Leidenschaft für die Arbeit mit Kindern zu wecken. Was sich daraus ergeben kann, schildert sie in ihrem anregenden und herausfordernden Buch, das in die Hände jedes Pastors und jedes Ältesten gehört, die es nach dem Lesen unverzüglich an potentielle Mitarbeiter weitergeben sollten.

Pfarrer Norbert Gantert
Ev. Kirchengemeinde Neuenburg

Vorwort von Bill Hybels

Ich lernte Sue Miller kennen, als wir beide noch sorglose Teenager waren. Wir gingen in der Highschool an einem Abend mit zwei Pärchen zusammen aus, weil Sue mit einem guten Freund von mir verabredet war, der mein Auto brauchte, und weil ich meine Tankanzeige etwas aus dem roten Bereich bewegen musste. Fünf Dollar lösten die Probleme von uns beiden.

Wenn Sie mir an jenem Abend gesagt hätten, dass ich 30 Jahre später einmal ein Vorwort für das Buch der Freundin meines Freundes schreiben würde, hätten sich alle, die im Auto saßen, den Bauch vor Lachen gehalten! Keiner von uns hatte auch nur die leiseste Ahnung, welche überraschenden Wendungen Gott für unseren Lebensweg in petto hatte. Sue und ich sollten die Partner heiraten, mit denen wir damals befreundet waren. Wir sollten Trauzeugen auf der Hochzeit des jeweils anderen sein. Und wir vier sollten gemeinsam eine Schülerarbeit gründen, aus der schließlich die *Willow Creek*-Gemeinde hervorgehen sollte ... das alles wusste damals nur Gott!

Von allen Dienstbereichen der *Willow Creek*-Gemeinde hat mir einer im Laufe der Jahre enorme Freude gemacht: unsere Arbeit mit Kindern, die den Namen *Promiseland* trägt. Jede Woche kommen rund 3 000 Kinder zu *Promiseland,* die wiederum von über tausend ehrenamtlichen Mitarbeitern betreut werden. *Promiseland* ist somit seit langem der wichtigste Dienstbereich unserer Gemeinde, wenn es darum geht, Familien zu erreichen.

Sue Miller leitet *Promiseland* seit 13 Jahren. Unter ihrer Leitung haben Hunderte von Kindern ihr Leben Jesus anvertraut und Tausende tiefere Wurzeln im Glauben geschlagen. Durch *Promiseland* haben unzählige Eltern gelernt, wie sie mit ihren Kindern beten und über geistliche Themen reden können. Erwachsene aus der ganzen Gemeinde haben gelernt, wie sie den jungen Menschen dienen können, die Jesus auf den Schoß nahm und segnete.

Es dauerte nicht lange, und Gemeinden auf der ganzen Welt wendeten sich an uns, weil sie von *Promiseland* lernen wollten. Anfänglich zögerte Sue, anderen leitenden Mitarbeitern in der Arbeit mit Kindern Ratschläge zu erteilen, weil sie das Gefühl hatte, dass unsere eigene Arbeit mit Kindern immer noch viele Herausforderungen zu bewältigen hatte. Ich respektierte ihre Bedenken zwar, konnte sie aber dennoch überreden, eine Konferenz für alle zu veranstalten, die neugierig darauf waren, wie man neue Wege in der Arbeit mit Kindern beschreiten konnte. Sie war unter einer Bedingung dazu bereit: Sie wollte den Teilnehmern ganz offen sagen, dass *Promiseland* eine Baustelle war und noch einen langen Weg vor sich hatte. Ihr Geständnis führte dazu, dass sie die Herzen aller gewann, die so gerne etwas aus den Erfolgen und Fehlschlägen von *Promiseland* lernen wollten.

Was in den vergangenen fünf Jahren geschah, kann man nur als Wirken Gottes bezeichnen. Die jährlich stattfindende *Promiseland*-Konferenz in *Willow Creek* ist in der Regel Monate im Voraus ausgebucht, und internationale Konferenzen ziehen oft weit mehr Teilnehmer an, als unsere Veranstaltungsräume fassen können. Die *Promiseland*-Arbeitsmaterialien werden in Tausenden von Gemeinden verwendet, und die meisten von uns haben das Gefühl, dass die Rakete gerade erst die Startrampe verlässt.

Dieses Buch erklärt, warum Sues Dienst auf so viele leitende Mitarbeiter, die Kinder lieben und Kindern dienen, katalytisch gewirkt hat. Beim Lesen werden Sie ihren Optimismus spüren und sich hoffentlich von ihrer Begeisterung anstecken lassen. Sie werden daran erinnert werden, dass Kinder Gott wichtig sind und auch uns und der Gemeinde wichtiger sein sollten.

Es war mir ein Vergnügen, die letzten 15 Jahre mit Sue zusammenzuarbeiten. Ihre Stärke und ihre Vision haben meine eigene geschärft und ihre Freundschaft ist für meine Frau und mich von unschätzbarem Wert. Ich wünschte, Sie könnten an einer Besprechung mit ihr teilnehmen und erleben, wie ihre Energie auf alles überspringt, was sie macht.

Ich hoffe, dass dieses Buch für Sie ein Fenster in die begeisternde Welt öffnet, die Sue und ihr Team mit *Promiseland* erschaffen haben.

Ich träume gemeinsam mit Sue davon, dass eines Tages jedes Kind Kontakt zu so einer verändernden Arbeit mit Kindern haben wird. Vielleicht werden Sie Teil des weltweiten Teams, das sich dieser Revolution verschrieben hat! In welches Ziel könnten Sie Ihr Leben und Ihre Zukunft besser investieren?

Bill Hybels
Hauptpastor von *Willow Creek*

Vorwort von George Barna

Seit über 20 Jahren studiere ich die Glaubensüberzeugungen und das Verhalten der Amerikaner. Nach der Auswertung der Daten von über 600 nationalen Umfragen, die wir in dieser Zeit durchgeführt haben – wobei mein besonderes Augenmerk auf der Überschneidung von Glauben, Lebensstil und Kultur lag –, stellte ich fest, dass ein beunruhigendes Ergebnis unanfechtbar ist: Christen verhalten sich im Allgemeinen nicht anders als Nichtchristen.

Das ist eine bemerkenswerte Entdeckung. Schließlich ist die Grundlage des christlichen Glaubens die Veränderung: Wir sollten durch unser Verständnis der radikalen Liebe Gottes für uns und durch unsere Bereitschaft, seinen Geboten und Prinzipien zu gehorchen, so verändert werden, dass unser gesamter Zugang zum Leben neu definiert wird.

Diese nicht zu erkennende Unterscheidung der christlichen Gemeinschaft hat mich jahrelang beunruhigt und führte dazu, dass ich mich intensiver mit diesem Problem auseinander setzte. Die Ergebnisse überraschten mich – und veränderten mich für immer. Im Wesentlichen fanden meine Mitarbeiter und ich heraus, dass Christen nicht wie Jesus handeln, weil sie nicht wie Jesus denken. Sie denken nicht wie er, weil sich niemand um ihre geistlichen Konturen Gedanken gemacht hatte, als sie jung waren; zu einer Zeit, als sie noch jung genug waren, dass man sie bewusst und umfassend so schulen konnte, dass sie lernten, Gottes Prinzipien voll und ganz zu erkennen, zu verstehen und umzusetzen. Mit anderen Worten: Nur wenige junge Leute haben das Privileg, ihr Weltbild bewusst so zu gestalten, dass es voll und ganz die grundlegenden biblischen Lehren widerspiegelt.

Die Forschungsergebnisse förderten einige erstaunliche Tatsachen zutage. Wussten Sie beispielsweise, dass die Vorstellungen, die das Verhalten eines Menschen bestimmen, in der Regel vor dem 13. Lebensjahr erworben und angenommen werden? Ist Ihnen bewusst, dass die religiösen Überzeugungen, die ein Mensch bis zum 13. Lebensjahr entwickelt hat, ziemlich genau den Überzeugungen entsprechen, die er bis zu seinem Tod beibehält? Mir war das nicht klar. Ich war schockiert, als ich feststellte, in wie wenigen Fällen sich die Glaubensüberzeugungen eines Menschen zwischen dem Teenageralter und dem Erwachsenenalter änderten. Weiterhin fanden wir heraus, dass die wesentlichen geistlichen Entscheidungen im Allgemeinen in jungen Jahren getroffen werden, was wiederum untermauert, wie wichtig es ist, sich auf die Entwicklung von Kindern zu konzentrieren.

Weiterhin nahmen wir den Prozess der geistlichen Entwicklung unter die Lupe, wie er sich sowohl zu Hause als auch in einer Kirchengemeinde vollzieht. Traurigerweise deuten die Ergebnisse darauf hin, dass beide Seiten darauf warten, dass die andere den Löwenanteil an geistlicher Unterweisung, Feedback und dem Einüben von Verbindlichkeit übernimmt. Eltern und Gemeinden neigen dazu, sich auf ihr eigenes Überleben und ihre eigenen Bedürfnisse zu konzentrieren. Dabei gehen Kinder oft unter und leiden unter den Folgen milder geistlicher Vernachlässigung.

Dieses beunruhigende Ergebnis – das Nichtvorhandensein eines ansteckenden christlichen Zeugnisses in einer nichtchristlichen Welt – ist mehr oder weniger der Beweis für eine biblische Wahrheit: Man erntet, was man sät. Gemeinden wünschen sich Kinder, denen das Gemeindeleben so viel Spaß macht, dass sie als Erwachsene zurückkehren, denn wir messen den Erfolg einer Gemeinde ja an der Zahl der erwachsenen Besucher. Eltern erwarten wiederum, dass die Gemeinde in die Herzen und das Denken ihrer Kinder geistliche Denkweisen und Erfahrungen sowie biblisches Verhalten und Wissen einprägt, denn schließlich sind Gemeinden „Experten" auf diesem Gebiet. Aber während jeder darauf wartet, dass der andere sein Bestes gibt, werden unsere Kinder von unserer Kultur verführt und für die alternativen Werte und Lebensstile gewonnen, die von den Medien, Schulen und Gleichaltrigen propagiert werden.

Doch so sollte es nicht sein. Und dankenswerterweise gibt es auch Gemeinden im Land, in denen es so nicht funktioniert. Es gibt eine ganze Reihe gesunder Gemeinden und christlicher Haushalte mit wirkungsvollen Angeboten für Kinder, die geistliche Dynamos produzieren.

Wie gelingt diesen Gemeinden und Familien so etwas? Darum geht es in diesem Buch. Diese Seiten bergen einen Schatz an bewährten Weisheiten und Erkenntnissen, wie man sich vom Heiligen Geist gebrauchen lassen kann, um im Leben von Kindern begeisternde, bleibende Veränderung zu schaffen. Entstanden aus der *Promiseland*-Arbeit der *Willow Creek*-Gemeinde, wird Ihnen dieses Buch dabei helfen, konkrete Möglichkeiten zu entdecken, wie Sie Lebensveränderung bei jungen Menschen begleiten können. Sue und David haben einen sehr gut zu lesenden und sehr praxisnahen Leitfaden verfasst, mit dessen Hilfe Sie die dahinter stehenden Prinzipien umsetzen können, um auch in Ihrer Gemeinde einen Dienst ins Leben zu rufen. Sie werden etwas über Berufung, Leitung, Kreativität, Chaosmanagement, das Arbeiten an Haltungen, Auswertung, strategisches Denken, die Gewinnung von Mitarbeitern und vieles mehr lernen.

Während meiner Zeit als „Creeker“ und bei meinen zahlreichen späteren Besuchen in *Willow Creek* im Laufe der Jahre hat mich die Energie, Begeisterung und Gewichtung der Arbeit mit Kindern immer wieder neu beeindruckt. *Willow* ist eine Gemeinde, die sehr stark in Kinder investiert, weil das genau das Richtige ist: Diese jungen Menschen sind Gott sehr wichtig und stellen die Zukunft der Kirche und unserer Welt dar. Ich bete dafür, dass Sie einen Eindruck davon bekommen, wie die Arbeit mit Kindern in Ihrer Gemeinde aussehen kann, wenn Sie mit den Prinzipien in Berührung kommen, die *Promiseland* zu einem lebensverändernden Abenteuer gemacht haben. Kein anderer Dienst lohnt so riesige Investitionen wie Ihr Bemühen um die Kinder.

George Barna
Ventura, Kalifornien

Einführung

Sonntag, 8:15 Uhr in der Willow Creek-Gemeinde

Promiseland ist geschäftig. Noch sind keine Kinder angekommen, aber das Team ist bereits da. Auf der Bühne im großen Gruppenraum proben zwei Schauspieler ihren Text. Links drüben sehe ich Dennis, der ein Treffen der Kleingruppenleiter für die Zweit- und Drittklässler leitet. „Heute ist ein wichtiger Tag, weil es an diesem Wochenende um die Botschaft der Erlösung geht", sagt er gerade. Die Leiter beten gemeinsam dafür, dass die Kinder sich an diesem Vormittag dafür entscheiden, eine Beziehung zu Jesus zu beginnen. Seinem Team – lauter ehrenamtlichen Mitarbeitern – spürt man die Begeisterung ab, weil sie wissen, dass sie Gespräche führen werden, die Leben verändern können, und weil sie Erlösung vielleicht aus nächster Nähe erleben können. In diesem Augenblick gibt es keinen Ort der Welt, an dem sie lieber wären als hier.

8:58 Uhr

In Promiseland ist der Bär los. Kinder und Erwachsene spielen und basteln an den zahlreichen Spielstraßenstationen miteinander. Der Lärm von Gelächter gemischt mit dem Klicken und Klacken der Spielgeräte verrät mir, dass die Kinder sich wohl fühlen.

9:03 Uhr

Kleingruppenleiter sitzen mit ihren Kindern zusammen und stellen Fragen, die allen dabei helfen sollen, sich am Gespräch zu beteiligen. Der Raum brummt von den Gesprächen und von gespannter Begeisterung – bei den Kindern und bei den Leitern.

9:22 Uhr

Nachdem er die Gute Nachricht auf kreative Weise erklärt hat, gibt der Leiter des Plenums jedem die Gelegenheit, Jesus zu bitten, ihm seine Sünden zu vergeben und für immer sein Freund zu sein. Die Stille in diesem Raum voller Kinder lässt mein Herz rasen. Der Heilige Geist ist überall am Werk.

9:30 Uhr

Die Band schließt mit ihrem letzten Lied ab. Die Kinder springen auf und rennen an den Ort, an dem sich jede Woche ihre persönliche Kleingruppe trifft – das Blaue Team der Jungen dort, das Orangefarbene Team der Mädchen hier, und so weiter, durch alle Farben des Regenbogens hindurch. Die Leiter stellen Fragen, die das Gespräch in Gang setzen. Eine Gruppe von zehn Jungen – das Goldene Team –, die sich erst seit kurzem treffen, wird von einem Mann geleitet, der eine besondere Begabung dafür hat, sich um neue Kinder zu kümmern. Jedes Kind hat einen Ort, an dem es sich zugehörig fühlt.

10:05 Uhr

Eltern kommen, um ihre Kinder abzuholen. Als der Drittklässler Matt mit seinem Vater geht, verabschiedet ihn sein Kleingruppenleiter mit den Worten: „Mach's gut, Matt!" Am Lächeln des Leiters erkenne ich, was geschehen ist. Matt hat heute beschlossen, seinen Weg mit Jesus zu gehen. Für den Rest seines Lebens wird Matt sich an diese Stunde und diesen Ort erinnern. Und ich auch.

Unbestreitbare Veränderung

„Ich frage andere Kinder einfach, ob sie Christen sind", erklärt der achtjährige Jesse. „Wenn sie nein sagen, erkläre ich ihnen, was ein Christ ist, und frage sie, ob sie einer sein wollen." Auch wenn dieser junge Evangelist eifrig bei der Sache ist, behält er doch ein realistisches Tempo bei. „Ich mache das montags, mittwochs und freitags", sagt er. „Und wenn ich jemanden zum Glauben an Christus führe, dann nehme ich mir einen Tag frei."

Weil er ein Kind ist, mag Jesses Sicht vielleicht simpel oder sogar banal klingen. Bis man sich die Ergebnisse seiner Bemühungen ansieht. In einem Schuljahr half er 18 Schulkameraden, durch ein Gebet eine Beziehung zu Jesus anzufangen.

Der Kindergottesdienst, den Jesse besucht – *TreeHouse Ministry* in der *Rolling Hills Community Church* in Portland/Oregon –, half Jesse dabei, seine geistlichen Wurzeln zu entwickeln, und nährte dann kontinuierlich seine Leidenschaft dafür, anderen Kindern die Wahrheit und Liebe Gottes nahe zu bringen. Wenn Sie jetzt denken: *Wow, was muss diese Gemeinde für eine tolle* Arbeit *mit Kindern haben!*, dann liegen Sie absolut richtig. Aber das war nicht immer so. Diese Gemeinde veränderte ihre Arbeit mit Kindern ganz bewusst so, dass sie diese Wirkung hat. Auch früher wurden im Kindergottesdienst biblische Geschichten erzählt, aber diese Geschichten wurden nicht kreativ vermittelt und waren definitiv nicht einprägsam. Jesse und die anderen Kinder seines Alters verbrachten einfach eine Stunde in einem Klassenzimmer, ganz wie sie es in der Schule auch taten.

Aber heute werden die biblischen Geschichten von begabten Erzählern vorgetragen und werden so lebendig und machen Sinn für die Kinder. Die Kinder bauen darüber hinaus in Kleingruppen Beziehungen auf, die von engagierten Hirten wie Mr. Jim und Ms. Brandy geleitet werden. Jesse beschäftigt sich jede Woche in *TreeHouse* mit einem biblischen Thema, bespricht dazu Fragen, die das reale Leben betreffen, und kann sich alles so gut merken, dass er in der nächsten Woche mit seinen Freunden auf dem Schulhof darüber reden kann. Ausgehend von einer Botschaft, die ihn dazu gebracht hat, eine Beziehung mit Jesus eingehen zu wollen, weiß Jesse, dass das, was er am Sonntag lernt, das Leben anderer Menschen unter der Woche verändern kann.

Mehrere Wochen lang fragte der Pastor der *North Tryon Presbyterian Church* auf Prince Edward Island in Kanada, ob von den hundert Mitgliedern seiner Gemeinde eine Person bereit wäre, die Leitung der Arbeit mit Kindern zu übernehmen. Der frühere Leiter hatte die Gemeinde verlassen, und die Türen zum Kindergottesdienst mussten geschlossen bleiben, bis sich jemand meldete.

Paulette beschloss, diese Person zu sein. Als Mutter von vier Kindern war ihr klar, dass ihre Gemeinde Raum für Kinder haben musste – vor allem für ihre eigenen. Also sprach sie mit dem Pastor und bot ihre Hilfe an. Er gab ihr Materialien, die einen neuen Ansatz für die Arbeit mit Kindern beschrieben – Materialien, die in ihr den Wunsch entfachten, es besser zu machen als je zuvor.

Trotzdem war ihr klar, dass sie die Aufgabe nicht alleine übernehmen konnte. Also hielt sie ein Treffen für alle Erwachsenen der Gemeinde ab, um ein neues Bewusstsein für die Bedeutung der Arbeit mit Kindern zu schaffen. Ihre Kinder standen ihr als Unterstützung zur Seite und halfen ihr dabei, den Anwesenden einen Vorgeschmack auf das zu geben, was sie ins Leben rufen wollte. Paulette hatte vor, die Erwachsenen ein mitreißendes Kinderprogramm erleben zu lassen, das sich ganz an dem neuen Material orientierte, das die Gemeinde erworben hatte. Jeder Erwachsene der Gemeinde erhielt eine persönliche Einladung, die von Paulettes Kindern gestaltet worden war. Das Treffen war gut besucht. Die Ergebnisse waren unglaublich.

Die Kinder führten die Erwachsenen durch die einzelnen Stationen der Spielstraße, während der Raum von Anbetungsmusik für Kinder erfüllt war. Alle sahen auf Video eine Einheit zu einem biblischen Thema und beschäftigten sich dann mit weiteren Aktivitäten. Am Ende des Treffens wandte Paulette sich kurz an die Erwachsenen und sagte: „So könnte unsere Arbeit mit Kindern aussehen, und dazu fehlt uns nur noch eines – ihr!" Die Kinder standen mit Listen neben den Ausgangstüren, in die man sich eintragen konnte, aber sie erwarteten nicht, was dann geschah.

In einer Gemeinde mit 100 erwachsenen Mitgliedern zog Paulettes Arbeit mit Kindern 61 ehrenamtliche Mitarbeiter an! In den ersten Monaten wuchs dieser Arbeitszweig auf 24 Kinder an – und nun laden die Kinder ihre Freunde in die Gemeinde ein. Die neue Arbeit mit Kindern hat so großen Zulauf, dass Paulette immer wieder von Erwachsenen gefragt wird, ob sie bleiben und mitarbeiten können, wenn sie sehen, was ihre Kinder erleben. Sie können die Leidenschaft spüren, die von den ehrenamtlichen Mitarbeitern ausgeht.

Die Auswirkungen der gemeindlichen Arbeit mit Kindern, die Jesse besucht, ist unübersehbar. Die Energie, die in Paulettes Dienstzweig steckt, ist unglaublich. Das lebensverändernde Moment, das in beiden steckt, lässt sich nicht leugnen – und wirft zwei Fragen auf. Was passiert in dieser Arbeit mit Kindern? Und kann das auch in Ihrer Gemeinde passieren? Die Antwort auf die erste Frage findet sich in diesem Buch. Die Antwort auf die zweite Frage lautet: „Absolut!“

Dieses Buch ist für das ganze Team der Mitarbeiter in der gemeindlichen Arbeit mit Kindern gedacht, nicht nur für den Leiter. Nach dem letzten Kapitel finden Sie einen Abschnitt mit Einzel- und Gruppenübungen. Diese Vorschläge sollen Ihnen dabei helfen, die wesentlichen Prinzipien dieses Buches auf Ihre eigene Arbeit mit Kindern zu übertragen und Ihr Team fester zusammenzuschweißen. Und wenn Sie nicht der Leiter des Teams sind, dann sollen Sie wissen, dass Sie bei diesem Veränderungsprozess ein wirklich wichtiger Faktor sind – setzen Sie sich also intensiv mit den Inhalten dieses Buches auseinander, und erleben Sie, was Gott daraus macht.

Die Geschichten von Jesse und Paulette sind zwei Beispiele für das, was passieren kann, wenn eine neue Vision zündet und vom Heiligen Geist angefacht wird. Und ebenso wie das Ergebnis eines angezündeten Streichholzes in keinem Vergleich zur Größe des Streichholzes selbst stehen kann, so unglaublich kann die Wirkung einer gemeindlichen Arbeit mit Kindern sein, gleichgültig, wie groß diese ist. Egal, ob Sie nun jedes Wochenende 20 oder 1 000 Kinder betreuen: Dieses Buch wurde für Sie geschrieben.

Was Gott in *Promiseland* und einer wachsenden Zahl von Gemeinden auf der ganzen Welt getan hat und tut, hat mich motiviert, dieses Buch zu schreiben. Ich wünsche mir, ähnliches in jeder Gemeinde zu sehen – auch in Ihrer. Betrachten Sie dieses Buch also quasi als „Streichholzbriefchen“. Ich hoffe, dass die Vorschläge dieses Buches Sie dazu veranlassen, den Status quo in Ihrer Gemeinde in Frage zu stellen. Daraus entsteht mit Sicherheit gesunde Spannung. Und an dieser Spannung wird sich ein Funke entzünden. Dann wird der Funke Flammen schlagen. Und dann passen Sie auf, was geschieht!

Machen wir uns also nach dieser Aufwärmphase auf den Weg.

1 Das große Wagnis

Von den Anfängen einer dynamischen Arbeit mit Kindern

Ein Abenteuer, das jede Gemeinde erleben kann

Die Arbeit mit Kindern ist ein Abenteuer und ich *liebe* Abenteuergeschichten. Nichts ist so spannend wie die Suche nach der Lösung eines komplizierten Problems, die Entdeckung eines verborgenen Schatzes oder eines neuen Heilmittels. Und am meisten Spaß macht es immer, die Hauptpersonen zu beobachten, wie sie unter unmöglichen Umständen oder unübertrefflich merkwürdigen Situationen herausgefordert und auf die Probe gestellt werden. Man kann sie hautnah durch Erdbeben, Schiffbrüche und Kämpfe gegen stärkere Gegner begleiten. Diese Geschichten verlangen einem Menschen das Beste ab.

Und diese Geschichten haben eines gemeinsam – ihre Entstehung. Irgendwann und irgendwo nahm jemand ein Blatt Papier zur Hand und begann zu schreiben. Okay, vermutlich öffnet heutzutage irgendjemand einfach ein neues Dokument in seinem Computer. Aber immer entscheidet sich jemand bewusst, eine Geschichte zu erzählen, die noch nie zuvor erzählt wurde.

Das Gleiche gilt auch für die Geschichten, deren Autor Gott ist. Wenn wir die Geschichte von der Arche betrachten, sehen wir, dass Noah seinen bisherigen Lebensstil aufgab und eine neue Seite in seinem Lebensbuch aufschlug, um ein Boot zu bauen, das ihm den Spott seiner Nachbarn einbringen würde. Abraham wurde ein neues Kapitel in seinem Leben versprochen, das einen Umzug nötig machte, und dann starrte er erwartungsfroh auf eine leere Seite, bis er 100 Jahre alt war – eine Geschichte, bei der man auch ein paar Mal herzhaft lachen kann. Vor Moses hitziger Begegnung mit dem Pharao lesen wir von seinem Neuanfang, an dem ein Busch stand. Selbst die Geschichte von Josefs Leben wurde gelöscht und begann neu, als er am Boden des Brunnens aufschlug. Und diese Geschichte ist wirklich legendär.

In diesem Buch geht es ebenfalls um ein aufregendes Abenteuer. Ich möchte es das „Große Kinder-Abenteuer" nennen. Und dieses Abenteuer kann sich in jeder beliebigen Gemeinde jeder beliebigen Größe in jedem beliebigen Land zutragen – weil es darum geht, wie man eine dynamische gemeindliche Arbeit mit Kindern leitet und aufbaut. Eine Art von Dienst, der auf lange Sicht Bestand hat und nicht einfach nur von Woche zu Woche gerade eben so überlebt. Eine Arbeit mit Kindern mit einem Handlungsfaden, in dem es darum geht, dass leitende Mitarbeiter sich damit auseinander setzen, wie sie Kindern die Bibel auf relevante Art und Weise nahe bringen, wie sie erwachsene ehrenamtliche Mitarbeiter betreuen und wirkungsvolle Strategien entwickeln können, nach denen sie neue Mitarbeiter für die Arbeit gewinnen. Und das Abenteuer enthält auch ein Konzept, das sich mit Finanzfragen und Räumlichkeiten beschäftigt, mit Sicherheitsfragen und Sicherheitsmaßnahmen sowie mit neuen Kindern, die Woche für Woche dazukommen (besonders im Kleinkindalter!).

Kommt Ihnen das bekannt vor? Bei dem ganzen Aufwand, der heute notwendig ist, um unseren Kindern angemessen zu dienen, langweilt sich mit Sicherheit niemand, der mit der Arbeit mit Kindern zu tun hat. Aber der beste Teil der Geschichte ist der, dass Gott dieses ganze Theater nicht nur zur reinen Unterhaltung aufführt. Er hat jeden von uns in einen Dienst gestellt, der die Kraft hat, Leben zu verändern. Das Nachgrübeln darüber, wie man dieses Potenzial optimieren kann, hält jeden Leiter einer gemeindlichen Arbeit mit Kindern nachts wach. Oder sollte es zumindest tun.

Im 11. Kapitel des Hebräerbriefes können wir nachlesen, dass viele große Menschen der Bibel eines gemeinsam haben: Ihr Leben ist von Glauben erfüllt. Noah glaubte, dass Gott einen guten Grund für diesen Bootsbau hatte, also fing er einfach schon mal an. Abraham hielt an seinem Glauben fest, auch wenn ihn seine Frau auslachte. Bei Mose brauchte man etwas Überzeugungsarbeit, aber schließlich hatte er den Glauben, dass Gott der Leiter seiner Mission war. Und hätte Josef aufgegeben – was viel einfacher zu sein schien, als an seinem Glauben an Gott festzuhalten –, wäre er eben nur ein x-beliebiger Josef gewesen.

Ein Mitglied der Ortsgemeinde muss einen Glaubenssprung machen und es wagen, ein leeres Blatt Papier herauszuziehen und die Art und Weise zu verändern, wie bisher gearbeitet wurde.

Wer sich heute in der Arbeit mit Kindern betätigt, befindet sich auf derselben Grundlage wie diese biblischen Patriarchen – ein Mitglied der Ortsgemeinde muss einen Glaubenssprung machen und es wagen, ein leeres Blatt Papier herauszuziehen und die Art und Weise zu verändern, wie bisher gearbeitet wurde. In vielen Situationen stehen der Veränderung Jahre oder sogar Jahrzehnte an Tradition misstrauisch gegenüber. Oder vielleicht gibt es Vorbehalte dagegen, etwas zu machen, das nicht im Programm der Denomination verankert ist. Es erscheint unter Umständen lächerlich, einen bestehenden Dienst noch einmal neu aufzuziehen oder auch nur ernsthaft darüber nachzudenken, ob er wirklich funktioniert – egal, in welchem Umfang. Es ist einfach so – die Arbeit mit Kindern muss jedes Wochenende stattfinden, da bleibt nicht viel Zeit, sich über Veränderungen Gedanken zu machen.

Aber vielleicht ist an dem Gedanken, dass man sich in das Abenteuer stürzt, um die Arbeit mit Kindern umzukrempeln, ja auch etwas Aufregendes. Vielleicht kann der Kindergottesdienst ja zu einem Ort werden, den Kinder so sehr lieben, dass sie jedes Wochenende freiwillig kommen wollen. Vielleicht macht er ihnen so viel Spaß, dass sie sogar ihre Freunde dazu einladen. Dieser Gedanke – dieser Traum – lässt den Puls vieler leitender Mitarbeiter schneller schlagen und kann zum Herzschlag eines ganzen Dienstes werden. Und die gute Nachricht lautet, dass das alles kein Märchen ist. Jedes Jahr entschließen sich mehr Gemeinden in diesem Land und auf der ganzen Welt, etwas Neues zu probieren – und berichten davon, dass damit eine neue, aufregende Zeit angebrochen ist.

Diese abenteuerliche Zeit ist oft mit sehr radikalen Veränderungen verbunden. In meiner Zeit als Mitarbeiterin in der Kinderarbeit habe ich gelernt, wie es ist, die Tiefen zu überleben und sich an den Höhen festzuklammern. Ich kenne das Gefühl der Panik, wenn am Wochenende nicht genügend ehrenamtliche Mitarbeiter zur Verfügung stehen. Aber ich habe auch erlebt, wie Gott einen Mann überzeugt hat, seinen Terminkalender so zu verändern, dass er seine Zeit in eine Gruppe von Fünftklässlern investieren kann. Ich habe unter dem Gewicht der Verpflichtung gelitten, die Kinder am Sonntag nie zu langweilen. Ich habe aber auch erlebt, wie Gott die kreative Verkündigung der Guten Nachricht inspiriert hat, was dazu beigetragen hat, Kindern dabei zu helfen, die Linie zum Glauben zu überschreiten. Ich habe die Einsamkeit gekostet, die sich einstellt, wenn die Gemeindeleitung sich Veränderungen entgegenstellt. Aber ich habe auch die Unterstützung von leitenden Mitarbeitern erlebt, wenn es darum ging, unser Budget zu erhöhen und unsere Räumlichkeiten zu vergrößern, eine Unterstützung, die ich nur Gottes Eingreifen zuschreiben kann.

Im Laufe der Jahre, in denen ich mich mit leitenden Mitarbeitern getroffen und sie herausgefordert habe, sich auf ein neues Abenteuer in ihrer Arbeit mit Kindern einzulassen, bin ich oft gebeten worden, die Geschichte von *Promiseland* zu erzählen. Die meisten sind überrascht und ermutigt, wenn sie entdecken, dass wir immer wieder mit einem leeren Blatt Papier anfangen und eine immer währende Baustelle sind. Der Rest dieses Kapitels beschreibt die ersten Jahre unserer Arbeit mit Kindern und nennt fünf Verheißungen Gottes, an denen wir festhalten, wenn Veränderungen anstehen. Kapitel 2 konzentriert sich dann auf meine persönliche Geschichte, die mich zu *Promiseland* geführt hat. Der Rest des Buches beinhaltet detaillierte Anleitungen, die – wenn Sie sie auf Ihre Situation übertragen – Ihnen dabei helfen werden, Ihr eigenes Kinderabenteuerland zu starten.

Die Anfänge von Promiseland

Wenn Sie die folgenden Seiten lesen, werden Sie sehen, dass es in unserer Arbeit mit Kindern wenigstens eine Situation gibt, die sich in fast jeder anderen Arbeit mit Kindern auch findet. Achten Sie beim Lesen auf eine oder mehrere solcher Situationen, die am ehesten Ihrer Situation entsprechen. Sie werden auch sehen, dass *Promiseland* nicht immer so verheißungsvoll war, wie der Name nahe legt. Aber es wird auch deutlich, dass Gott ganz gewöhnliche Menschen auf außergewöhnliche Weise gebrauchen und ihnen das Abenteuer ihres Lebens verschaffen kann. Und dasselbe kann er auch in Ihrem Dienst tun.

Am Anfang war nichts

Die Geschichte von *Promiseland* beginnt mit der Entstehung der *Willow Creek*-Gemeinde. Ein 20-jähriger Collegestudent namens Bill Hybels besuchte ein Seminar zum Thema Neues Testament, das von Dr. Gilbert Bilezikian gehalten wurde. In dieser Veranstaltung sprach Dr. Bilezikian oft von der erstaunlichen Gemeinde, die in Apostelgeschichte 2 beschrieben wird. Diese Gemeinde lebte in völliger Hingabe an Jesus Christus – die Menschen liebten einander und kümmerten sich umeinander, sie teilten alles, was sie hatten, mit denen, die es brauchten, sie kümmerten sich um die Armen und trafen sich in ihren Häusern, wo sie intensive Gemeinschaft miteinander lebten. „Der Herr aber führte ihnen jeden Tag weitere Menschen zu, die gerettet werden sollten" (Apostelgeschichte 2,47). Was für ein Bild! Dr. Bilezikian vermittelte die Vision für diese Art von Gemeinde sehr gerne und gab immer wieder seiner Sehnsucht Ausdruck, dass es wieder einmal eine solche Gemeinde geben würde.

Bill Hybels saß auf der Kante seines Stuhls und nahm diese Vision nur allzu gerne in sich auf. Gott füllte Bills Herz mit einer Leidenschaft, die so stark war, dass er oft in das Büro seines Dozenten ging, um mehr darüber zu sprechen, wie eine solche Gemeinde in unserer Zeit aussehen könnte. Dr. Bilezikian erinnert sich noch an eine Unterhaltung auf seiner Veranda im Mai 1975, in der Bill ankündigte, dass er und sein Team eine Gemeinde gründen wollten.

„Ich fiel fast aus meinem Lehnstuhl", sagte Dr. Bilezikian, „aber mir wurde klar, dass Bill es ernst meinte. Wir beteten, wir dachten nach, wir entwickelten Strategien. Und dort, in meinem Garten, wurde ‚Willow Creek' geboren."[1]

Also entschlossen sich Bill und ein paar seiner Freunde, im Nordwesten Chicagos eine Gemeinde nach dem Vorbild von Apostelgeschichte 2 zu gründen. Jeder von ihnen war fest davon überzeugt, dass Gott sie dazu berufen hatte, Menschen, die weit von Gott entfernt waren, in die ganz hingegebene Nachfolge Jesu Christi zu führen. Da sie diese Mission voller Leidenschaft verfolgten, investierten sie alles, was sie hatten, um diesen Traum Wirklichkeit werden zu lassen. Aber ihnen fehlte das Geld, um die Miete für ein Kino zu bezahlen, in dem sie sich jeden Sonntagvormittag treffen wollten. Also gingen sie von Tür zu Tür und verkauften Tomaten, wobei sie gerade so viel Profit machten, dass die neue Gemeinde am 12. Oktober 1975 ihre Tore öffnen konnte. Dieses Kernteam war davon überzeugt, dass Gott alles möglich machen konnte, also begannen sie ohne permanent nutzbare Räumlichkeiten, ohne Gehälter, ohne Langzeitstrategie und ohne theologische Studienabschlüsse.

Interessanterweise fing ihr Glaubenssprung auch ohne eine Arbeit mit Kindern an. Aber das sollte sich bald ändern.

Glaube und sonst nichts

Die brandneue *Willow Creek*-Gemeinde hatte ein offensichtliches Problem. Familien wollten keine Gemeinde besuchen, die kein Kinderprogramm hatte. Um diesen immer stärker ins Gewicht fallenden Mangel zu beheben, rief Bill Hybels Jo Kelly, eine 19-jährige Collegestudentin, an und fragte sie, ob sie im Bereich Sonntagsschule mithelfen könnte. Jo war bereit, zu kommen und mit anzupacken. Sie entdeckte, dass „mithelfen" in diesem Fall bedeutete, dass sie die volle Verantwortung trug, weil es in diesem Bereich keine anderen Erwachsenen gab. Eine schnelle Bestandsaufnahme zeigte außerdem, dass es keine Spielsachen, kein Konzept, keine Mitarbeiter und kein Geld gab. Nicht einmal ein Stück Papier. Nicht gerade der ideale Zeitpunkt, um eine Leitungsfunktion zu übernehmen.

Sie sprach sechs Worte, die von Angst und Glauben erfüllt waren: „Gott, du führst und ich folge."

Aber Jo Kelly glaubte, dass Gott sie in diese Position berufen hatte und dass er mächtiger war als alle Herausforderungen. Also sprach sie sechs Worte, die von Angst und Glauben erfüllt waren: „Gott, du führst und ich folge." Jo beschreibt ihre Erfahrung als *Promiselands* erste offizielle Mitarbeiterin und Leiterin folgendermaßen:

„Jede Woche war völlig anders. Manchmal kamen nur fünf Kinder, ich erinnere mich aber auch, dass wir einmal fast 50 hatten. Wir teilten sie in zwei Gruppen – ‚Leser' und ‚Nichtleser' beschreibt diese wohl am besten. Außerdem waren wir in Bezug auf Räumlichkeiten und Mitarbeiter sehr eingeschränkt, und wir hatten keine Möglichkeit, Babys zu betreuen, weil das Foyer des Kinos einfach zu schmutzig und nicht leicht zu beaufsichtigen war.

Ich hatte eine ganze Menge einfach zu vermittelnder biblischer Lektionen, kurzer Verse zum Auswendiglernen, Lieder und einfache Bastelarbeiten. Wir machten die Botschaft einfach. Ich musste regelmäßig den Fußboden des Foyers reinigen, weil er von Müll und Popcornresten der Vorabendvorstellungen übersät war. Schließlich machte die Bühnencrew Raumteiler für mich, die wir in den Ecken aufstellten, um so etwas wie abgeschlossene Räume zu schaffen. Ich brachte Bettlaken mit, auf denen die Kinder sauber sitzen und in die sie sich kuscheln konnten, denn das Foyer war kalt.

Die schwierigste Aufgabe meines Jobs waren vermutlich die ehrenamtlichen Mitarbeiter. Wenn sie mit den Kindern beschäftigt waren, konnten sie den Gottesdienst nicht besuchen. Als die Gemeinde größer wurde, war ich von einer kleinen Gruppe von bereitwilligen Erwachsenen abhängig, die ich aus dem Gottesdienst herausholen konnte, wenn wir wirklich viele Kinder hatten.

Mein Dienst war nicht sonderlich glanzvoll. Aber ich wusste, dass Gott mich an diesem Platz haben wollte, deshalb war ich zufrieden."

Bleiben Sie einen Augenblick lang bei diesen Gedanken stehen: Trotz Fußböden, die mit Popcorn und Milchtüten zugemüllt waren, trotz frierender Kinder und trotz fehlender Unterstützung war Jo zufrieden.

Denken Sie kurz nach: Sind Sie schon einmal stehen geblieben, statt im Glauben vorwärts zu gehen, weil Sie sich für die Berufung, die Gott für Sie hatte, nicht ausreichend qualifiziert fühlten? Ich schon. Haben Sie Angst, nicht clever, begabt oder stark genug zu sein, um eine bestimmte Aufgabe zu erfüllen? Ich manchmal schon. Sind Sie schon einmal vor etwas zurückgeschreckt, weil Sie keine konkreten Vorstellungen oder nicht die richtige Ausrüstung hatten, um weiterzumachen, aber die Tatsache nicht leugnen konnten, dass Gott Sie trotzdem dazu berief, vorwärts zu gehen? Ich schon. Gott weiß alles über solche Tage – über Zeiten, wenn der Griff der Angst die Zufriedenheit abzuwürgen scheint. Er schenkt uns die folgende Verheißung: Wer an ihn glaubt, dem sind alle Dinge möglich (Matthäus 19,26). Er ist clever genug, stark genug, und er hat ganz definitiv klare Vorstellungen für unseren Dienst.

Jo Kelly sah sich mit scheinbar unmöglichen Umständen konfrontiert und schaffte es irgendwie trotzdem, ihren Blick auf ihren Glauben an Gott und den Auftrag zu richten, zu dem er sie berufen hatte. Wenn Jo sich umsah, gab es genügend Gründe, die dafür sprachen, das Handtuch zu werfen. So sieht es in vielen Gemeinden aus. Aber wie Jo bewiesen hat, kann ein starker Glaube an Gott und die feste Überzeugung, dass alle Dinge möglich sind, einen Mitarbeiter davon abhalten, sich beirren zu lassen. Gottes Berufung überwindet alle Herausforderungen, die ein Dienst mit sich bringt.

Eine ansteckende Berufung

Jo Kelly baute die Arbeit mit Kindern bei *Willow Creek* aus dem Nichts auf, schloss jedoch ein paar Jahre später das College ab, heiratete und zog mit ihrem Ehemann weg. Die

Gemeinde hatte nun genügend Geld, um einen weiteren festen Mitarbeiter anzustellen, also bot Bill die Stelle Phil Miglioratti an, einem Absolventen des *Trinity Seminary*, der ebenfalls ein Mitglied von *Willow Creek* war. Phil war bekannt für seine Leidenschaft, Familien zu erreichen, die der Kirche fern standen, sowie für sein Herz für Kinder.

Phil stand vor einer schwierigen Entscheidung. Er konnte verschiedene Jobangebote im kirchlichen Bereich annehmen – bessere Anstellungen, die besser zu seiner Ausbildung passten – oder diese Stelle bei *Willow Creek*. *Willow* bot ihm nur ein mageres Gehalt an, keine zusätzlichen Vergünstigungen (abgesehen von kostenlosem Popcorn und Milchtüten auf dem Fußboden), dafür aber eine enorme Last, die es zu schultern galt. Aber Phils Gebete halfen ihm zu erkennen, dass es Gottes Wille war, dass er an dieser Stelle arbeiten sollte. Also lehnte er attraktivere Angebote ab und sagte ja zu Gottes Berufung.

Es gab eindeutig eine ganze Menge, das Gott durch diesen neuen Leiter der Arbeit mit Kindern tun wollte. Der Gottesdienst fand immer noch im Kino statt. Die Betttücher waren immer noch im Einsatz. Aber die Besucherzahlen waren gestiegen: Inzwischen kamen 200 Kinder und es standen 50 ehrenamtliche Mitarbeiter zur Verfügung.

Als erste Amtshandlung gab das Mitarbeiterteam dem Dienst den Namen *Promiseland*, um damit auszudrücken, dass es ein Ort sein sollte, der von Liebe geprägt war und an dem Kinder etwas über Gottes Verheißungen lernen konnten. Phil fand auch die Zeit, den ursprünglichen Lehrplan für *Promiseland* zu erstellen.

Sein wichtigster Beitrag zu *Promiseland* war aber eine Vision für eine neue Art der Arbeit mit Kindern, die sich schließlich in einem völlig neuen Ansatz niederschlug. Jeder Sonntag begann mit einer Zeit, in der die Kinder und die Mitarbeiter in Kleingruppen miteinander vertraut werden konnten. Dann kamen alle Kinder zusammen, um sich von Phil und den Mitarbeitern so kreativ wie nur möglich die Lektion des Tages erklären zu lassen (denken Sie daran, dass es immer noch kein richtiges Budget gab). Wenn ein Mitarbeiter also eine biblische Geschichte erzählte, hängte er einzelne Illustrationen an einer Wäscheleine auf, damit

„Nichts – weder fehlende Räumlichkeiten noch Finanzen – nichts konnte uns davon abhalten, Kinder zu lieben und ihnen Woche für Woche biblische Inhalte auf kreative Weise zu vermitteln.“

sich die Kinder bildlich vorstellen konnten, was sie hörten. Danach gingen sie zurück in ihre Kleingruppen, um darüber zu sprechen, wie sie das Gehörte im Alltag umsetzen konnten. Dieser Ansatz unterschied sich deutlich vom traditionellen Sonntagsschulformat, bei dem ein Lehrer vor der Klasse stand und die Schüler den Lückentext in einem Arbeitsheft ausfüllten.

In der Bibel steht, dass Menschen ohne Vision zugrunde gehen (Sprichwörter 29,18). In diesem Fall blühten Menschen auf, weil Vision gegenwärtig war. Phil forderte die Menschen auf, sich einen Ort vorzustellen, an dem Kinder die Botschaft des Evangeliums in einer liebevollen, positiven Umgebung hören konnten. Ein Umfeld, in dem die biblischen Inhalte kreativ waren und einen Bezug zum Alltag der Kinder hatten. Eine Umgebung, die nicht von einem Etat abhängig war. Und das alles in einem Dienst, der von ehrenamtlichen Mitarbeitern geleistet wurde, die daran glaubten, dass Gott sie mit genau dem versorgen würde, was sie brauchten.

Und Gott versorgte sie. Unter Phils Leitung gab es einen festen Stamm an Mitarbeitern. Er vermittelte ihnen Energie, sodass sie eine mitreißende Vision weitergeben konnten und ihre Mission kannten. Ein Team machte sogar Hausbesuche, um Beziehungen zu den Eltern aufzubauen! Diese Hingabe an den Dienst spiegelt sich in Phils Zusammenfassung der Geschehnisse: „Nichts – weder fehlende Räumlichkeiten noch Finanzen –, nichts konnte uns davon abhalten, Kinder zu lieben und ihnen Woche für Woche biblische Inhalte auf kreative Weise zu vermitteln.“

Die Leidenschaft, die in diesem einzigen Satz enthalten ist, war ansteckend, denn wenn ein Leiter diese Vision vor seinen ehrenamtlichen Mitarbeitern lebt, werden sie sich voller Leidenschaft, Begeisterung und Hingabe einsetzen. Phil war sich seiner Vision für diesen Dienst so sicher, dass er andere mitreißen konnte.

Denken Sie kurz nach: Wie klar und ansteckend ist Ihre Vision für Ihren Dienst? Ich denke mit Gott regelmäßig über unsere Vision nach, und er scheint jedes Mal bereit zu sein, mein Engagement für diese Vision zu erneuern. Viel zu viele Leiter versuchen, einen Dienst zu leiten, der von etwas anderem als der flammenden Überzeugung getragen wird, die aus einer von Gott gespeisten Vision kommt. Er hat uns versprochen, uns mit allem zu versorgen, was wir brauchen, wenn wir eine Vision verfolgen, die ihm Ehre macht (Johannes 14,14) – das wird mit Sicherheit Energie an alle abstrahlen, die um Sie herum sind. Eine solche Vision ist die Grundlage, auf der man einen Dienst aufbauen kann.

Ausdauer erfordert Mitarbeiter

Phil Miglioratti gehörte zu den Mitarbeitern, die ihr Amt in der Gemeinde niederlegten, als diese Ende der 1970er-Jahre durch eine chaotische Phase ging, die nichts mit *Promiseland* zu tun hatte. Aber Gott berief einen anderen Absolventen in unsere Gemeinde, dieses Mal vom *Wheaton College*. Andy Hartman beschreibt seine Reaktion auf Bill Hybels' Anfrage: „Ehrlich gesagt hatte ich nie darüber nachgedacht, mit Kindern zu arbeiten. Ich fragte Bill, ob ich mir den Dienst nicht erst einmal einige Monate als ehrenamtlicher Mitarbeiter ansehen könnte, um damit vertraut zu werden, und war schon nach wenigen Wochen dafür gewonnen. Ich leitete die Arbeit dann von 1980 bis 1984."

Als er der Leiter von *Promiseland* wurde, nahm Andy ein Staffelholz in die Hand, das bereits sehr groß war und immer noch weiter wuchs. Die Besucherzahlen vervierfachten sich. Die Zahl der ehrenamtlichen Mitarbeiter stieg um mehr als das Doppelte. In dieser Zeit zog *Willow Creek* aus dem Kino in ein neu gebautes Gebäude um. Das neue Gemeindehaus war im Vergleich zu dem Kinovorraum groß – konnte aber trotzdem das Wachstum des ersten Jahres auf 800 Kinder kaum fassen. Zwölf Monate später begannen also die Planungen für die nächste Bauphase, begleitet von Gebet um kreative Lösungen für den Umgang mit den ansteigenden Besucherzahlen.

Schließlich versorgte Gott Andy mit Lösungen in Form von Menschen: „Ich traf auf die energiegeladensten Leute [ehrenamtliche Mitarbeiter], denen ich je begegnet bin", erinnert sich Andy. „Ihre Leidenschaft für die Arbeit mit Kindern strömte geradezu aus jeder ihrer Poren hinaus – und das war berauschend."

Aber die Arbeit wurde allmählich auch anstrengend. Leitungsaufgaben, die Suche nach Mitarbeitern und Raumprobleme summierten sich. Das Tempo zwang *Promiseland*, darauf zu verzichten, selbst Arbeitsmaterialien zu erstellen und stattdessen auf gekaufte Materialien zurückzugreifen. Aber diese Materialien erwiesen sich als zu begrenzt und nicht so sucherorientiert wie der Rest der Gemeinde, deshalb mussten sich Teams von Mitarbeitern jeden Monat treffen, um die Materialien umzuarbeiten.

Wie schaffte Andy das alles? Zum einen machte er es zu einer Priorität, sicherzustellen, dass begabte Mitarbeiter am richtigen Platz eingesetzt wurden. Und zweitens war ihm sehr wichtig, intensive Gemeinschaft unter den Mitarbeitern aufzubauen. Die Anforderungen des Dienstes waren sehr hoch, aber die Mitarbeiter standen wie ein Mann, um ihnen zu begegnen.

Denken Sie kurz nach: Wie ist es um die Energie und die Kraft der ehrenamtlichen Mitarbeiter in Ihrer Arbeit mit Kindern bestellt? Erledigen Ihre Mitarbeiter Aufgaben, für die sie die nötigen Gaben besitzen, oder füllen sie einfach Lücken aus, die besetzt werden müssen? Ein Dienst erfüllt ehrenamtliche Mitarbeiter dann, wenn diese das Gefühl haben, genau am richtigen Ort zu sein. Dann gehen sie jeden Sonntag mit neuer Energie nach Hause, statt völlig erschöpft zu sein. Man kann in jedem Dienst verhindern, dass Mitarbeiter einen Burnout erleiden, indem man sich bemüht, jedem die Aufgabe zu übertragen, die zu dem passt, wie Gott ihn geschaffen hat, und indem man jedem das Gefühl gibt, Teil einer Gemeinschaft zu sein. Gott verheißt, dass viel Kraft darin liegt, wenn man zusammenarbeitet (Prediger 4,9–10,12).

Überlegen Sie auch, welche Vorteile ein Umfeld hat, das von Gemeinschaft geprägt ist. Selbst wenn Menschen nur wenig Zeit haben, um über die Höhen und Tiefen ihres Lebens zu sprechen, miteinander zu beten und Beziehungen zueinander aufzubauen, verbindet sie das dennoch tief miteinander. Ein Team, dem es wichtig ist, seinen Dienst gemeinsam zu versehen, bleibt mit hoher Wahrscheinlichkeit intakt. Das liegt daran, dass es Menschen zwar einfach fällt, sich von Routineaufgaben zu verabschieden, die sie alleine erledigt haben, es ihnen aber schwer fällt, eine Gemeinschaft von Brüdern und Schwestern zu verlassen. Teams in der Arbeit mit Kindern sind unter Umständen für manche Menschen der einzige Ort, an dem sie Gemeinschaft erleben.

> *Es fällt Menschen zwar einfach, sich von Routineaufgaben zu verabschieden, die sie alleine erledigt haben, aber es fällt ihnen schwer, eine Gemeinschaft von Brüdern und Schwestern zu verlassen.*

Aus all diesen Gründen hielt *Promiseland* unter extremen Bedingungen nicht nur durch, sondern blühte geradezu auf. Andy bewies, dass ehrenamtliche Mitarbeiter (geistlich) wachsen, wenn sie mit anderen zusammen aus dem richtigen Grund am richtigen Ort zusammenarbeiten.

Wachstum erzeugt Chaos

Nach seinem Studienabschluss berief Gott Andy Hartmann an einen anderen „richtigen Platz“. Das Wachstum, das unter Andy eingesetzt hatte, steigerte sich noch unter Bob Beaver, dem nächsten Leiter von *Promiseland*. Die Zahl der Kinder bis zur sechsten Klasse betrug schließlich 1 200. Jeder Millimeter der bestehenden Räumlichkeiten von *Promiseland* war bis in die letzte Ecke ausgefüllt, also organisierte Bob zwei große Wohnwagen, um Engpässe zu überbrücken. Zum ersten Mal in seiner neunjährigen Geschichte stellte *Promiseland* zusätzliche Mitarbeiter ein: sechs Personen, die Bob beim Kampf gegen das Chaos helfen sollten. Aber es traten so viele und so schnell aufeinander folgende Veränderungen ein, dass bald neue Probleme auftauchten.

Die Unstimmigkeiten innerhalb des Dienstes fingen an,

ihren Tribut zu fordern. Manche Kinder lernten sehr grundlegende Lektionen, während anderes stärker für Fortgeschrittene gedacht war – wodurch wiederum die Eltern durcheinander kamen. Nur in wenigen Gruppen wurden die biblischen Inhalte auf kreative Weise vermittelt, während andere mit traditionellen Materialien arbeiteten. Als Folge versahen die Kinder *Promiseland* mit dem Etikett „langweilig". Autsch! Das war ein großer Bruch mit dem, was *Promiseland* eigentlich sein wollte. Viele Mitarbeiter wurden dadurch desillusioniert. Die Vision von *Promiseland* schien in den Hintergrund gedrängt worden zu sein. Dieses Durcheinander, kombiniert mit unmäßig viel Arbeit, führte schnell zum Burnout von Mitarbeitern.

Denken Sie kurz nach: Entmutigt Sie das Chaos, das heutzutage in der Arbeit mit Kindern an der Tagesordnung zu sein scheint? Mich schon. Aber ich bin davon überzeugt, dass Gott chaotische Zeiten zulässt, um einen Dienst auf zukünftige Veränderungen vorzubereiten. Denken Sie an die Verheißung in Römer 8, Vers 28: „Für die, die Gott lieben, muss alles zu ihrem Heil dienen." Gott hat alles unter Kontrolle, selbst wenn alles außer Kontrolle geraten scheint.

Weil Bob lieber Gott die Leitung überließ, statt schnelle Entscheidungen übers Knie zu brechen, hielt der positive Einfluss von *Promiseland* trotzdem an. Leiter sehen oft ein Problem und bemühen sich um eine schnelle Lösung, achten dabei aber nicht auf Gottes Richtungsweisung. Zwischen schneller Aktion und der geduldigen Arbeit an einem Prozess besteht eine empfindliche Balance. Bobs Entscheidung, die sich anhäufenden Variablen anzugehen, aber den Dienst gleichzeitig nicht komplett neu zu gestalten, war richtig. Gott bereitete *Promiseland* auf etwas Großes vor – aber es musste sich an sein Timing halten.

Veränderungen katalysieren

Bob Beaver folgte Gottes Richtungsweisung weiterhin, indem er eine andere Leitungsaufgabe in *Willow Creek* übernahm. Mit Ausnahme von zwei Verwaltungsmitarbeitern verließen auch alle anderen Mitarbeiter den Dienstbereich, wodurch *Promiseland* für eine Zeit ohne Leitung war.

Zu diesem Zeitpunkt erkannte die Gemeindeleitung die strategische Funktion von *Promiseland.* Sie merkte, wie wichtig diese Arbeit für die evangelistischen Bemühungen der Gemeinde war, und beschloss, dass *Promiseland* nicht einfach so ohne Leitung weiterlaufen konnte. Da es keine anderen offensichtlichen Kandidaten für diese Aufgabe gab, wurde Don Cousins, einer der Pastoren von *Willow Creek*, zum vorübergehenden Leiter ernannt. Und natürlich erwies sich, dass er genau die richtige Person für die anstehenden Herausforderungen war.

Das Vermächtnis, das Don mit seiner Leitung *Promiseland* vermachte, lässt sich in drei wesentliche Bereiche aufteilen. Zum einen analysierte er alle Bereiche des Dienstbereichs und stellte fest, dass sich vieles verändern musste. Er sprach deshalb mit allen ehrenamtlichen Mitarbeitern, um alle Punkte zu finden, an denen der Dienst feststeckte – wo Entropie eingesetzt hatte, wo Verwirrung herrschte und wo die Leute entmutigt waren. Er setzte sich mit den Mitarbeitern zusammen, die für die kreativen Bereiche und für die Arbeitsmaterialien zuständig waren, und notierte sich, was gut funktionierte und was nicht.

Als das Bild von *Promiseland* klarer wurde, entschied Don, dass es nun an der Zeit war, den gesamten Dienstbereich ans Reißbrett zurückzubringen. Der Dienst musste jedes Wochenende stattfinden, aber nun hatte er den Auftrag, ihn neu zu erfinden.

Don zögerte nicht, eine neue leere Seite zu beschreiben. Sein zweiter großer Beitrag bestand darin, die Missionsaussage und die Grundwerte von *Promiseland* zu klären. Er stellte der Gemeindeleitung die neue Missionsaussage vor,

Der Dienst musste jedes Wochenende stattfinden, aber nun hatte er den Auftrag, ihn neu zu erfinden.

um sicherzustellen, dass sie im Einklang mit dem Rest von *Willow Creek* stand. Mit der Hilfe von ehrenamtlichen Mitarbeitern entwickelte er sechs Grundwerte, an denen sich der wöchentliche Ablauf des Dienstes orientierte. Das Bemühen um Input von Seiten der Mitarbeiter brachte großen Gewinn.

Dons dritter Beitrag bestand darin, realistische Aufgabenbeschreibungen für die haupt- und ehrenamtlichen Mitarbeiter zu erstellen, die in Einklang mit geistlichen Gaben und Fähigkeiten standen. Auf diese Weise konnten Leiter Mitarbeiter in Spezialbereichen positionieren, um den Missionsauftrag des Dienstes im Einklang mit den Grundwerten erfüllen zu können. Dann begann die Jagd auf Leute, die neue Arbeitsmaterialien erstellen, biblische Inhalte kreativ vermitteln und Kinder in Kleingruppen betreuen konnten.

Wie jeder Leiter, so hatte Don auch die Verantwortung, mit finanziellen Entscheidungsträgern zusammenzuarbeiten, um dringend benötigte Mittel zu sichern. Er steigerte die Zahl der bezahlten Mitarbeiter von sechs auf 15, um eine tragfähige Dienststruktur aufbauen zu können. Und von Anfang an war ihm klar, dass möglichst schnell eine Person gefunden werden musste, die die Leitung für die Bereiche der kreativen Programmgestaltung und die Entwicklung der Arbeitsmaterialien übernahm.

Also rief Don eine Freundin an, die zu den Gründungsmitgliedern der Gemeinde gehörte und nun Grundschullehrerin in Chattanooga war. Sie werden es erraten haben – ich war diese Lehrerin. Und auch ich erwies mich als Frau mit überragendem Glauben.

Wenn Gott mir damals 40 Tage Regen vorhergesagt hätte, hätte ich ihm geglaubt und jedes Boot gebaut, das er haben wollte. Wenn er einen meiner Sträucher angezündet und dieser gebrannt hätte, ohne zu Asche zu werden, hätte ich ihm vertraut und dem Pharao alles gesagt, was gesagt werden musste. Wenn Gott meinem Ehemann versprochen hätte, dass wir ein Baby haben würden, wenn ich mein 90. Lebensjahr erreicht hätte – na ja, vielleicht wäre ich dabei ausgestiegen. Trotzdem fiel der felsenfeste Glaube, den ich zu haben meinte, ein Glaube, mit dem ich mich auf jedes Abenteuer einließ, in sich zusammen. Ich konnte Don als

Antwort nur ein schwaches „Ich werde darüber nachdenken und beten“ geben. Und das in der Hoffnung, dass er vergessen würde, mich noch einmal anzurufen.

In *Willow Creek* waren die zahllosen Veränderungen, die Don damals initiierte, nur möglich, weil er ein erfahrener Leiter war, der mutig genug war, der Realität ins Auge zu sehen und zu tun, was notwendig war, um einen effektiven Dienst ins Leben zu rufen. Er ließ sich von aktuellen Umständen nie dazu verführen, Kompromisse einzugehen oder sich auf einen Dienst einzulassen, der „gut genug“ war.

Denken Sie kurz nach: Wenn Sie Leiter eines Dienstbereiches sind: Sind Sie bereit, Veränderungen anzustoßen, selbst wenn Sie nicht wissen, wie alles ausgehen wird? Wie sieht es mit großen Veränderungen aus – Veränderungen, die allen Glauben von Ihnen fordern, dass Gott Sie in die richtige Richtung führen wird? Hält Sie irgendetwas davon ab, die Veränderungen anzugehen, von denen Sie wissen, dass sie notwendig sind? Gottes Verheißung lautet, dass er klare Pläne für Sie hat (Jeremia 29,11). Veränderung ist also nichts Schlimmes!

Vielleicht hilft es Ihnen, sich vorzustellen, dass jeder Dienstleiter in die eine Hand das Staffelholz für seinen Dienstbereich bekommt und in die andere Papier und Stift. Manchmal ein leeres Blatt, manchmal ein schon teilweise beschriebenes. Niemand bekommt jemals eine fertig beschriebene Seite, weil Gott in jeder Gemeinde der Welt seine Geschichte immer weiterschreibt. Die wichtige Entscheidung, die jeder leitende Mitarbeiter treffen muss, lautet, ob er einen Dienst verändern oder ob er den Dienst wie gehabt weiterführen möchte.

Die Mitarbeiter von *Promiseland* lernten, dass es möglich ist, wirklich alles beiseite zu schieben und alle notwendigen Veränderungen vorzunehmen. Ein mutiger Leiter namens Don musste dazu die Führung übernehmen, das ist klar. Und gerade als das neu Geschriebene anfing, gut zu werden, wurde die Leitung in meine zitternden Hände gelegt – und ich musste entscheiden, was als Nächstes geschehen sollte.

Ich wusste, dass es ohne Glauben unmöglich ist, Gott zu gefallen. Zum Glück wuchs mein Glaube, als ich feststellte, dass er schon angefangen hatte, die nächsten Zeilen zu schreiben. Im nächsten Kapitel erfahren Sie, was ich damals erlebte.

2 Die schönste Stunde in der Woche

Eine mitreißende Vision verändert das Leben von Kindern

Ja!

J-A – diese zwei Buchstaben bergen unglaubliche Kraft in sich. Ein Ja öffnet Türen, während ein Nein sie zuschlägt. Ein Nein signalisiert Endgültigkeit, ein Ja dagegen ruft eine erwartungsvolle Haltung – und manchmal auch Befürchtungen – in Bezug auf das hervor, was vor einem liegt.

Ich war mir sehr bewusst, welche Konsequenzen ein Ja hatte, als ich 1989 Don Cousins' Angebot annahm, in das Team von *Promiseland* einzusteigen. Und doch fiel es mir leicht, nachdem Gott mir ein Bild von einer gemeindlichen Arbeit mit Kindern gezeigt hatte, das ich nie zuvor gesehen hatte und seitdem nicht vergessen habe. Ein Bild, das so eindrucksvoll war, dass es mich bis heute antreibt und unseren Dienst in Bewegung hält. Eine mitreißende Vision, von der sich inzwischen viele andere Dienste haben anstecken lassen und die sie nutzen, um Veränderungen in ihren Gemeinden anzustoßen. Um diese Vision soll es in diesem Kapitel gehen. Das Beste an dieser Vision ist, dass sie die Arbeit mit Kindern als etwas beschreibt, das sich in jeder Ortsgemeinde umsetzen lassen kann, auch in Ihrer – und am Anfang nur ein Ja erfordert.

Am Anfang steht ein Nein

Meine Geschichte begann witzigerweise mit einem Nein, bei dem mir Gott aber zeigen sollte, dass es die falsche Antwort war. Ich lebte 1988 mit meinem Mann und unseren beiden Kindern in Chattanooga, wo ich seit 15 Jahren als Grundschullehrerin arbeitete. Die *Willow Creek*-Gemeinde war nur noch eine ferne Erinnerung. Ich gehörte zur Gründungsgruppe der Gemeinde, diese erlebte aber 1979 eine chaotische Zeit, in der sich viele entschlossen, die Gemeinde zu verlassen. Ich hatte immer noch einige gute Freunde in der Gemeinde, aber meine Familie hatte sich in Tennessee häuslich niedergelassen. Zumindest schien es so, bis eines Abends ein Telefonanruf meine Beschäftigung mit Zeugnissen unterbrach und, wie sich am Ende herausstellte, meinem ganzen Leben eine andere Richtung geben sollte.

Don Cousins, einer der Pastoren der *Willow Creek*-Gemeinde, war am anderen Ende der Leitung. Wir beide waren immer noch gute Freunde geblieben, also drehte sich unser Gespräch zunächst um alle möglichen Bereiche unseres Lebens. Dann fragte ich ihn, wie es der Gemeinde gehe.

Wie ich im vorangegangenen Kapitel erwähnte, war Don auf der Suche nach einem Leiter für den Bereich Materialentwicklung und kreative Programmgestaltung innerhalb von *Promiseland*. Er brauchte jemanden, der sich mit Kindern auskannte, der Veränderungen anstoßen und ehrenamtliche Mitarbeiter mit sicherer Hand leiten konnte, wenn der Dienstbereich eine neue Richtung nahm.

„Es wird sicher nicht leicht, jemanden für diese Aufgaben zu finden“, sagte ich ahnungslos. Ich hatte keinen Schimmer, warum er mir überhaupt davon erzählte. Er lachte, als er mich von meiner Ahnungslosigkeit befreite und bekannte, dass Gott ihm meinen Namen gezeigt hatte, als er darüber betete, wen er fragen sollte. Er erklärte mir, dass er mich gerade anrief, um mich zu fragen, ob ich bereit sei, mich auf eine neue Herausforderung einzulassen, ob ich einfach beten und sehen wolle, was Gott vorhabe, ob–

„Ob ich Berge von Kleidung kaufen und zurück in das Land mit den kalten, grauen Wintern gehen will?“, unterbrach ich ihn, bevor ich über den armen Don lachte.

Nachdem er ein paar Minuten damit verbracht hatte, mir zu erklären, dass es sich nicht um einen Scherz handelte, überredete er mich dazu, über das Ganze nachzudenken. Also sprachen mein Mann Rick und ich immer wieder darüber und investierten mehrere Nächte ins Gebet. Um unsere Gedanken zu ordnen und zu einer Entscheidung zu finden, listeten wir die Pros und Kontras dieses irgendwie lächerlichen Vorschlags auf:

Pro	**Kontra**
■ Es ging in diesem Job um Kinder – meine größte Leidenschaft. ■ Ich liebte tief in mir *Willow Creek* immer noch und hatte dort viele Freunde. ■ Ich würde es genießen, wieder mit Bill Hybels und Don Cousins zusammenzuarbeiten. Gesamtsumme: 3	■ Wir wollten unsere Familie und die Freunde nicht verlassen. ■ Unsere Kinder liebten ihre Schulen und ihre Freunde. ■ Die Gemeinde, die wir besuchten, war toll, und wir waren aktiver Teil der dortigen Gemeinschaft. ■ Ich arbeitete gerne in der Schule und hatte 15 Jahre in meine Karriere investiert. ■ Ich würde weniger verdienen. ■ Es gab keinen Job für meinen Mann. Zwischensumme: 6 ■ Die Winter in Chicago dauern lange 9 Monate. Gesamtsumme: 15

Diese simple Rechnung führte zu einer einfachen Entscheidung: Die eindeutige Antwort lautete Nein. Was war das für eine Erleichterung, dass Gott uns nicht dazu aufforderte, Chattanooga zu verlassen! Aber *Don* forderte uns immer noch dazu auf. Er rief eine Woche später wieder an und hörte geduldig zu, während ich ihm erklärte, wie wir zu unserer Entscheidung gelangt waren. Er verstand uns, lud uns aber trotzdem ein, im Februar eine neue *Willow Creek*-Konferenz zu besuchen. An diese Einladung war ein Gefallen geknüpft; Don fragte mich, ob ich nach der Konferenz noch ein paar Tage bleiben könnte, um *Promiseland* in Aktion zu erleben und ihm Rückmeldung zu geben. Das klang für mich ungefährlich, versprach sogar einigen Spaß, also sagte ich zu. Ich merkte nicht einmal, dass sich da Türen zu öffnen begannen.

Von Gott aus dem Hinterhalt überfallen

Für mich lässt sich das, was während dieses harmlosen Besuchs geschah, nur damit beschreiben, dass Gott uns aus dem Hinterhalt überfiel. Während der Konferenz überzeugte er Rick, dass wir das Angebot noch einmal neu überdenken und ihm unsere Zukunft anvertrauen mussten. Äußerst beunruhigende Worte, in Anbetracht der Tatsache, dass ein größerer Schneesturm Chicago überzog. Und am Sonntag führte Don mich durch *Promiseland,* eine Tour, die mein Leben verändern würde.

Wir standen neben dem Eingang und sahen zu, wie die Kinder eifrig durch die Flure strömten, um in ihre Zimmer zu kommen. *Moment, Kinder, die darüber begeistert sind, in der*

Gemeinde zu sein?, dachte ich. Ein paar neue Familien waren an diesem Wochenende da, wodurch ich noch gespannter war, wenn ich darüber nachdachte, was in der nächsten Stunde auf dem Spiel stand. *Werden ihre Kinder wieder kommen wollen, oder war das das letzte Mal, dass diese Leute in einer Gemeinde aufgetaucht sind?* Ehrenamtliche Mitarbeiter arbeiteten hart, aber ihr Pensum schien mir zu groß zu sein. Viele versuchten, alles zu machen – Kinder zu begrüßen, mit den Eltern zu sprechen, biblische Inhalte zu vermitteln. Ich bemerkte Erschöpfung. *Wie viel können diese Ehrenamtlichen leisten, bevor sie zusammenbrechen?*

Die Zeit, in der die biblischen Inhalte vermittelt wurden, packte mich so, dass ich dachte, ich müsse platzen. Dieselben Kinder, die ich vorher voller Energie und Begeisterung (und vielleicht noch voller Zucker vom Frühstück) über die Flure hatte stürmen sehen, saßen nun mit gelangweilten Gesichtern da und lernten etwas aus der Bibel. Ich bin Lehrerin, und ich weiß, dass kein Kind freiwillig irgendwo hingeht, wo es langweilig ist. *Wie viele dieser Kinder sind nur da, weil ihre Eltern sie dazu zwingen?* Dann sah ich mir die Deko an – beziehungsweise die fehlende Deko. Vom Boden bis zur Decke sah alles grau und steril aus, keine Farbe und nichts, was die Vorstellungskraft eines Kindes anregen könnte. *Wenn* ich *schon denke, dass das hier öde aussieht, was denken dann erst die Kinder?* Als ich von einem kahlen Raum in den nächsten ging, geschah etwas Neues und Unerwartetes.

Gott begann, in meinen Gedanken ein lebhaftes Bild zu malen. Zum ersten Mal begann ich, den Kindergottesdienst als die beste Stunde in der Woche eines Kindes zu sehen. Und diese Vision veränderte meine Sicht von *Promiseland* für immer.

Wenn es um die beste Stunde in der Woche geht, werden Kinder ihre Eltern am Sonntagmorgen aus den Betten werfen und sagen: „Los, aufstehen, wir gehen zum Gottesdienst. Ich will ‚Promiseland' (oder setzen Sie hier den Namen Ihrer gemeindlichen Arbeit mit Kindern ein) nicht verpassen!" Kommunikativ begabte Menschen werden biblische Inhalte auf kreative Weise vermitteln, sodass Kinder aller Altersstufen fasziniert und gefesselt sind. Kinder werden gebannt jedes Wort verfolgen und dann darüber sprechen, wie sie eine biblische Aussage auf ihren Alltag anwenden können. Die Lernerfahrung wird durch Theaterstücke, Videos, Geschichten, Spaß, coole Musik und andere kreative Elemente untermauert, die ihnen verstehen helfen, dass die Bibel ihnen auch heute noch etwas zu sagen hat.

Wenn die Kinder zu ihrer besten Stunde kommen, sehen sie eine farbenfrohe, interessante und strahlende Dekoration. Sie kommen an einen Ort, von dem sie sofort wissen, dass er für sie gemacht ist, und an dem sie sich wohl fühlen – auch wenn sie nie zuvor in einer Kirche oder Gemeinde waren. Sie kommen an einen Ort, an den sie auch ihre Freunde einladen wollen. Doch egal, wie viele Freunde sie haben oder nicht haben – sie alle kommen an einen Ort, an dem sie sich angenommen und willkommen fühlen.

Die beste Stunde der Woche beinhaltet Kleingruppen, zu denen jedes Kind gehört und in denen es sich sicher genug fühlt, um über wirklich alles zu sprechen. Und egal, wie es vom Rest der Welt behandelt wird, dort wird es ermutigt – und hört nie etwas, das ihm seinen Wert abspricht oder es entmutigt. Die Kinder kosten dort biblische Gemeinschaft und finden sie so köstlich, dass sie mehr davon haben wollen!

Und das Beste ist: Diese Stunde verändert etwas in ihrem Leben. Diese Stunde erreicht Kinder, die noch nicht wissen, was Jesus für sie getan hat bzw. dies noch nicht für sich in Anspruch genommen haben. Sie bringt aber auch allen Kindern bei, wie sie Jesus ähnlicher werden können, und zwar auf eine Art und Weise, die Kinder verstehen können. Wenn sie gut gemacht ist, kann die beste Stunde Einfluss darauf nehmen, wie Kinder die restlichen 167 Stunden der Woche leben – und sogar den Rest ihres Lebens verändern.

Wenn sie gut gemacht ist, kann die beste Stunde Einfluss darauf nehmen, wie Kinder die restlichen 167 Stunden der Woche leben – und sogar den Rest ihres Lebens verändern.

Die beste Stunde der Woche kann auch für die ehrenamtlichen Mitarbeiter attraktiv sein. Sie arbeiten in Teams zusammen, sodass jeder nur einen kleinen, überschaubaren Teil der Stunde gestalten muss und damit sich liebevolle Beziehungen zwischen den Mitarbeitern entwickeln können. Ihre Verantwortungsbereiche decken sich mit ihren von Gott gegebenen Gaben; auf diese Weise kann ihnen diese Stunde Leben spenden, statt ihnen Energie zu rauben. Jeder einzelne Mitarbeiter weiß, wie seine Rolle in das Gesamtbild der Gemeinde einzuordnen ist, und ist davon überzeugt, dass es sehr wichtig ist, Kinder zu erreichen, die Gott noch nicht kennen, und allen Kindern etwas beizubringen. Unter Umständen bekommen die Mitarbeiter sogar mehr, als sie geben, wodurch diese Stunde auch zur besten Stunde *ihrer* Woche werden kann!

Schlaf war in dieser Nacht nicht Teil dieses Bilds, weil mir die Vision von der besten Stunde durch den Kopf ging. Auch Fragen tauchten auf: Wie würde diese Art von Arbeit mit Kindern den Rest des Gemeindelebens beeinflussen? Ist die beste Stunde ein zu hoch gestecktes Ziel? Was würde Jesus von einer gemeindlichen Arbeit mit Kindern erwarten?

Was erwartet Jesus?

Ich möchte an dieser Stelle für einen Augenblick die „Pausetaste" drücken, weil es lohnend ist, sich einmal mit den Erwartungen Jesu zu beschäftigen. Jesus machte sehr deutlich, wie er zu Kindern steht: „Lasst doch die Kinder! Hindert sie nicht, zu mir zu kommen; denn für Menschen wie sie steht Gottes neue Welt offen" (Matthäus 19,14). Achten Sie auf die Worte „hindert sie nicht", denn die gemeindliche Arbeit mit Kindern kann Kinder, auch wenn sie gut gemeint ist, auf vielerlei Weise von Jesus wegführen. Ich habe mir viele Gedanken darüber gemacht, wie man dem entgegenwirken kann. Zum Glück stehen in der Bibel die Antworten, die sich in die folgenden drei wesentlichen Bereiche einordnen lassen.

1. Entdecken Sie das Potenzial für das Reich Gottes, das in jedem Kind steckt.

Man kann Kinder davon abhalten, Jesus näher zu kommen, wenn man nicht erkennt, was auf dem Spiel steht – Menschen! Gott hat Kinder geschaffen, liebt sie und starb für sie.

Jedes einzelne Kind ist Gott wichtig, und immer wieder bestätigt er, dass kleine Menschen in seinem Reich eine große Rolle spielen können.

Denken Sie nur an die Geschichte im 6. Kapitel des Johannes-Evangeliums, in dem berichtet wird, dass Jesus die 5 000 Menschen mit Essen versorgte. Vers 9 liefert uns ein wesentliches Detail: Ein Junge bot Jesus alles an, was er zu essen dabei hatte. Derjenige, der die ganze Welt regiert, hätte einen Mann oder eine Frau dazu bewegen können, ein Mittagessen zu spendieren. Aber Jesus nahm das, was ein Kind hatte, und setzte Potenzial für das Reich Gottes frei.

Etwas weniger weit zurück liegt eine Geschichte aus der *Willow Creek*-Familie. Freunde luden Jim und seine Frau Chris anlässlich des Muttertags zu einem Gottesdienst ein und ihre Tochter Brianna ging währenddessen zu *Promiseland*. Der Gottesdienst gefiel Jim und Chris, aber Brianna liebte *Promiseland* geradezu. Im Laufe der folgenden Wochen und Monate veränderten die Erfahrungen dieser Zweitklässlerin das Leben der ganzen Familie. Jim gab ganz offen zu: „Wir kamen weiter in die Gemeinde, weil es Brianna in ‚Promiseland' so gut gefiel. Unsere Kinder gingen lieber in die Gemeinde als wir." Aber schließlich nahm die ganze Familie Jesus in ihr Leben auf.

Welche Jungs, die durch die Gemeindetür kommen, sind wohl bereit, alles, was sie haben, für Jesus zu geben, wenn ihnen nur jemand die Chance dazu bieten würde? Welche Mädchen kann Gott dazu gebrauchen, ganze Familien zu erreichen? Die ehrliche Antwort lautet: Wir wissen es nicht.

Zu erkennen, dass auch schon Kinder das Potenzial haben, ihren Beitrag zum Reich Gottes zu leisten, bedeutet, davon überzeugt zu sein, dass jeder Junge eines Tages Jesus dienen kann. Zu erkennen, dass auch schon Kinder das Potenzial haben, ihren Beitrag zum Reich Gottes zu leisten, fordert uns auf, darauf zu vertrauen, dass jedes Mädchen möglicherweise Einfluss darauf nehmen kann, wie die Ewigkeit für andere Menschen in ihrem Umfeld aussieht. Wenn wir jedes Kind als einen Menschen sehen, der vor Potenzial nur so strotzt, ist es umso wichtiger, eine entsprechende gemeindliche Arbeit mit Kindern aufzubauen.

2. Was wir machen, ist wirklich wichtig.

Jeder Dienstbereich, der sich dieser Aussage verschreibt, strahlt Freude aus und verbreitet Leben. Wenn dieser Gedanke fehlt, wird ein Dienst leblos, und alles wird langweilig. Und wenn eine gemeindliche Arbeit mit Kindern langweilig wird, wollen Kinder nicht wiederkommen – Langweile ist ganz entschieden ein Hinderungsgrund! Wie viele Familien gehen nicht mehr zum Gottesdienst, weil es sich nicht lohnt, die Kinder dazu zu bringen, mitzukommen?

> *Wie viele Familien gehen nicht mehr zum Gottesdienst, weil es sich nicht lohnt, die Kinder dazu zu bringen, mitzukommen?*

Was wir machen, ist wirklich wichtig, weil Kinder zu echten Nachfolgern Jesu werden können. In Apostelgeschichte 2, Vers 39 lesen wir: „Denn was Gott versprochen hat, ist für euch und *eure Kinder* bestimmt und für alle, die jetzt noch fern sind und die der Herr, unser Gott, hinzurufen wird" (Hervorhebung von Sue Miller). Jedes Wochenende steht also etwas sehr Wichtiges auf dem Spiel – nämlich das Leben und die Ewigkeit jedes Kindes.

Immer mehr Gemeinden erkennen allmählich, dass die Arbeit mit Kindern eine wichtige Rolle spielt, wenn eine Gemeinde in evangelistischer Hinsicht funktionieren will. Bill Hybels erklärt:

„Heute bin ich davon überzeugt, dass Kinder das einzig verbleibende gemeinsame Interesse oder das einzige Bindeglied kirchenferner Menschen zum Leben einer Gemeinde sind. Egal, wie weit ein Mann von Gott entfernt ist, er liebt immer noch seine Kinder. Und egal, auf welchen Abwegen eine Frau sich befindet, ein Teil ihres Herzens schlägt immer noch für ihre Kinder. Das bedeutet, dass wir für fast jede Familie an jedem Ort der Welt eine weit offene Tür haben, wenn wir ihre Kinder lieben und ihnen dienen. Wenn ein Kind von einem Kindergottesdienst nach Hause kommt und sagt: ‚Ich habe ein paar Kinder kennen gelernt, ich hatte Spaß und es hat mir gefallen und ich will da wieder hin', werden die Eltern in den meisten Fällen sagen: ‚In Ordnung', und dann wieder in diese Gemeinde gehen. Wenn man Familien erreichen

will, ist dies von einem strategischen Gesichtspunkt aus betrachtet eine weise Investition. Von einer florierenden Arbeit mit Kindern profitiert die ganze Gemeinde in jeder Hinsicht."

Wenn die Mitarbeiter einer gemeindlichen Arbeit mit Kindern davon überzeugt sind, dass das, was sie machen, wirklich wichtig ist, werden sie offen dafür sein, Neues auszuprobieren. Jedem ist dann klar, dass ein Dienst verschiedene Gesichter haben kann, will man unterschiedliche Menschen erreichen. Jesus stellte dies unter Beweis, als er ganz unterschiedliche Methoden anwandte – Predigten auf Bergen, persönliche Gespräche, sogar eine Hand voll Speichel und Staub. Und er gebraucht immer noch die unterschiedlichsten Menschen, um andere zu lehren und zu erreichen, solange sie davon überzeugt sind, dass das, was sie tun, wirklich wichtig ist.

Die Leiterin einer gemeindlichen Arbeit mit Kindern schickte mir folgende Geschichte:

„Ich leite heute die Arbeit mit Kindern in Kalifornien, aber mein Dienst begann vor über 20 Jahren in Chicago. Als ich in der Highschool war, waren eine Freundin und ich für die Busse verantwortlich, die Kinder aus einer Gegend abholten, die ein sozialer Brennpunkt war. In der Regel sahen wir keine echte ‚Frucht', aber wir hielten siebeneinhalb Jahre durch. Kürzlich bekam ich von meiner Freundin eine E-Mail. Sie war mit Melanie in Kontakt geblieben, einem Mädchen, das auf unserer Route mitfuhr.

Melanie war in der dritten Klasse, als sie anfing, mit unserem Bus zu fahren. Ihre Mutter lebte von Sozialhilfe, ihr Vater war im Gefängnis, und es bestand augenscheinlich keine Hoffnung, dass jemand aus ihrer Familie jemals aus diesen Umständen ausbrechen würde. Aber Melanie schaffte es. Sie nahm Christus als junger Mensch in ihr Leben auf, wurde aktives Mitglied einer tollen Gemeinde und fuhr auf verschiedenen Missionseinsätzen mit, auf denen insgesamt 22 weitere Menschen zum Glauben kamen. Melanie wollte uns dafür danken, dass wir vor über 20 Jahren unser Leben in sie investiert hatten, und sie wollte uns wissen lassen, dass sie nun jedes Wochenende mit Jugendlichen arbeitete. Melanie sagte, sie wüsste nicht, wo sie heute stünde, wenn wir Gott nicht gedient hätten."

Zwei Highschool-Schülerinnen fahren einen Bus, weil sie davon überzeugt sind, dass Dienst an Kindern wirklich wichtig ist. Und Kinder, die wie Melanie vorher vermeintlich keine Zukunft hatten und nie eine Beziehung zu Gott knüpfen würden, sagen, dass sie damit Recht haben. Wie wichtig es ist, Menschen zu erreichen, wenn sie jung sind, konnte George Barna mit Studien belegen, die ergaben, dass es umso unwahrscheinlicher ist, dass ein Mensch eine Beziehung zu Christus anfängt, je älter er ist.[2]

Egal also, ob zu einem Dienst Popcorn und Milchtüten oder zwei Mädchen und ein Bus oder Sie und Ihre ehrenamtlichen Mitarbeiter gehören: Jesus möchte, dass wir fest davon überzeugt sind, dass unser Dienst wirklich wichtig ist.

Jesus möchte, dass wir fest davon überzeugt sind, dass unser Dienst wirklich wichtig ist.

Ein weinendes Baby in den Arm zu nehmen ist wichtig. Es mit einer Kleingruppe voller wilder Viertklässler auszuhalten ist wichtig. Sich kreative Ideen für einen neuen Weihnachtsgottesdienst für Kleinkinder auszudenken ist wichtig. Ein paar Mal öfter anzurufen, selbst wenn es anstrengend ist, neue Mitarbeiter zu werben, ist wichtig. Wenn wir dies vergessen, werden uns die Dornen und Disteln der Entmutigung auf unserem Weg, Kinder zu erreichen, verlangsamen. Und selbst wenn wir Gottes Pläne für uns nicht immer erkennen, sieht er sie doch (Jeremia 29,11).

3. Werden Sie jedes Jahr effektiver.

Mit anderen Worten: Setzen Sie alles daran, besser zu werden, verbessern Sie sich kontinuierlich, und erwarten Sie, mehr Frucht zu sehen. Kein Dienst ist dafür gedacht, stillzustehen (etwas, das er mit Kindern gemeinsam hat!). Stagnation ist ein sicheres Mittel, um Kinder von Jesus fern zu halten.

Jesus forderte uns dazu auf, nach mehr zu streben, als einfach nur den Status quo zu erhalten. Seine Gleichnisse von den Talenten (Matthäus 25) und vom anvertrauten Geld (Lukas 19) betonen, dass wir immer nach Möglichkeiten

Ausschau halten sollten, wie wir mehr aus dem uns anvertrauten Dienst machen können. In beiden Geschichten bekommen verschiedene Arbeiter jeweils etwas von Wert anvertraut und werden später gebeten zu zeigen, was sie daraus gemacht haben. Diejenigen, die ihren Einsatz steigern konnten, werden gelobt und belohnt. Diejenigen, die auf Sicherheit gespielt und nichts ausprobiert haben, werden bestraft.

Was dies mit dem Dienst in der Gemeinde zu tun hat, ist klar: Seien Sie kreativ. Gehen Sie Risiken ein. Finden Sie neue Wege, wie mehr Dienstbereiche ins Leben gerufen werden können. Die Welt um uns herum verändert sich ständig, ebenso die Kinder. Denken Sie daran, dass Veränderung an sich nichts Schlechtes ist. Eine Arbeit mit Kindern, die nicht auf Veränderungen eingeht, wird schnell langweilig und alltagsfremd. Sie ist immer weniger in der Lage, Kinder auf effektive Weise zu erreichen. Stellen Sie sich nur vor, was geschehen wäre, wenn einer der Arbeiter im Gleichnis mit weniger zurückgekommen wäre, als ihm anvertraut wurde!

Wir müssen also ständig neue Energie und frische Kreativität einsetzen, um Kinder zu erreichen. Erwachsenenkirche-Themen, Erwachsenenkirche-Musik und Erwachsenenkirche-Sprache sind für große Leute gedacht, deshalb muss Arbeit mit Kindern so aussehen, dass sie zu kleinen Leuten passt. Auch wenn Arbeit mit Kindern sehr anders aussieht als der Rest der Gemeinde (und oft genug auch in den Kellerräumen der Gemeinde stattfindet), geht es hier nicht um einen Dienst auf niederer Ebene, besonders dann nicht, wenn er sich ständig verbessert.

Das ist nicht leicht umzusetzen; dazu gehört entschieden harte Arbeit. Betrachten Sie es als Ermutigung, nicht als einen Weg, um eine Bestrafung zu vermeiden – denn wenn Sie jedes Jahr effektiver werden, ist der Lohn dafür weit höher als jeder Berg an Talenten! Paulus stellt in seinem zweiten Brief an die Gemeinde in Korinth fest: „Wenn also ein Mensch zu Christus gehört, ist er schon ‚neue Schöpfung'" (2. Korinther 5,17). Tief in meinem Herzen ist die Überzeugung verankert, dass sich dieser Vers auf Kinder bezieht. Wenn mehr Kinder verändert werden und ihr Leben auf einer neuen Umlaufbahn beginnen können, weil die Arbeit mit Kindern jedes Jahr effektiver wird, dann ist harte Arbeit ein Preis, den zu zahlen sich lohnt.

Visionen von dieser besonderen Chance, mich in das Leben von Kindern einzubringen, hielten mich also in dieser kalten Februarnacht im Jahr 1989 wach.

Ein Nein wird zum Ja

Bei diesem Besuch in Chicago passierte eine ganze Menge. Gott versicherte meinem Mann Rick, dass es in Ordnung war, Chattanooga zu verlassen. Ich bekam eine Vision, wie Arbeit mit Kindern aussehen könnte. Und Jesu Worte, die Kinder nicht daran zu hindern, zu ihm zu kommen, wurden laut und klar. Das einzig Verbleibende auf der Negativseite war der Blizzard. Doch auch Schnee schmilzt schließlich irgendwann weg. Gottes warmes Ziehen an meinem Herzen aber sollte bleiben.

Also sagte ich Ja. Nicht nur zu einem Job, sondern zu einer Vision. Ja, ich will dazu beitragen, *Promiseland* für diese Kinder zur besten Stunde der Woche zu machen. Ja, ich sehe Potenzial für das Reich Gottes in jedem Kind. Ja, ich bin davon überzeugt, dass die Arbeit mit Kindern wirklich wichtig ist. Und ja, ich werde alles tun, was nötig ist, damit diese Arbeit mit Kindern jedes Jahr effektiver wird. Dieses Ja zu etwas, das mir zuerst als ein lächerlicher Gedanke erschien, bedeutete, dass ich meine neue Rolle als Verantwortliche für den Kreativteil von *Promiseland* weniger als zwei Monate später am 1. April 1989 antrat. Und 1991 sollte ich dann Leiterin der gesamten Arbeit mit Kindern werden.

Eine Herausforderung an Sie als Leser

An diesem Punkt müssen Sie eine wichtige Entscheidung treffen. Im Rest dieses Buches geht es darum, einen Dienstbereich, in dem es um die Kinder geht, zu verändern. Wenn Sie nun weiterlesen, müssen Sie auch bereit sein, ein leeres

Blatt Papier herauszuholen. Werden Sie weiterlesen? Es bedeutet, dass Sie offen sind, über Veränderungen nachzudenken – vielleicht kleine Veränderungen, vielleicht eine ganze Menge Veränderungen –, unabhängig davon, ob Sie leitender Mitarbeiter sind oder eher hinter den Kulissen arbeiten. Potenzial für das Reich Gottes in jedem Kind zu sehen, die Überzeugung, dass Arbeit mit Kindern wirklich wichtig ist, die Hingabe, jedes Jahr effektiver zu werden – diese Überzeugungen tauchen nicht einfach aus dem Nichts auf. Jede muss ganz bewusst und im Gebet angenommen werden.

Eine dynamische Arbeit mit Kindern aufzubauen oder Schritte auf dieses Ziel hin zu gehen, passiert auch nicht von selbst. Aber wenn leitende Mitarbeiter entscheiden, dass die Geschichte, die Gott in ihrem Dienstbereich schreiben möchte, zu spannend ist, um sie zu verpassen, zu wichtig ist, um sie zu ignorieren, und zu wertvoll ist, um das Leben mit etwas anderem zu verbringen, dann wird diese beste Stunde Wirklichkeit werden. Es wird vielleicht eine Weile dauern, vielleicht sogar Jahre. Aber sie beginnt immer mit demselben Glaubensschritt – irgendjemand sagt Ja!

3 Ihr Auftrag, falls Sie ihn annehmen …

Die Vorteile eines klaren Ausgangspunktes

> *„Ein Auftrag ist das große Ziel, für das Ihr Dienst existiert.“*
> *George Barna*

Als Teil des *Johnson Space Center* in Houston, Texas, hat die Kontrollstation der NASA die wichtige Rolle, die Ausflüge unserer Nation in den Weltraum zu leiten. Die meisten Menschen, einschließlich mir, haben dieses Hightech-Kontrollzentrum nie persönlich besichtigt. Aber Millionen haben den Film „Apollo 13“ mit Tom Hanks gesehen – ein Film, der die wahre Geschichte eines Weltraumflugs zum Mond beschreibt.

Die Crew der Apollo 13 hob im Mai 1970 in Florida ab, zuversichtlich, dass sie ein paar Tage später auf dem Mond landen würde. Unglücklicherweise verursachte eine Explosion in einem Sauerstofftank drei Tage nach dem Start schwere Schäden, die eine Landung auf dem Mond unmöglich machten – und die große Zweifel an der Wahrscheinlichkeit einer erfolgreichen Rückkehr auf die Erde weckten. Die Kontrollstation, die eigentlich einen Flug zum Mond begleiten und unterstützen sollte, musste nun in eine ganz neue Richtung arbeiten. Flugaufsichtsleiter Gene Krantz, der im Film von Ed Harris gespielt wird, kündigte kurz und bündig eine Veränderung ihres Ziels an: „Unser neuer Auftrag besteht darin, unsere Leute sicher nach Hause zu bringen.“

Im Film erleben wir später Dutzende von Menschen im Kontrollzentrum – sowie eine ganze Nation, die an den

Fernsehbildschirmen klebt –, die qualvoll den Augenblick erleiden, in dem Apollo 13 versucht, wieder in die Erdatmosphäre einzutreten. Es steht sehr viel auf dem Spiel – entweder wird das Raumschiff in Flammen aufgehen, in den Weltraum zurückgestoßen werden, um dort für immer zu treiben, oder erfolgreich im Südpazifik wassern. Die Kamera fängt Krantz ein, als er zwei Verantwortliche flüstern hört: „Das könnte die schlimmste Katastrophe werden, die die NASA je erlebt hat." Da er aber ein starker Leiter ist, wie ich sie liebe, bringt er tapfer eine ganz andere Sichtweise ein: „Bei allem Respekt, Sir", sagte er, „ich glaube, dies wird unsere größte Stunde werden."[3]

Unsere größte Stunde

Wenn Krantz' Vision von der „größten Stunde" Realität wird, dann hat die NASA ihre Mission erfüllt und die Astronauten sicher nach Hause gebracht. Wenn dieses objektive Ziel erreicht ist, kann man es als Ende der Mission ansehen. Und, wie mir scheint, trifft dies auch auf die Arbeit mit Kindern zu. Ein klarer Missionsauftrag – einer, der auch zu klar definierten Erfolgen führt – ist der Ausgangspunkt, wenn man eine Arbeit mit Kindern zur besten Stunde der Woche für alle Kinder machen möchte. Denn wenn der Missionsauftrag gut formuliert ist, weiß jeder in einem und um einen Dienstbereich herum, was er zusammen mit allen anderen erreichen will. Ignorieren oder schmälern Sie die entscheidende Rolle eines bewusst und klar formulierten Missionsauftrages, dann wird Ihr Dienst einfach abgestoßen werden und für immer abtreiben. Aber wenn Sie es richtig machen, dann sind dem Potenzial Ihres Dienstes keine Grenzen gesetzt.

Ein klarer Missionsauftrag – einer, der auch zu klar definierten Erfolgen führt – ist der Ausgangspunkt, wenn man eine Arbeit mit Kindern zur besten Stunde der Woche für alle Kinder machen möchte.

Die entscheidende Frage lautet: Welchen Missionsauftrag wollen Sie erfüllen, wenn die beste Stunde (oder auch eine ziemlich gute Stunde) in der Woche eines Kindes in Ihrem Dienst stattfinden soll? Sie müssen natürlich kein Wissenschaftler sein, um diese Frage zu beantworten, da die Bibel eine klare Definition – bekannt als der große Missionsauftrag – dafür bietet, was so eine Mission erreichen sollte.

Kann das mit Kindern funktionieren?

Jesus sagt nach seiner Auferstehung zu seinen Jüngern: „Darum geht nun zu den Völkern der Welt und macht die Menschen zu meinen Jüngern und Jüngerinnen! Tauft sie im Namen des Vaters und des Sohnes und des Heiligen Geistes, und lehrt sie, alles zu befolgen, was ich euch aufgetragen habe" (Matthäus 28,19–20). Sein Auftrag besteht aus zwei Teilen: Menschen zum Glauben zu führen und sie in ihrem geistlichen Wachstum zu unterstützen. Der „Evangelisationsteil" ist leicht zu verstehen – wir sollen Menschen, die keine Christen sind, dabei helfen, eine persönliche Beziehung zu Gott durch Jesus einzugehen. Aber bleiben Sie an diesem Punkt nicht stehen, denn das ist nur der halbe Auftrag.

Matthäus 22, Vers 37 macht deutlich, wie breit dieses „alles zu befolgen, was ich euch aufgetragen habe" angelegt ist. Jesus erklärte, dass das erste und wichtigste Gebot in Folgendem besteht: „Liebe den Herrn, deinen Gott, von ganzem Herzen, mit ganzem Willen [Seele] und mit deinem ganzen Verstand!" Seine allumfassende Perspektive ist deutlich sichtbar – es bleibt nichts übrig, was nicht zu meinem Herzen, meinem Willen und meinem Verstand zählt. Mit anderen Worten: Jesus verlangt völlige Hingabe. Menschen dabei zu unterstützen, zu Jüngern Jesu zu werden, bedeutet also, ihnen zu helfen, zu *ganz hingegebenen* Nachfolgern Jesu zu werden.

Aber, Moment mal, es geht in diesem Buch um Kinder. Können wir Kinder effektiv zum Glauben führen? Nun, die meisten Menschen würden wohl sagen, dass dies möglich ist. Aber können Kinder zu ganz hingegebenen Nachfolgern Jesu werden, wenn sich ihre Emotionen (Herz), ihre Seele und ihr Verstand noch nicht voll entwickelt haben? Das scheint für viele Menschen zweifelsohne etwas unrealistisch zu sein – bestenfalls Wunschdenken.

Aber sie haben Unrecht. Kinder können zu ganz hingegebenen Nachfolgern werden – sie können Jesus tatsächlich ihre Herzen, ihre Seele und ihre Gedanken in Kinderformat geben. Kay Kuzma, eine Expertin für kindliche Entwicklung, bestätigt, dass die Kindheit das entscheidende Zeitfenster für die Entwicklung der Seele ist.[4] Und Karyn Henley, eine weitere Expertin in diesem Bereich, stimmt zu: „Kinder können mit größerer Wahrscheinlichkeit einen handfesten Glauben an Jesus entwickeln als wir Erwachsenen, die allem skeptisch gegenüberstehen, was wir nicht mit unseren fünf Sinnen erfassen können."[5]

George Barna bestimmt mit seinen Umfrageergebnissen Henleys „größere Wahrscheinlichkeit" mit den Daten über den Zusammenhang des Alters einer Person mit der Wahrscheinlichkeit, Christ zu werden, näher. Zwischen der Geburt und dem 14. Lebensjahr besteht demnach eine Möglichkeit von 32 Prozent, dass ein Mensch Christ wird. Nach diesem Zeitpunkt sinkt diese Zahl schnell auf etwa 6 Prozent, wo sie für den Rest des Lebens eines Menschen bleibt.[6] Diese Daten zeigen sehr deutlich, dass mit zunehmendem Alter die Chance sinkt, zum Glauben zu kommen. Und ich denke, die Schlussfolgerung ist klar: Der Auftrag, Kinder zu Jesus zu führen und sie in ihrem geistlichen Wachstum zu unterstützen, ist erfüllbar und dringlich.

Fragen Sie nur die *Northcote Baptist Church* in Auckland, Neuseeland. Dort fasste man den Entschluss, sich in der gemeindlichen Arbeit mit Kindern wirklich ernsthaft darum zu bemühen, Kinder mit der Guten Nachricht zu erreichen, statt sie einfach nur zu betreuen, während die Eltern den Gottesdienst besuchten. Eine der vielen Veränderungen bestand darin, mit neuem Material zu arbeiten, das die Botschaft des Evangeliums klar und kreativ vermittelte, und dies mit einem Übergabegebet zu koppeln. Der Leiter der Arbeit mit Kindern sagt: „Zum ersten Mal hörten diese Kinder überhaupt die Botschaft der Erlösung, und zehn Kinder von 55 antworteten darauf, indem sie zum ersten Mal in ihrem Leben beteten!" Dieser Dienstbereich hat also sein Selbstverständnis geändert und ist in das „Geschäft mit der Lebensveränderung" eingestiegen, statt einfach nur einen Windelwechsel-Service anzubieten.

Das kleine Wörtchen „und"

In ihrem Wunsch, „zu evangelisieren und zu Jüngern zu machen", besteht für viele Dienstbereiche die größte Herausforderung in dem Wörtchen „und". Einige gemeindliche Arbeiten mit Kindern brillieren, wenn es darum geht, Kinder mit dem Evangelium zu erreichen, aber sie haben keine Energie mehr übrig, den Kindern dabei zu helfen, zu ganz hingegebenen Nachfolgern zu werden. Andere sind wirklich gut darin, das geistliche Wachstum derselben vier, fünf Kinder Woche für Woche zu fördern – haben aber das Gefühl, dass es sie von ihrer eigentlichen Aufgabe abbringen würde, wenn sie versuchten, auch andere Kinder zu erreichen. Sie verlassen sich bei gemeindlichem „Nachwuchs" alleine auf die Geburtenrate, deshalb vermute ich, dass ihre einzige Wachstumsstrategie darin besteht, mehr Eheanbahnungswochenenden zu veranstalten. Noch trauriger ist es um die Dienstbereiche bestellt, die sich um die Umsetzung keines dieser beiden Ziele bemühen und stattdessen nur sonntagmorgendliche Kinderbetreuung anbieten, ohne es jemals zu wagen, mehr zu sein.

Kinder mit dem Evangelium zu erreichen und in der Nachfolge zu fördern, sollte eine „duale" Mission sein und keine miteinander duellierende.

Kinder mit dem Evangelium zu erreichen und in der Nachfolge zu fördern, sollte eine „duale" Mission sein und keine miteinander duellierende. Die Bibel lässt uns keine Wahl – wir können nicht zwischen der einen oder anderen Richtung wählen –, deshalb muss unsere Arbeit mit Kindern beides enthalten. Wie klingt das in heutiger Sprache? Lassen Sie uns in die Kirche der Erwachsenen schleichen und nach Anhaltspunkten suchen.

Die Missionsaussage der *Prestonwood Baptist Church* in Texas besagt, dass die Gemeinde „Gott verherrlichen will, indem sie so vielen Menschen wie möglich Jesus Christus als Herrn vorstellen und ihnen einen christlichen Lebensstil nahe bringen möchte".[7] In Indiana lautet die Missionsaussage der *Grace Community Church*: „Menschen in eine aktive und verantwortliche Beziehung zu Jesus Christus hineinzulieben".[8] Die Missionsaussage der *Willow Creek*-Gemeinde lautet, „kirchendistanzierte Menschen in die hingegebene Nachfolge Jesu zu führen". Auch wenn alle diese Gemeinden unterschiedliche Worte verwenden, geben sie uns doch Beispiele dafür, wie eine Missionsaussage auf der Grundlage des Missionsauftrags in Matthäus 28 klingen kann.

In *Promiseland* nahmen wir uns also das übergeordnete Ziel der Gemeinde vor und bemühten uns, eine ergänzende Missionsaussage zu entwickeln. Eine Arbeit mit Kindern sollte immer im Einklang mit der dazugehörigen Gemeinde stehen, weil sie Teil eines übergeordneten Leibes ist, der zusammenarbeiten muss. Der Pastor der *Willow Creek*-Gemeinde, Bill Hybels, erklärt: „Als ‚Promiseland' anfing, seine Pferdestärke mit den übergeordneten Zielen von ‚Willow Creek' in Einklang zu bringen, und ich sah, wie unsere Arbeit mit Kindern mit den Zielen und Prioritäten der Gesamtgemeinde Schritt hielt, sagte ich: ‚Das ist genial.'"[9]

Aber „genial" ist vielleicht etwas zu hoch gegriffen. Wir nahmen einfach, was der Rest der Gemeinde machte, und beschlossen, dasselbe zu machen. Um zu formulieren, was wir erreichen sollten, einigten sich die Mitarbeiter von *Promiseland* zunächst darauf, dass wir dazu beitragen wollten, kirchendistanzierte kleine Menschen in die hingegebene Nachfolge Jesu zu führen. So wie jeder Mitarbeiter der NASA in „Apollo 13“ ein Bild vor Augen hatte, wie es aussah, „unsere Leute nach Hause zu bringen“, mussten wir über die Ergebnisse unseres Missionsauftrags nachdenken – wie sieht ein ganz hingegebener Nachfolger Jesu aus? Und wie sieht ganze Hingabe im Kinderformat aus?

Fünf Gradmesser für geistliche Reife

Willow Creek beschreibt ganze Hingabe mit Hilfe von fünf Merkmalen, die den Prozess der geistlichen Reife beschreiben. Jeder dieser Faktoren beginnt mit dem Buchstaben G: Gnade, Geistliches Wachstum, Gruppe, Gaben und Gute Haushalterschaft. Um erfolgreich auf einer Linie mit der Gesamtgemeinde zu bleiben und den Frust zu vermeiden, der damit verbunden wäre, eine davon abweichende Mission zu verfolgen, musste *Promiseland* Faktoren finden, die beschreiben, wie Kinder zu ganz hingegebenen Nachfolgern werden können – mit anderen Worten: zu 5G-Kids.

Gnade

Anfang Dezember bekamen die Zweitklässler einer Grundschule hier vor Ort die Hausaufgabe, etwas über das schönste Geschenk zu schreiben, das sie je bekommen hatten. Alle Aufsätze hingen für den Rest des Monats an einer Tafel aus, auch dieser:

„Das beste Geschenk, das ich je bekam, war Jesus. Er starb für unsere Sünden. Ich bekam ihn, als ich noch klein war. Gott schenkte ihn mir, er schickte ihn auf die Erde. Wenn ich ihn nicht hätte, wäre mein ganzes Leben anders. Wenn er nicht für unsere Sünden gestorben wäre, müssten wir sterben. Ich liebe Jesus so sehr! Scott“

Jedes Kind muss bei uns die Aussage von Römer 3, Vers 23 verstehen – dass es ein Geschenk der Gnade gibt, das alle Menschen brauchen. Dieses Verständnis sollte auch die Tatsache einschließen, dass wir Vergebung bekommen, wenn wir ein Gebet sprechen, das unsere Reue und Umkehr ausdrückt, und dass wir Jesus bitten können, mit uns zu sein, um uns durch unser Leben zu führen. Diese Grundlage christlichen Glaubens muss jedem Kind klar und auf relevante Weise vermittelt werden, gefolgt von der Möglichkeit, darauf zu antworten.

Außerdem sollte man lehren und vorleben, dass es wichtig ist, mit anderen Kindern, die Jesus noch nicht kennen, über dieses kostenlose Geschenk zu sprechen. Eine gemeindliche Arbeit mit Kindern, die den Faktor Gnade bei Kindern fördern möchte, sollte den Kindern regelmäßig Gelegenheit zur Kinderevangelisation bieten. Nein, ich spreche hier nicht davon, Kinder an Straßenecken zu postieren und vorübergehenden Passanten das Evangelium zurufen zu lassen. Aber Gelegenheiten bieten sich jedes Wochenende, wenn man die Kinder dazu ermutigt, Freunde zum Kindergottesdienst mitzubringen.

Besondere Veranstaltungen bieten zusätzliche Möglichkeiten. Eine der erfolgreichsten Veranstaltungen von *Promiseland* war das so genannte *Mega-Sleepover,* das eigentlich dazu gedacht war, die Beziehungen zwischen den bereits zur Gemeinde gehörenden Viert- und Fünftklässlern zu fördern. Als die Kinder hörten, dass es eine Band, coole Spiele, etwas zu essen und sehr wenig Schlaf geben würde, wuchs ihre Begeisterung. Und wuchs. Sie begannen, in der Schule davon zu erzählen. Dann fragten sie, ob sie ihre Freunde einladen durften. Bald stiegen die Anmeldezahlen an. Sie verdoppelten sich. Sie verdreifachten sich. Fast durch Zufall entstand eine ziemlich sichere evangelistische Aktion für Kinder aus der Umgebung der Gemeinde, die heute als *Mega* bekannt ist.

Die Viertklässlerin Esther lud zwei Freundinnen zu *Mega* ein, denen das so gut gefiel, dass sie fragten, ob sie am nächsten Wochenende wieder kommen dürften. Also luden Esthers Eltern beide Familien ein, die die Einladung auch annahmen. Nachdem sie ein paar Monate lang die Gemeinde besucht hatten, nahmen Esthers beide Freundinnen Jesu Geschenk der Gnade an. Dann fingen Esther, beide Freundinnen und ihre ganze Kleingruppe an, dafür zu beten, dass die Eltern der beiden Mädchen Jesus kennen lernten. Die Auswirkungen mit Ewigkeitswert dieser einen Übernachtungsveranstaltung waren in der Tat „mega“!

Stellen Sie sich eine Generation von Kindern vor, die in der Erwartung aufwächst, dass Gott Menschen durch die Ortsgemeinde zu sich zieht. Stellen Sie sich eine Gemeinde voller Kinder vor, für die es völlig normal ist, Jesus als Herrn und Erlöser anzunehmen, sowie ihre Freunde dazu zu ermutigen, dasselbe zu tun. Und stellen Sie sich vor, dass immer mehr Zweitklässler bereit sind, ihren Klassenkameraden „das beste Geschenk, das sie je bekommen haben“, zu beschreiben.

Geistliches Wachstum

Nach ihrem Abendgebet fragte eine Erstklässerin ihren Vater: „Möchte Gott wirklich, dass wir uns für alles entschuldigen, was wir falsch machen?“

„Ja, das möchte er“, antwortete der Vater. „Gott sieht alles, was wir tun, und wartet nur darauf, dass wir ihm sagen, dass es uns Leid tut.“

„Ich frage mich, wie es ist, wenn wir uns an etwas nicht mehr erinnern. Wird er dann sauer, wenn wir etwas vergessen?“, erkundigte sie sich.

„Er weiß, dass wir uns unter Umständen nicht an alles erinnern können, aber das, woran wir uns erinnern, möchte er gerne von uns hören. Dann kann er uns dabei helfen, dass wir es nicht noch einmal machen."

Lange Pause, während ihre Gedanken rattern. „Papa, ich glaube, wir müssen noch einmal beten."

Der Glaube unserer Kinder sollte sie von innen nach außen verändern. Nicht weil sie einen Haufen Regeln befolgen müssen, sondern weil sie es wollen. Gemeindliche Arbeit mit Kindern sollte ein Leben in der Nachfolge Jesu gleichzeitig lehren und auch vorleben, wie es in Kolosser 2, Verse 6 bis 7 beschrieben wird: „Ihr habt Jesus Christus als den Herrn angenommen; darum lebt nun auch in der Gemeinschaft mit ihm und nach seiner Art! Seid in ihm verwurzelt und baut euer Leben ganz auf ihn. Hört nicht auf zu danken für das, was Gott euch geschenkt hat!"

Ich bin sicher, dass die meisten Gemeinden den Wunsch haben, geistliches Wachstum bei Kindern zu erleben. Um diesen Prozess zu unterstützen, verdienen zwei Elemente dieses Gs unsere besondere Aufmerksamkeit. Zum einen die Reihenfolge, in der Wachstum präsentiert wird. Wachstum folgt Gnade, so wie einem Lebensstil, der sich an Jesus orientiert, eine Entscheidung für Jesus vorangehen muss. Dreht man die Reihenfolge um, ist ein verwirrendes Leben voller Regeln die Folge, das mit Sicherheit jedes Kind abstoßen wird – und nebenbei gesagt auch jeden Erwachsenen.

Der Glaube unserer Kinder sollte sie von innen nach außen verändern. Nicht weil sie einen Haufen Regeln befolgen müssen, sondern weil sie es wollen.

Das zweite Element ist die Herausforderung, der wir gegenüberstehen, wenn wir versuchen, dieses G in Aktion zu erleben. Ein klares Zeichen für geistliches Wachstum bei Kindern sind die Geschichten, die Eltern darüber erzählen können, wie sich das Leben ihrer Kinder verändert. Natürlich muss man diese Geschichten mit einem gesunden Menschenverstand filtern. Wenn mir eine Mutter erzählt, dass ihr Sohn aufgehört hat, seine Schwester zu schlagen, kann das ein Zeichen für etwas Geistliches sein, muss es aber nicht. Wenn ich höre, dass sich ein Junge häufiger für seine

Fehler entschuldigt, nachdem im Kindergottesdienst über Sündenbekenntnis gesprochen wurde, dann begeistert mich das. (Auch wenn es grundsätzlich eine gute Idee ist, die eigene Schwester nicht mehr zu schlagen, egal, wodurch das motiviert ist.)

Wenn solche Geschichten erzählt werden, ist die Arbeit mit Kindern auf dem richtigen Kurs. Wenn es solche Geschichten nicht gibt, muss sich etwas in dem Dienst verändern, weil er keine Wirkung zeigt. Ein Leben, das mehr und mehr in Christus gelebt wird, selbst wenn es im Kinderformat stattfindet, ist nach außen sichtbar. Eltern müssen die Verbesserungen einfach sehen, Kleingruppenleiter sehen Veränderungen, und selbst Freunde werden den Unterschied bemerken. Außerdem fördert dieses G erfahrungsgemäß ein Herz, das Gott anbetet, ein Interesse am Bibellesen und den Wunsch zu beten.

Gruppe

Roxanne, die Leiterin der Fünftklässler, beschreibt das Leben in den Kleingruppen und ihre Rolle dabei folgendermaßen: „Wenn erst einmal Beziehungen aufgebaut sind, reden die Kinder über viel mehr als nur über Gemeindesachen. Sie fragen einander und mich um Rat. Mein Ziel ist es, jedes der Mädchen zu inspirieren, sich selbst stärker so zu sehen, wie Gott es sieht."

Kinder blühen in Kleingruppen auf, weil diese ein sicheres Umfeld für geistliches Wachstum bieten – und weil der Wunsch nach Gemeinschaft Bestandteil des menschlichen Wesens ist. Wenn Gott sagt, dass es für den Mann nicht gut ist, alleine zu sein (Genesis 2,18), besagt dies, dass er uns zu Menschen gemacht hat, die auf Beziehung ausgerichtet sind. Jesus selbst baute auch seine eigene Kleingruppe auf (Markus 3,14) – ein Dienstmodell, das wieder in Apostelgeschichte 2, Vers 46 angesprochen wird: „Tag für Tag versammelten sie sich einmütig im Tempel, und in ihren Häusern hielten sie das Mahl des Herrn und aßen gemeinsam, mit jubelnder Freude und reinem Herzen." Alle Menschen haben das tiefe Bedürfnis, sich irgendwo zugehörig zu fühlen.

Alle Menschen haben das tiefe Bedürfnis, sich irgendwo zugehörig zu fühlen.

Auch Kinder haben dieses Bedürfnis im Übermaß, und zwar aus genau denselben Gründen. Wenn eine gemeindliche Arbeit mit Kindern diesen den Weg zu echter Gemeinschaft weisen kann, sind diese Kinder mit Sicherheit besser in der Lage, den Herausforderungen des Lebens zu begegnen, und das gilt gleichermaßen für aktuelle und zukünftige Herausforderungen.

Die heutige Welt ist jedenfalls ein schwieriger Ort zum Aufwachsen. Desillusionierung in Bezug auf Kämpfe und Kriege, der Missbrauch durch Erwachsene und die Anforderungen, die der Druck durch Gleichaltrige auslöst, lasten schwerer auf den Kindern als je zuvor. Nicht zu vergessen die zunehmende Gewalt in den Schulen, während gleichzeitig die Zeit schrumpft, die die Familie gemeinsam verbringt. All das bedeutet, dass Kinder keinen sicheren Ort mehr haben, an dem sie das Leben verarbeiten und gesunde Beziehungen aufbauen können.

Promiseland bietet für alle Kinder ab einem Alter von zwei Jahren Kleingruppen an (mehr zum Thema Kleingruppen in den Kapiteln 4 und 5), damit die Kinder in einem liebevollen Kreis von Freunden aufwachsen können. Es ist riskant, davon auszugehen, dass ihre Beziehungsbedürfnisse außerhalb der Gemeinde gedeckt werden können. Es ist sicherer, auf Leiter wie Roxanne zu zählen, die das Herz eines Hirten haben.

Geistliche Gaben

Alle Christen haben von Gott geistliche Gaben bekommen, die sie in der Arbeit einer Ortsgemeinde einsetzen sollen (1. Korinther 12). Wir vertreten die Auffassung, dass es etwas unrealistisch ist zu erwarten, dass Achtjährige genau wissen, welche Gaben sie haben. Aber eine Arbeit mit Kindern kann diesen trotzdem die Gelegenheit bieten, verschiedene Gaben auszuprobieren und Erwachsene dabei zu beobachten, wie diese ihre Gaben in der Gemeinde einsetzen.

Die Sechstklässer in der *First Evangelical Free Church* in St. Louis/Missouri hatten beispielsweise die Möglichkeit, unter der Anleitung eines ehrenamtlichen Mitarbeiters namens Mark (einem Zimmermann), eine getreue Nachbildung der Bundeslade zu bauen, wie sie im Buch Exodus beschrieben wird.[10] Stellen Sie sich vor, welche Freude die Kinder dabei hatten, die gerne mit den Händen arbeiteten. Meine eigenen Kinder Holly und Ryan spielten als Viertklässer beim Kinder-Theaterteam von *Promiseland* vor. Danach bekamen sie jahrelang Talent-Coaching und Betreuung von Deanna, der wunderbaren Leiterin unserer Theatergruppe. Ihre Bühnenfähigkeiten blühten auf, während sich ihr Charakter weiterentwickelte.

Ich wünschte, ich hätte in meiner eigenen Kindheit in meiner Gemeinde solche Gelegenheiten bekommen. Für mich schien es nur drei Möglichkeiten zu geben, die eigenen Gaben einzusetzen – Predigen, Singen im Chor und Unterrichten in der Sonntagsschule. Mir war nie aufgefallen, dass man sich auch in anderen Bereichen engagieren könnte, und niemand machte sich die Mühe, mich darauf hinzuweisen. Mir war nicht klar, dass Menschen mit der Gabe des Helfens dazu beitragen, dass eine Gemeinde gut läuft, dass organisatorisch begabte Menschen einer Gemeinde helfen, Dinge zu organisieren, und dass die Gabe der Kreativität biblische Geschichten zum Leben erwecken kann. Die Arbeit in einer Gemeinde, die die Bedeutung aller geistlichen Gaben betont, hat mich gelehrt, wie stark eine Ortsgemeinde darauf angewiesen ist, dass jeder Teil gut funktioniert. Und es ist nie zu früh, damit anzufangen, diesen Prozess anzuregen und Wert darauf zu legen.

Stellen Sie sich vor, welche Begeisterung ein kleiner Mensch empfindet, wenn er sich fragt, welchen Teil er wohl eines Tages beitragen wird. Oder die offene Erwartung in einem Kind, das sich sagt: „Ich frage mich, wie Gott mich wohl gebrauchen wird“, oder das denkt: *Vielleicht werde ich eines Tages dies oder jenes tun.* Ich kann mir keinen besseren Traum für ein Kind vorstellen.

Gute Haushalterschaft

Eine Familie aus meinem Bekanntenkreis setzte sich eines Abends zusammen, um über die Expansionspläne ihrer Gemeinde zu sprechen. Die Eltern beschrieben, inwiefern ein größeres Gemeindehaus mehr Platz bieten würde, um mehr Menschen einladen zu können, die keine Gemeinde besuchten und Jesus noch nicht kannten. Nachdem sie die Baupläne für das neue Gebäude angesehen hatten, überlegten sie, in welcher Weise sie Geld für den Bau geben wollten. Dabei kamen sie auf eine Idee, an der sich jeder beteiligen konnte. Sie beschlossen, ein großes Marmeladenglas in der Küche aufzustellen, in das jeder Geld werfen konnte – etwas, das als sichtbare Erinnerung an die Hingabe der ganzen Familie an die Gemeinde dienen konnte. Als die Fami-

lienzusammenkunft zu Ende war, sprang die vierjährige Tochter auf und rannte in ihr Zimmer, kam mit ihrem winzigen Geldbeutel zurück und warf den kompletten Inhalt in das Marmeladenglas. Als sie gefragt wurde, warum sie das ganze Geld gab, das sie besaß, antwortete sie ganz selbstverständlich: „Alles, was wir haben, gehört Gott doch sowieso, oder?"

Die Moral dieser Geschichte ist nicht, dass jeder jeden Cent, den er hat, seiner Gemeinde geben muss. (Aber auch nicht, dass Sie, wenn Sie dies tun, in einem Buch über die Arbeit mit Kindern erwähnt werden!) Die eigentliche Lektion besteht darin, dass die Grundlagen von guter Haushalterschaft – dass alles, was wir haben, Gott gehört – schon in sehr jungen Jahren gelernt werden können. Wer an irgendeinem Punkt seines Lebens erkennt, dass Gott letztlich alles gehört, wird dieser Tatsache Rechnung tragen, indem er seine Mittel so verwaltet und einsetzt, dass er Gott damit Ehre machen kann. Ist das nicht eine gesunde Sichtweise für ein Kind inmitten einer Welt, die zu Materialismus auffordert und in der Schuldenmachen ganz normal ist? Und auch wenn die meisten Kinder nicht unbedingt viel Geld oder Besitz haben, den

Gute Haushalterschaft lässt sich auf ein Gut anwenden, das alle Kinder haben – Zeit.

sie verwalten können, lässt sich gute Haushalterschaft auf ein Gut anwenden, das sie haben – Zeit.

An den Dienstagabenden versorgt unsere Gemeinde obdachlose Menschen mit etwas zu Essen und einem Dach über dem Kopf. Auf die Anregung der Kleingruppenleiter in *Promiseland* hin ermöglichen wir es nun von Zeit zu Zeit Kindern aus unserer Gemeinde, Brote zu belegen und Essenspakete für die Gäste herzurichten. Die Kinder aus dem *Promiseland*-Team arbeiten eine Zeit lang hart mit, aber irgendwann fangen sie an, sich zu fragen, warum sie ihre Zeit damit verbringen, Äpfel und belegte Brote in Schachteln zu packen.

Dann sehen die Kinder einige der Besucher. Meistens ist darunter mindestens eine Familie mit Kindern im selben Alter wie unsere jungen ehrenamtlichen Mitarbeiter. Stellen Sie sich vor, wie hungrige obdachlose Kinder voller Begeisterung ihre Pakete in Empfang nehmen. Bei diesem Anblick herrscht meist erst einmal lange Stille. Und in der Regel kommt am Ende des Abends immer wieder dieselbe Frage: „Können wir das wieder einmal machen?"

Unsere Kinder fangen an zu erkennen, dass selbst eine kleine Investition ihrer Zeit Gott Ehre machen kann und das Leben von Menschen verändert, denen sie dienen. Ein Kind, das lernt, dass man Geld und Zeit zu einem höheren Ziel einsetzen kann, hat gute Chancen, den Kampf gegen Habgier und Maßlosigkeit zu gewinnen. Und wer wünscht sich das nicht für sein Kind?

Eine Missionsaussage erarbeiten

Die meisten Mitarbeiter in einer Arbeit mit Kindern würden wohl zustimmen, dass es ihnen um nichts weniger geht, als um ganz hingegebene Nachfolger Jesu – sie haben es nur nie in Worte gefasst. Vielleicht nennen sie es anders, aber die Klarheit der Ergebnisse, die aus einer Beschreibung wie der der 5Gs entsteht, verleiht einem Dienst echte Zugkraft. Und als wir erst einmal wussten, welche Ergebnisse wir sehen wollten, erarbeiteten wir in *Promiseland* eine Missionsaussage: „Wir möchten Familien in ihren Bemühungen unterstützen, ein geistliches Fundament im Leben ihrer Kinder zu legen, damit jedes Kind – nach Gottes Zeitplan – eine Beziehung zu Jesus Christus aufbauen kann."

Um verstehen zu können, welche Absicht sich hinter jedem Wort verbirgt, lassen Sie uns die Missionsaussage häppchenweise betrachten: „Wir wollen Familien in ihren Bemühungen unterstützen" besagt klar, dass *Promiseland* die Familie nicht ersetzen will, denn die Bibel lehrt, dass Eltern die größte Verantwortung für die geistliche Erziehung ihrer Kinder innehaben. Dies wird von Zeit zu Zeit in den Erwachsenengottesdiensten von *Willow Creek* gepredigt und verstärkt diese Überzeugung. In einer Predigt ging beispielsweise der frühere Pastor John Ortberg mit diesen Worten auf die geistliche Entwicklung der Kinder ein: „Ihr Eltern, macht, was immer ihr tun müsst (...), denn wenn ihr eure Kinder regelmäßig dazu einladet, ‚Promiseland' zu besuchen und sich zu engagieren, ist das die beste Unterstützung, die ihr bei eurer wichtigen Aufgabe als Eltern bekommen könnt."[11]

Der Rest unserer Missionsaussage folgt Matthäus 28. „... damit jedes Kind – nach Gottes Zeitplan – eine Beziehung zu Jesus Christus aufbauen kann" bringt unsere Leidenschaft auf den Punkt, Kinder so mit der Guten Nachricht zu erreichen, dass sie ganz klar die Linie zum Glauben überschreiten und sich weiterentwickeln. Und dieser Teil macht deutlich, dass wir zwar unseren Teil dazu beitragen, Gott aber derjenige ist, der letzten Endes alles vollbringt. „... ein geistliches Fundament im Leben der Kinder zu legen" bedeutet, dass wir die Kinder in die Nachfolge führen, wenn sie diese Linie überschritten haben. Wir halten unsere Missionsaussage bewusst kurz, damit sie sich jeder merken kann. Und auch wenn sie uns nun sehr logisch erscheint, haben wir viel Zeit damit verbracht, sie zu Papier zu bringen – und jede Stunde war die Mühe wert.

Manche Menschen lehnen es ab, eine Missionsaussage zu entwickeln, weil sie der Ansicht sind, dieses Konzept sei eher für Unternehmen oder höchstens für große Gemeinden praktikabel. Ich habe gelernt, dass eine Missionsaussage, die eingängig ist und eine breite Akzeptanz findet, einem Dienstbereich viele Vorteile bringt, egal, wie groß er ist oder welche sonstigen Merkmale er hat. Wir haben bereits über etwas Offensichtliches gesprochen – dass jeder innerhalb des Dienstbereichs weiß, was alle gemeinsam erreichen wollen. Aber die Liste der Vorteile ist weit länger.

Ich erinnere mich beispielsweise an ein paar Gelegenheiten zu Beginn meiner Zeit als Leiterin von *Promiseland,* als sich einige verlockende Möglichkeiten für die Arbeit mit Kindern boten – was häufig vorkommt, wenn eine Gemeinde Wachstum erlebt. Ich musste entscheiden, ob wir diese Veranstaltungen durchführen wollten oder nicht, und hätten wir keine Missionsaussage als Entscheidungshilfe gehabt, hätte mich meine Persönlichkeit dazu verführt, alles auszuprobieren, was neu und spannend war. Glücklicherweise erhielt ich schon sehr frühzeitig den Rat, mich an der Missionsaussage zu orientieren, statt einen „Missionsaussage plus"-Dienst aufzubauen. Die wenigen Worte unserer Missionsaussage boten – und bieten noch immer – eine feste Grundlage für Entscheidungen, wenn es darum geht, zu einer Sache ja oder nein zu sagen. Und diese gesunde Richtschnur hat *Promiseland* einen unabschätzbaren Berg an Durcheinander und Chaos erspart. Wenn Sie Entscheidungen in Bezug auf Ihre Arbeit mit Kindern treffen müssen, möchte ich Ihnen denselben Rat geben.

Mir fallen noch weitere Vorteile einer klaren Missionsaussage ein. Sie kann beispielsweise als Rahmen dienen, in dem Sie über Ihren Dienstbereich mit der Gemeindeleitung diskutieren. Wenn mein Pastor unseren Missionsauftrag kennt, können wir uns auf die Fortschritte konzentrieren, statt ständig neu erklären zu müssen, was wir zu tun versuchen. Das schließt auch Gespräche über das Budget des Dienstbereichs ein und darüber, wofür das Geld ausgegeben wird. Außerdem wissen die Eltern in unserer Gemeinde, was sie von der Arbeit mit Kindern erwarten können. Und Fortschritte innerhalb unserer Missionsaussage erleichtern es uns zu wissen, was wir mit unseren ehrenamtlichen Mitarbeitern feiern können. Glauben Sie mir, 5G-Kids sind es wert, gefeiert zu werden!

Ihre Herausforderung

Wie sieht Ihre Missionsaussage aus? Ist sie für Sie und Ihre Gemeindeleitung klar? Kann man sie sich merken? Unterstützt sie Ihren Dienst bei der Entscheidungsfindung? Am Ende dieses Buches finden Sie eine Übung, mit deren Hilfe Sie Ihre Missionsaussage entweder entwickeln oder verbessern können. Bevor Sie damit beginnen, sollten Sie sich jedoch gründlich Gedanken darüber machen, was für Sie Erfolg definiert. Seien Sie dabei so konkret wie wir mit unseren 5 Gs. Und vergessen Sie nicht, dass Sie sich nur auf den Weg machen können, wenn jedem klar ist, was im Zentrum Ihrer Missionsaussage stehen muss – Kinder mit der Guten Nachricht bekannt zu machen und in die Nachfolge Jesu zu führen.

Auch wenn Ed Harris' tiefgründiger Satz aus „Apollo 13" ganz spontan entstand, könnte das Formulieren Ihrer eigenen Missionsaussage mehr Zeit in Anspruch nehmen, als Sie sich jetzt vorstellen können. Entspannen Sie sich – Sie leben nicht in einem Film, und die Zeit, die Sie darin investieren, wird es mit Sicherheit wert sein. Denken Sie daran, dass die Missionsaussage definiert, was Ihr Dienstbereich erreichen will, und eine Grundvoraussetzung für jede Planung ist. Wenn das übergeordnete Ziel Ihres Dienstbereichs gut festgelegt ist, dann kann auch der Kindergottesdienst am Sonntagvormittag zur „besten Stunde der Woche" werden.

4 Die großen 6

Grundwerte für die Arbeit mit Kindern

Ich bin immer wieder erstaunt, was in den Köpfen von Kindern vorgeht, wenn man sie danach fragt. An einem Wochenende wurden Hunderte von Zweit- bis Fünftklässlern gebeten, einen Fragebogen auszufüllen, in dem sie folgende Frage beantworten sollten: „Was ist die wichtigste Frage, über die du gerade nachdenkst?“ Was würden Ihre Kinder auf diese Frage antworten?

Wir waren überrascht zu lesen, dass 40 Prozent der Antworten sich mit irgendeiner Art von Gewalt beschäftigten, die die Kinder sahen oder der sie ausgesetzt waren, und weitere 40 Prozent das Versagen bestimmter Institutionen betrafen. Häufige Fragen waren unter anderem:

- Warum streiten meine Eltern so viel?
- Mein Bruder/meine Geschwister/andere Kinder hacken auf mir herum. Was kann ich dagegen tun?
- Warum werde ich so wütend?
- Warum muss Schule so chaotisch und schrecklich sein?
- Meine Eltern lassen sich scheiden – was soll ich machen?
- Was läuft mit meiner Familie falsch?
- Warum ist es so schwer, neu in der Schule/Wohngegend zu sein, wenn man nicht cool ist?

Ein Schluss lag nahe: Das Leben ist für die Kinder kompliziert. Wenn wir also in *Promiseland* die beste Stunde in der Woche für jedes Kindes veranstalten möchten, dann sollten wir verstehen, was die Kinder in den anderen 167 Stunden ihrer Woche erleben. Auf den ersten Blick erscheint die typische Woche eines Kindes zunehmend trister zu sein. Aber schauen Sie genau hin. Wenn wir das Leben aus dem Blickwinkel eines Kindes betrachten, finden wir klare Gelegenheiten, Kinder effektiver zu erreichen. Wir müssen nur ihre Welt in unserer Art des Kindergottesdienstes spiegeln. Und das geht, wenn eine Arbeit mit Kindern die Welt der Kinder versteht und dann auf dieser Grundlage die Werte für ihre Arbeit entwickelt.

Wie Sie bereits gelesen haben, beschreibt eine Missionsaussage, „was" ein Dienst macht. Aber das „Was" wird nur erreicht, wenn das „Wie" in Form von gut durchdachten Werten existiert. Das gilt immer, egal, welche Strategie Sie mit Ihrem Programm verfolgen oder welche Strukturen Sie einsetzen; Werte bestimmen, wie wir den Kindern unseren Dienst nahe bringen.

1989 hatte *Promiseland* keine offiziellen Werte. Als Folge davon war unsere Arbeit oftmals sehr widersprüchlich und inkonsequent. An einem Sonntag fesselte ein unglaublich spannendes Theaterstück die Viert- und Fünftklässler, aber am nächsten Sonntag hörten dieselben Kinder unter Umständen eine Geschichte, die nichts sagend und langweilig war. In manchen Kinderräumen wurde viel Wert auf Dekoration und eine kinderfreundliche Umgebung gelegt, andere Räumlichkeiten dagegen waren völlig öde – was Kinder und Eltern glauben ließ, sie seien aus Versehen im falschen Zimmer gelandet. Den ehrenamtlichen Mitarbeitern war nicht klar, was sie genau machen sollten, weil sie nicht wussten, was wichtig war.

Wir hätten diese Defizite erkennen und etwas dagegen tun sollen, aber wir taten es nicht. Wir konzentrierten uns einzig und allein darauf, dass *Promiseland* einfach jedes Wochenende stattfand. Wir dachten, wir hätten nicht die Zeit, uns mit etwas so Strategischem wie Werten zu beschäftigen, wenn es doch galt, Mittel aufzutreiben, ehrenamtliche Mitarbeiter zu finden, und jedes Wochenende mehr Kinder kamen. Wie vorauszusehen war, stieg der Schmerzpegel durch die Unbeständigkeit und das Durcheinander irgendwann so sehr an, dass er schließlich doch unsere Aufmerksamkeit forderte.

Also machten wir uns daran, Grundwerte zu entwickeln, die in jedem Bereich unseres Dienstes zum Tragen kommen sollten. Zum Glück unterstützte unser Kopastor Don Cousins uns mit seiner Erfahrung, denn die Einführung von verbindlichen Werten bedeutete mit Sicherheit Veränderungen für die Arbeitsweise von *Promiseland*. Und um eine große Anzahl hingebungsvoll arbeitender Leute durch einen Veränderungsprozess zu führen, braucht man einen starken Leiter.

Unser Team beschloss, sich an den zehn Grundwerten von *Willow Creek* zu orientieren (siehe Anhang), diese aber nicht einfach zu übernehmen. In persönlichen Gesprächen, Kommissionen mit wichtigen ehrenamtlichen Mitarbeitern und beständigem Gebet tauchten eine Menge potenzieller Werte auf. Uns war klar, dass wir uns auf einige wenige beschränken mussten.

Zwei Kriterien sind immer wichtig, wenn man Werte aufstellen möchte. Zum einen sollte man sich auf Werte beschränken, die sich auf die Aktivität eines Dienstes beziehen, statt Aussagen zu treffen, die zwar stimmen, aber zu breit oder zu eng angelegt sind. Ein Beispiel für zu breit lautet: „Wir lieben Kinder." Ein Beispiel für zu eng könnte sein: „Wir wollen Theaterstücke einsetzen, um den Bezug zum Leben der Kinder herzustellen." Diese Aussage bedeutet, dass man Woche für Woche Theaterstücke aufführen müsste! Überlegen Sie sich, wie realisierbar die Umsetzung jedes potenziellen Wertes tatsächlich ist. Es macht keinen Sinn, sich selbst zu hohe Anforderungen zu stecken, die im Grunde von vornherein zum Scheitern verurteilt sind. Das zweite Kriterium ist, dass jeder Wert den Dienst so repräsentieren muss, wie er im Idealfall aussehen soll. Setzen Sie den Standard nicht so niedrig, dass sich ein Dienst nicht mehr steigern muss, um sie zu erreichen. Die Anwendung dieser Kriterien wird zu einer Liste von Werten führen, die umgehend zum alltäglichen Handwerkszeug werden.

Wir fingen an, an jedem Wendepunkt unsere neue Liste von nur sechs Werten als Filter für unsere Entscheidungen heranzuziehen. Und diese erwiesen sich als ausgesprochen effektiv. Wir verwenden auch heute diese Werte noch genauso, indem wir regelmäßig fragen: „Trägt diese Idee unseren Werten Rechnung oder verletzt sie einen unserer Werte?" Werte fungieren als Richtlinien für die Entscheidungen und das Verhalten innerhalb unseres Dienstbereichs und prägen somit unsere Dienstkultur. Und zwar so stark, dass die Chancen gut stehen, dass jeder unserer fest angestellten oder ehrenamtlichen Mitarbeiter die Werte auf Nachfrage aufsagen könnte. Wenn das nicht der Fall wäre, würde ich mich als Leiterin sofort bemühen, dies zu ändern.

Außerdem ist der Leiter dafür verantwortlich, diesen Werten Kraft zu verleihen. Dies erreicht man am besten dadurch, dass man allem eine Absage erteilt, was diese Werte verletzen würde, egal, wie attraktiv eine Gelegenheit erscheint, und egal, wer diese Idee hatte. Wenn ein Team dieses kleine, aus vier Buchstaben bestehende Wort hört und versteht, warum es ausgesprochen wurde, dann erkennt es, wie stark jeder diesen Werten verpflichtet sein muss. Einzelne Werte kann ein Leiter auch stärken, indem er einen Dienstbereich mit der Frage herausfordert: „Wie können wir noch besser werden?" Diese Diskussionen sind eines der wesentlichen Leitungsinstrumente für einen Dienst, der immer besser werden möchte.

Ich unterhielt mich kürzlich mit der Leiterin einer Arbeit mit Kindern einer anderen Gemeinde, die mich anrief und um Rat fragte.

„Wir stecken irgendwie fest", sagte sie, „und ich habe keine neuen Ideen mehr. Was soll ich tun?"

Ich antwortete mit einer Gegenfrage: „Manchmal ist es weise, jeden einzelnen Ihrer Grundwerte unter die Lupe zu nehmen, wenn Sie sich nach Verbesserung sehnen, denn sie bilden den Herzschlag Ihrer Arbeit", entgegnete ich. „Lassen Sie uns gemeinsam Ihre Liste von Werten durchgehen – wie lauten sie?" Das lange Schweigen am anderen Ende der Leitung sagte uns genau, wo wir ansetzen mussten.

Leider arbeiten viel zu viele Gemeinden in ihrer Arbeit mit Kindern mit dieser Kluft zwischen Anspruch und Realität, weil sie keine klar festgelegten offiziellen Werte verfolgen. Viele haben sich nie die Zeit genommen, ihre eigenen Werte aufzustellen, weil die wöchentliche Durchführung des Kinderprogramms für sie Priorität hatte. Andere haben irgendwo eine Liste, die zu einem bestimmten Zeitpunkt einmal funktionierte, aber dann wegen anderer dringender Fragen zur Seite gelegt wurde. Da ein Dienst durchaus ohne

Werte funktionieren kann, bleibt die Kluft oft ungenannt und unausgefüllt. Aber irgendwann wird sie spürbar.

Leider arbeiten viel zu viele Gemeinden in ihrer Arbeit mit Kindern mit dieser Kluft zwischen Anspruch und Realität, weil sie keine klar festgelegten offiziellen Werte verfolgen.

Wenn es in Ihrem Dienst an der Stelle eine Leerstelle gibt, an der eigentlich die Werte sein sollten – aus welchem Grund auch immer –, oder wenn Ihre bestehenden Werte nicht die Wirkung haben, die sie eigentlich haben sollten, dann fühlen Sie sich frei, die sechs Werte von *Promiseland* und deren Beschreibung zu übernehmen, in welcher Weise auch immer dies für Ihren Dienst sinnvoll ist. Fühlen Sie sich frei, sie wörtlich zu übernehmen, wenn Sie wollen, oder passen Sie sie an Ihre konkrete Situation an. Am Ende dieses Kapitels finden Sie eine Zusammenfassung der Werte der Arbeit mit Kindern in anderen Gemeinden, die Sie in Ihrem Denkprozess unterstützen können.

Wert 1: Promiseland ist kinderorientiert

Als Jane und ihr Sohn Kevin zum ersten Mal in die Gemeinde kamen, fühlten sie sich etwas überwältigt. *Wo bringst du mich an diesem riesigen Ort nur hin?*, war die Frage, die Kevin durch den Kopf ging, als sie zu den Räumlichkeiten von *Promiseland* liefen. Nach dem Gottesdienst hatte Kevin eine neue Frage: „Können wir wiederkommen?"

Um unseren Missionsauftrag zu erfüllen, betrachten wir jeden Winkel von *Promiseland* durch die Augen eines Kindes wie Kevin. Dabei stellen wir uns eine Vielzahl von Fragen:

- Machen wir Sachen, die Kindern wirklich Spaß machen?
- Singen wir die Lieder, die Kinder singen wollen?
- Lehren wir so, dass es für die Kinder verständlich ist?
- Würden Kinder hierher ihre Freunde einladen, die Gott noch nicht kennen?

Wenn wir diese Fragen ehrlich beantworten, wird uns dies zeigen, wie kinderorientiert eine Arbeit mit Kindern wirklich ist. Um diesen „Aufrichtigkeits-Faktor“ noch zu steigern, sollten Sie diese Fragen auch ehrenamtlichen Mitarbeitern, Eltern und Kindern stellen – und die Antworten ernst nehmen.

Vielleicht werfen Sie jetzt ein: „Natürlich sind wir kinderorientiert, schließlich engagieren wir uns in der Arbeit mit Kindern.“ Aber machen Sie es sich nicht zu einfach. Ich habe eine lange Liste von Dingen, von denen man mir gesagt hat, ich solle sie in *Promiseland* unterlassen, weil Erwachsene damit nicht einverstanden wären. Erwachsene? Ich vermute, dass viele leitende Mitarbeiter in der Arbeit mit Kindern unter Druck gesetzt werden, dem Geschmack von Erwachsenen gefallen zu müssen. Meine Antwort darauf lautet – und Ihre kann genauso lauten –: „Es gibt hier einen Ort für die Erwachsenen ... Man nennt ihn Sonntagmorgengottesdienst, und dort ist alles für Erwachsene gemacht und will ihnen auf erwachsenengerechte Weise dienen. ‚Promiseland‘ aber ist für Kinder gedacht!“

Und da jede gemeindliche Arbeit mit Kindern für Kinder da ist, sollte man sich bewusst auf Kinder einstellen. Jemand muss sich permanent nach neuer Musik umhören oder neue Lieder schreiben; man muss genau darauf achten, wie lange Kinder still sitzen können, und sich die Orte anschauen, die Kinder lieben, um sich dort neue Ideen für die Raumgestaltung zu holen. Der Wert „Kinderorientiertheit“ sollte ein ständiger Grund sein, über Veränderungen nachzudenken.

Als wir diesen Wert einführten, gaben uns die Kinder zunächst schlechte Noten für die Musik. Sie bestanden unnachgiebig darauf, dass unsere Musik völlig veraltet war. Zuerst wussten wir nicht, was wir dagegen tun sollten, denn 1989 gab es eigentlich nicht viele richtig gute Kinderlieder. Wir beschlossen, unsere ehrenamtlichen Mitarbeiter zu bitten, uns bei der Suche nach peppiger Musik zu helfen. Wir brauchten eingängige Melodien und Texte sowie coole Rhythmen, die den Kindern dabei halfen, die biblischen Wahrheiten, die am Sonntag gelehrt wurden, von Montag bis Freitag im Gedächtnis zu behalten. Das alles trifft auf Popmusik zu, warum also keine Popmusik in *Promiseland*? Heute hören viele unserer Grundschulkinder regelmäßig CDs mit den Liedern, die sie am Wochenende in der Gemeinde gehört haben.

Ein weiterer herausfordernder Bereich ist die Gestaltung der Räumlichkeiten. Jedes Wochenende müssen die Mitarbeiter von *Promiseland* öde, nach nichts aussehende Räume mit Hilfe von bunten Dekorationen und Möbeln in freundliche Orte verwandeln, die Kinder ansprechend finden. Und das alles mit einem eingeschränkten Budget zu bewerkstelligen erfordert ein hohes Maß an Kreativität. Während einer zehnwöchigen Reihe zum Thema „Die wilden David-Kids" hatten wir beispielsweise alle Flure mit kleinen Zelten und Hinweisschildern dekoriert, auf denen „Bären füttern verboten!" stand. Die Dreijährigen betreten beispielsweise jede Woche ihren Raum, indem sie eine kleine Leiter hinunterrutschen. Die Vier- und Fünfjährigen betreten ihn durch eine kleine Tür, die für einen Erwachsenen zu niedrig, aber für ein Kind genau richtig ist. Die Kinder sehen so etwas und denken: *Das ist nur für mich!* Und sie haben Recht.

Jedes Wochenende müssen die Mitarbeiter von Promiseland öde, nach nichts aussehende Räume mit Hilfe von bunten Dekorationen und Möbeln in freundliche Orte verwandeln, die Kinder ansprechend finden.

Wert 2: Promiseland ist ein sicherer Ort für Kinder

Ich sah Barb im Flur und gratulierte ihr zu ihrem neugeborenen Baby. „Ich habe sie noch nicht mitgebracht", bekannte sie, „weil ich erst mal herkommen und mich umschauen wollte." Ich wusste genau, was sie meinte. Sie wollte sicher gehen, dass sie ihr Baby an einen sicheren Ort brachte.

Lesen Sie die Lokalnachrichten oder schauen Sie ein paar Minuten die Abendnachrichten, und Sie werden erleben, wie unsere Welt auf unterschiedliche Weise beschrieben wird. Aber ich wette mit Ihnen, dass das Wort „sicher“ dabei nicht fallen wird. Wir möchten *Promiseland* zu einem sicheren Ort für unsere Kinder machen, weil es unter Umständen der einzig sichere Ort ist, den sie haben. Dieser Wert schließt die körperliche, emotionale und geistliche Sicherheit ein.

Die Welt ist für Kinder zu einem Ort geworden, der sie erschreckt. Kinder bekommen bereits mit, dass es manchmal in Schulen zu Schießereien kommt, dass es terroristische Bombendrohungen, Banden auf den Schulfluren oder Rüpeleien im Schulbus gibt. Und es vergeht kaum ein Tag, an dem in der Zeitung kein Artikel über ein Kind zu finden ist, das von einem Fremden, einem Familienmitglied oder unglaublicherweise von einem Geistlichen (sexuell) missbraucht wurde.

Körperliche Sicherheit sollte man nicht dem Zufall überlassen, und die Eltern, die jedes Wochenende ihre Kinder bei uns abgeben, erwarten von uns, dass wir unsere Hausaufgaben gemacht haben. Die Eltern gehen davon aus, dass wir die Leute unter die Lupe genommen haben, die ihre Kinder betreuen. Deshalb stellen wir jedem, und wirklich *jedem* unserer Mitarbeiter ziemlich direkte, konkrete Fragen.

Die Gemeinde muss die Aufgabe sehr ernst nehmen, den Hintergrund jeder einzelnen Person – egal, ob fest angestellte oder ehrenamtliche Mitarbeiter – zu beleuchten, bevor sie zulässt, dass diese in die Arbeit mit Kindern einsteigt. Darauf zu achten, dass die Person Christ ist, ist ein Anfang, aber die Verantwortlichen müssen auch für den Charakter jeder Person in den Kinderräumen die Hand ins Feuer legen können.

Wir haben außerdem unseren Standard für die körperliche Sicherheit erhöht. Wir suchen ständig nach Wegen, wie wir in einer Vielzahl von Bereichen besser werden können. Dazu zählen Ausweis- und Identifikationssysteme, Bereiche, zu denen „Kein Zutritt" erlaubt ist, sowie Training in Schutzmaßnahmen für Kinder. Ehrenamtliche Mitarbeiter, die hauptberuflich im Sicherheitswesen arbeiten, können hier eine große Hilfe sein.

Aber wie ich in meinem ersten Jahr als Lehrerin lernen musste, ist körperliche Sicherheit nicht genug. Damals sprachen zwei altgediente Lehrer im Lehrerzimmer über ein bestimmtes Kind, wobei zynische Bemerkungen fielen wie: „Ich weiß nicht, wie lange ich ihn noch ertragen kann. Du kannst nur hoffen, dass er nächstes Jahr nicht in deine Klasse kommt – vielleicht solltest du stattdessen die vorzeitige Pensionierung in Erwägung ziehen." Ich fühlte mich schrecklich. *Wir sollten Kinder wie diesen Jungen wertschätzen, nicht herabsetzen. Ist das nicht der Grund, warum wir Lehrer geworden sind?*, dachte ich. Ich wusste, dass sich die Haltung dieser Lehrer auch im Klassenzimmer zeigen würde, vielleicht auf sehr subtile Weise, aber sie würde spürbar sein.

Und diese Begebenheit lehrte mich eine wertvolle Lektion. Während körperliche Sicherheit oft prozessgesteuert ist, erfordert *emotionale Sicherheit* eine völlig andere Haltung. Ehrenamtliche Mitarbeiter müssen wissen, dass sie emotionale Sicherheit sowohl durch Tonfall und Haltung erreichen können als auch durch die Befolgung einer Liste von erlaubten und nicht erlaubten Dingen. Wir arbeiten beispielsweise mit unseren ehrenamtlichen Mitarbeitern, um sicherzustellen, dass kein Kind jemals hört, dass es ein Problem darstellt. Wir machen deutlich, dass wir Kindern keine Etiketten aufdrücken, die besagen, dass sie dumm oder faul oder eine Last für jemand anderen oder in *Promiseland* nicht erwünscht sind.

> *Die Welt eines Kindes steht unter Umständen völlig Kopf, wenn es am Sonntag zu uns kommt, deshalb braucht es unbedingt jemanden, der es behandelt, wie Jesus es behandeln würde.*

Ehrenamtliche Mitarbeiter müssen nach diesem Wert handeln. Kinder wollen ein Lächeln sehen – eines, das ihnen kommuniziert, dass man sich freut, sie zu sehen. Die Welt eines Kindes steht unter Umständen völlig Kopf, wenn es am Sonntag zu uns kommt, deshalb braucht es unbedingt jemanden, der es behandelt, wie Jesus es behandeln würde.

Auch *geistliche Sicherheit* ist wichtig. Ein ehrenamtlicher Mitarbeiter erzählte mir einmal die Geschichte eines Zweitklässlers namens Jimmy, der sein ganzes Leben im Rollstuhl verbracht hatte. Jimmy war während einer Einheit zum Thema „Gebet" ungewöhnlich still. Schließlich stellte er die Frage, die ihn seit Jahren beschäftigte: „Warum beantwortet Gott meine Gebete nicht?"

Ein geistlich sicherer Ort ist ein Ort, an dem Kinder alle Fragen stellen können oder die Freiheit haben, darüber zu sprechen, dass sie Probleme mit einem Thema haben. Täuschen Sie sich nicht – egal, in welcher Art Gemeinde Sie auch sind, es gibt immer Kinder, die mit irgendwelchen geistlichen Fragen kämpfen. Was macht ein Kind beispielsweise, wenn es von seiner Mutter oder seinem Vater ständig geschlagen oder angebrüllt wird, aber gleichzeitig hört, seine Eltern glauben an Gott? Wenn dieses Kind hört, dass Gott Liebe ist, was fängt es dann damit an? Was ist mit einem Kind, das sagt, dass es in der Schule niemanden gibt, der es mag? Oder wenn sein Vater sagt, Kirche sei etwas für Schwächlinge, seine Mutter aber, Jesus sei eine Quelle der Kraft? Was ist mit dem Kind, das sagt, dass es nicht an Gott glaubt?

Solche Situationen aus dem echten Leben haben uns davon überzeugt, dass unser Dienstbereich ein Ort sein muss, an dem Kinder sich mit den schwierigen Fragen des Lebens *auseinander setzen* können – im Idealfall kombiniert mit der Eingebundenheit in eine Kleingruppe. Außerdem muss unser Dienstbereich den Kindern einen Ort bieten, an dem sie nie in Verlegenheit gebracht werden. Manchmal lässt sich das ganz einfach bewerkstelligen, indem man immer wieder betont, dass sich niemand – egal, ob klein oder groß – über die Fragen eines Kindes lustig macht.

Sicherheit sollte einer der Grundwerte einer Arbeit mit Kindern sein, denn obwohl das Christentum die beste Botschaft der Welt anzubieten hat, können und werden Kinder uns nur dann zuhören, wenn sie sich sicher fühlen. Sicherheit muss sich auf einem so hohen Niveau befinden, dass Kinder sich in dem Wissen hinsetzen können: „An diesem Ort wird mich niemand anschreien oder mich auslachen. Hier wird mich niemand zu etwas verleiten, das ich nicht tun sollte. Hier wird niemand meinem Körper irgendeine Art von Gewalt antun." Kinder müssen in der Lage sein zu sagen: „Ich bin in meiner Gemeinde sicher."

3. Wert: Die biblischen Lehreinheiten von Promiseland sollen für den Alltag der Kinder relevant sein

Katie lud ihre Freundin Abby in die Gemeinde ein. Als Abby sich im Plenumsraum hinsetzte, um die biblische Geschichte zu hören, machte sie sich eigentlich mehr Gedanken um die bevorstehende Scheidung ihrer Eltern als um die Geschichte von Jesus, der sich während eines Sturms auf einem See befand. Boote konnte sie eh nicht leiden. Aber dann wurde sie gebeten, zusammen mit Katie beim Erzählen der Geschichte zu helfen, indem sie mit einigen anderen „Jüngern" im Boot standen und ihre Angst vor dem Sturm spielten. Im Raum war es ziemlich laut, weil der Rest der Kinder im Takt mit den Händen klatschte und mit den Füßen stampfte, um Blitz und Donner zu spielen. Aber alle wurden in dem Augenblick still, in dem Jesus rief: „Schweig, sei still!" Abbys Interesse begann zu wachsen, als der Mitarbeiter sagte: „Vermutlich gibt es auch in eurem Leben Dinge, die sich wie große Stürme anfühlen, aber ihr müsst keine Angst haben, wenn Jesus bei euch ist."

Jeder, der in der Arbeit mit Kindern tätig ist, wird mir sicher zustimmen, dass praxisnahe Lehre wichtig ist, aber richtig schwierig wird es, wenn es darum geht, die Lehre

auch alltagsrelevant zu machen. Hatten Sie nicht auch Probleme mit der Frage der Relevanz, als Sie Kind waren? Dachten Sie nicht auch, die Bibel sei nur etwas für ältere Leute?

Kinder müssen wissen, dass Gott uns ein Buch gab, das voller Weisheit steckt, die uns dabei helfen soll, unser Leben zu verstehen, und dass diese Botschaft eine unveränderliche Wahrheit enthält, die sich nirgendwo anders finden lässt. Das Fernsehen zeigt ihnen nur ein Leben, das sie nicht haben. Videospiele kommen und gehen. Werbemacher wollen nur ihr Geld. Gottes Wort aber ist dasselbe gestern, heute und für immer.

Kinder müssen wissen, dass Gott uns ein Buch gab, das voller Weisheit steckt, die uns dabei helfen soll, unser Leben zu verstehen, und dass diese Botschaft eine unveränderliche Wahrheit enthält, die sich nirgendwo anders finden lässt.

Wenn man Psalm 119, Vers 11 Rechnung tragen und Kindern dabei helfen will, Gottes Wort wirklich im Herzen zu bergen, dann muss man sich mit dem Thema Alltagsrelevanz beschäftigen. Kinder sollten aus dem Kindergottesdienst kommen und sagen: „Wow! Die Bibel ist ja ein tolles Buch. Ich wusste gar nicht, dass die Bibel vor so langer Zeit geschrieben werden konnte und trotzdem so viel mit mir heute zu tun hat!"

Alltagsrelevantes Lehren fängt bei einem ganz einfachen Bereich an, der so wichtig ist, dass man ihn ständig überprüfen sollte – bei der Sprache. Altersgemäße Wortwahl entscheidet darüber, ob Sie bei der Vermittlung der biblischen Wahrheit bestehen oder versagen. Wenn Kinder die verwendeten Wörter nicht verstehen, ist die Lektion vergeblich und hat keine Chance auf praktische Umsetzung. Dr. Suzette Elgin drückt es in ihrem Buch *The Gentle Art of Communicating with Kids* treffend aus: „Die einzige Bedeutung, die eine Sprachsequenz hat, ist die, die ihr der Zuhörer verleiht."[12]

Selbstverständlich versteht ein Fünftklässer ganz andere Worte als ein Fünfjähriger. Und die christliche Symbolik, die erwachsenen Christen vertraut ist, ist den meisten Kindern fremd, wenn sie sie nicht sogar albern finden. Fragen Sie kleine Kinder, ob sie sich vom Blut des Lammes von ihren Sünden rein waschen lassen wollen, und sie werden Sie für ziemlich grausam halten. Erzählen Sie den Kindern dagegen, dass Jesus sagt, dass er wegen den ganzen falschen Sachen, die sie machen, in Schwierigkeiten geraten wird, dann stehen die Chancen ziemlich gut, dass das Interesse der Kinder geweckt wird. Ja, die Wortwahl ist wirklich wichtig.

Aber die Wortwahl ist nur der Anfang, wenn es um alltagsrelevantes Lehren geht. In *Promiseland* stellen wir sicher, dass in jeder Einheit drei Fragen beantwortet werden. Und (Überraschung!) es zählen nur Antworten aus der Perspektive der Kinder. Die Fragen lauten:

1. Was war?
2. Was gilt?
3. Was jetzt?

„Was war?" bezieht sich auf die biblischen Wahrheiten, die wir vermitteln wollen. Diese Wahrheiten müssen den Kindern so kristallklar sein, dass sie sich während der Woche daran erinnern. Ob uns dies gelungen ist, zeigt sich daran, ob eine bestimmte Altersgruppe die biblische Wahrheit, die sie gelernt hat, tatsächlich aufsagen kann. Um die Eingangsgeschichte als Beispiel zu nehmen: Hier könnte die Aussage lauten: „Jesus ist allmächtig und kann sogar Stürme zur Ruhe bringen."

Die Antwort auf die Frage „Was gilt?" steht im Zentrum der Alltagsrelevanz. Es gilt eine Brücke zu bauen, um zu zeigen, dass sich biblische Wahrheiten auf konkrete Umstände anwenden lassen, denen Kinder ausgesetzt sind. Man kann es nicht den Kindern überlassen, diesen Bezug herzustellen. In unserer Geschichte könnte die Antwort auf die Frage „Was gilt?" lauten: „Es wird Stürme in meinem Leben geben, und Jesus möchte mir sagen, dass er mir helfen kann." Wenn man diese Frage gut herausarbeitet, werden Kinder der Lehreinheit gleich viel mehr Wert beimessen. Wenn die Antwort auf diese Frage aber wackelig ist, werden sich die Kinder nicht besonders für diese Lektion interessieren, geschweige denn, sich daran erinnern.

Die Frage „Was jetzt?" bezieht sich darauf, was die Kinder nun tun sollen. Gibt es eine klare und einforderbare Anwendung dieser Lehreinheit auf ihr Leben? Überlassen Sie Anwendungsbeispiele nicht der Vorstellungskraft der Kinder, denn von sich aus würden Kinder nicht unbedingt auf „Ich sollte Jesus von den Dingen erzählen, die für mich wie Stürme sind, und ich sollte ihn um seine Hilfe bitten" kommen. Das Ziel jeder Einheit sollte sein, alles zu tun, was möglich ist, um sicherzustellen, dass die Kinder „dieses Wort nicht nur anhören", sondern es auch „in die Tat umsetzen" (Jakobus 1,22).

4. Wert: Promiseland will biblische Inhalte kreativ vermitteln

Scott wird schlagartig aktiv, wenn er seinen Vater rufen hört: „Zeit, zum Gottesdienst zu gehen!" Diese Worte bringen ihn dazu, sicherzustellen, dass nichts mehr angeschaltet ist. Videospiel ausgeschaltet. TV/Videoanlage ausgeschaltet. Der Computer verlässt diese coole interaktive

Website. Der Gameboy bleibt im Ladegerät. Die Spielsachen im Zimmer und die Sachen für draußen kann jemand anderes haben. „Was werden wir heute in ‚Promiseland' machen?“, fragt sich Scott, während er ins Auto springt, wo im Radio bereits *Radio Disney* läuft.

Dieser vierte Wert konzentriert sich auf die Art und Weise, wie Dinge vermittelt werden. Das Bedürfnis nach Kreativität in der Arbeit mit Kindern wächst in dem Maß, in dem die Sinne zunehmend durch andere Anreize angesprochen werden – Fernsehen erzeugt eine hohe Erwartung an Spannung, Videospiele bieten das virtuelle Abenteuer und die Medien zielen mit bezwingenden Botschaften auf Kinder ab. Eine dumpfe Lehreinheit, egal, wie relevant sie auch sein mag, wird die Aufmerksamkeit der Kinder nicht fesseln; sie wird ihnen nur einen Grund geben, die Gemeinde zu meiden.

Dieser Wert führt uns zu einer heiklen Frage. Ich werde oft gefragt: „Was ist wichtiger – Kreativität oder die Bibel?“ Ich antworte, indem ich auf die Reihenfolge der Worte in diesem Wert verweise. Wir wollen zuerst biblische Inhalte vermitteln, und es zweitens auf kreative Weise tun. Beides schließt sich nicht gegenseitig aus – wir schaffen beides.

Die Lösung besteht darin, biblische Inhalte so kreativ zu vermitteln, dass die Kinder sie *verstehen*, statt sie zu *erleiden*. Und zwar so, dass die Kinder mehr lernen wollen. Aber die biblische Wahrheit muss dabei intakt bleiben; eine Lektion kann so kitschig oder lustig sein, dass die Wahrheit dabei verloren geht. Die Herausforderung, mir der wir deshalb ständig konfrontiert sind, besteht darin, herauszufinden, wie man biblische Inhalte für Kinder lebendig machen kann, ob das nun bedeutet, eine Gameshow oder einen Wettkampf zu veranstalten, in dem die Kinder mit erwachsenen Leitern spielen, oder eine Geschichte interaktiv zu erzählen.

Die Lösung besteht darin, biblische Inhalte so kreativ zu vermitteln, dass die Kinder sie verstehen, statt sie zu erleiden.

Früher war es relativ einfach, Kreativität einzusetzen, als sie noch beobachtungsorientiert war – eine Klasse schaute

einfach zu, was vorne passiert. Aber diese Zeiten sind vorbei. Postmoderne Kinder erwarten Lernerfahrungen, bei denen sie aktive Teilnehmer, nicht passive Zuschauer sind.

Aaron Reynolds, einer der begabten Lehrer von *Promiseland* erzählt die Geschichte von David und Goliath absolut brillant. Er holt sich zehn Leute auf die Bühne und überträgt ihnen einfache Teile der Geschichte. Eine Person bekommt einen Helm und einen Plastikspeer (oder einen Besenstiel) und wird gebeten, sich auf einen Stuhl zu stellen. Sie haben es erraten – diese Person ist Goliath. Eine andere bekommt einen Hirtenhut und stellt David dar. Vier Kinder bekommen Plastikschwerter und stehen als Philister hinter Goliath. Die restlichen vier Kinder bekommen Schwerter und stehen als Israeliten bei David. Und keines dieser Kinder weiß, was es tun soll.

Dann erzählt Aaron die Geschichte. Jedes Mal, wenn er die Philister oder die Israeliten erwähnt, schwenkt die jeweilige Partei ihre Schwerter und verspottet die andere Seite. Immer, wenn er Goliath erwähnt, lässt der Schauspieler ein einschüchterndes „Hah, hah, hahhhh!“ hören (zumindest so einschüchternd, wie dies für einen Achtjährigen möglich ist). Wenn der Augenblick kommt, in dem David seinen Stein gegen Goliath schleudert, spielt der Riese seinen Fall mit Bravour, die Menge grölt, und der sanfte, kleine David führt einen Freudentanz auf.

Wenn die Ordnung wiederhergestellt ist, wendet Aaron sich direkt an die Kinder und erinnert sie daran, dass auch sie manchmal mit großen, gigantischen Problemen zu tun haben. Vielleicht wollen sich ihre Eltern scheiden lassen. Vielleicht müssen sie zum ersten Mal in ihrem Leben mit dem Bus fahren, was für ein Kindergartenkind ein erschreckender Gedanke sein kann. Egal, was es ist: Sie können auf denselben Gott zählen, der zu David hielt und der auch zu ihnen halten wird. Die Einheit schließt mit der Aufforderung, ganz konkret zu beten, wenn sie sich Problemen, egal, welcher Größe, gegenübersehen.

Ich habe erlebt, welche durchschlagende Wirkung dieser interaktive, kreative Zugang sowohl auf die Zweit- und Drittklässler in *Promiseland* als auch auf die Besucher einer Konferenz mit Tausenden von Kindermitarbeitern in Brasilien hatte. Egal, vor welchem Publikum, egal, in welcher Sprache, egal, ob die Geschichte vertraut ist – Sie können die Bibel lebendig werden lassen. Und wenn dies geschieht, kann die Wahrheit, die nach Gottes Vorstellung jeder für sich lernen soll, in die Herzen der Zuschauer und Zuhörer eindringen.

Wenn ich einen Raum voller leitender Mitarbeiter einer Arbeit mit Kindern frage, an was sie sich aus ihrer eigenen Sonntagsschul- oder Kindergottesdienstzeit erinnern, lautet die häufigste Antwort: Es war langweilig. Aber unser Gott ist nicht langweilig! Jede Gemeinde hat ehrenamtliche Mitarbeiter – möglicherweise Schüler oder Studenten –, die vor Kreativität geradezu platzen und die Einheiten entwickeln können, die die Bibel zum Leben erwecken. Machen Sie sich auf die Suche nach diesen Leuten. Es wird sich lohnen!

5. Wert: Promiseland will Kinder in Kleingruppen persönlich begleiten, wo den Kindern vorgelebt wird, was es heißt, eine authentische Beziehung zu Jesus Christus zu haben

Tyler hat nicht viele Freunde in der Schule, deshalb wird sein achter Geburtstag von kaum jemandem gewürdigt außer von seiner Mutter und seiner Schwester. Sein Vater ist vor zwei Jahren ausgezogen und lässt sich nicht oft blicken. Tyler kommt von der Schule nach Hause und schaut die Post durch. Da ist eine Karte von den einen Großeltern – die anderen schreiben immer einen Tag zu spät. Und dann öffnet er eine Karte von seinem Kleingruppenleiter, Mr. Phil, der am Ende schreibt: „Ich wünsch dir einen schönen Tag, Chef!" Tyler mag es, wenn ihn ein erwachsener Mann „Chef" nennt, und fühlt sich gleich ein bisschen besser, weil noch jemand an seinen Geburtstag gedacht hat.

Kleingruppen bieten das perfekte Umfeld, in dem Erwachsene Kindern helfen können, biblische Wahrheiten auf ihren Alltag anzuwenden, und sie gleichzeitig in eine Gemeinschaft einbinden, die an die aus Apostelgeschichte 2 erinnert. Beide Funktionen sind ineinander verwoben

und entscheidend für die Entwicklung der 5G-Kids. Natürlich müssen dazu auch die richtigen Inhalte beitragen.

Aber manchmal konzentrieren sich Gemeinden so stark darauf, Kindern Informationen zu vermitteln, dass sie nicht ausreichend Zeit auf die Charakterbildung verwenden. Meine eigene Erinnerung an meine Sonntagsschulzeit beschränkt sich darauf, dass wir alle dasaßen, während der Lehrer vor uns stand, und dass wir die ganze Stunde damit verbrachten, Fragen aus einem Arbeitsheft zu beantworten. Niemand fragte mich, wie es mir ging oder was in meiner Welt passierte oder ob ich irgendetwas von den Dingen machte, die ich in mein Arbeitsheft schrieb. Viele der Kinder aus meiner Klasse drifteten im Laufe der Jahre einfach ab. Stattdessen sollten Kinder von Jahr zu Jahr Fortschritte machen, das heißt, sie sollten in diesem Jahr Jesus ähnlicher sein als im letzten Jahr, wenn es ihnen wirklich gelingt, Gelerntes in ihrem Leben umzusetzen. Nur ein Gruppenleiter, der bewusst darauf achtet, kann feststellen, ob es solche Fortschritte gibt, und kann dazu beitragen, dass sie auch erzielt werden.

Denken Sie daran, dass Beobachtung immer in zwei Richtungen funktioniert. Wenn Kinder jede Woche in derselben Kleingruppe mit demselben Leiter sind, beobachten sie diese Person. Der Kleingruppenleiter hat sowohl das Privileg als auch die Verantwortung, ein Leben vorzuleben, das seine Hingabe an Jesus widerspiegelt. Manchmal ist der Kleingruppenleiter der einzige erwachsene Christ, den ein Kind kennt. Gruppenleiter haben dabei eine vierfache Verantwortung, wenn sie Christsein effektiv vorleben wollen.

Erstens sollten sie Begeisterung zeigen, dass sie mit den Kindern zusammen sein können. Stellen Sie sich vor, was geschieht, wenn Kinder in einem Umfeld aufwachsen, in dem die Kindergottesdienstmitarbeiter immer nur desorganisiert und schlecht gelaunt aussehen und ihnen deutlich anzumerken ist, dass sie nur ihre Pflicht erfüllen. Warum sollte ein Kind, das diese Erwachsenen sieht, jemals geistlich wachsen und ein Nachfolger Jesu werden wollen?

Zweitens müssen sie die Bereitschaft zeigen, gut zuzuhören. Die Hauptarbeit des Gruppenleiters besteht darin, sicherzustellen, dass die Kinder die Lehreinheit des Tages gut verstanden haben, und ihnen dabei zu helfen, laut darüber nachzudenken, wie sie das Gehörte auf ihr Leben anwenden können (die Frage „Was jetzt?“). Dies erfordert die starke Bereitschaft zuzuhören. Leider haben viele Kinder nur wenige Menschen, die wirklich auf sie achten, wenn sie etwas sagen. „Meine Leiterin hat immer ihre hörenden Ohren an“, sagt die vier Jahre alte Erin, als sie erklärt, warum sie ihre Kleingruppe am Sonntagmorgen so liebt.

Kleingruppenleiter müssen ihren Terminkalender außerdem so gestalten, dass sie jede Woche anwesend sein können. Wir in *Promiseland* machen unseren Kleingruppenleitern deutlich, dass wir beständige Gemeinschaft anbieten wollen; diese Aufgabe ist nicht von Woche zu Woche auf andere Personen übertragbar. Kinder müssen sicher sein können, dass die Bezugspersonen da sind, wenn ihr Leben außer Kontrolle gerät. Beständigkeit vermittelt den Kindern ein Gefühl von Verlässlichkeit, was schließlich zu Vertrauen führt. Die Schwierigkeiten und Unannehmlichkeiten des Lebens führen leider dazu, dass das Vertrauen der Kinder immer wieder einmal enttäuscht wird, deshalb müssen sich ihre Leiter Woche für Woche Vertrauen neu verdienen.

Und schließlich sollten Gruppenleiter eine Erwartungshaltung einnehmen. Die Bibel weist uns wiederholt darauf hin, dass wir davon ausgehen können, dass wir in unserem Leben Probleme haben werden, aber nirgendwo steht, dass wir damit alleine klarkommen müssen. Kinder erfahren in diesen Kleingruppen Gemeinschaft und sehen, dass Gott in echten Menschen am Werk ist. Und in dieser sicheren Umgebung haben sie auch die Freiheit herauszufinden, wie sie die biblischen Wahrheiten wirklich in ihrem Leben anwenden können. Sie können Fragen stellen und die Kanten und Ecken des Lebens verarbeiten. Menschen, denen Gott die Gabe des Hirtendienstes gegeben hat, ergreifen diese Gelegenheit begeistert.

„Ich weiß, dass es bei uns echte Gemeinschaft gibt, wenn niemand als zu dick oder zu dünn, als reich oder arm, als cool oder Außenseiter gilt; jeder wird so angenommen, wie er ist“, beschreibt Joy, eine Gruppenleiterin für Fünftklässler, ihre Kids. „Diese Art der Annahme erleben sie nicht in der Schule oder in ihrem Wohnviertel.“

Am Sonntagmorgen kann man einen Ort schaffen, an dem man die anderen kennen lernt und sich von ihnen kennen lernen lässt, an dem man liebt und geliebt wird, an dem man dient und einem gedient wird. Man kann einen Ort schaffen, an dem jedes Kind ganz persönlich wertgeschätzt und geachtet wird. Einen Ort, an dem Kinder Woche für Woche gesunde Bindungen und Vertrauen zu denselben Kindern und demselben Leiter aufbauen können. Einen solchen Ort finden Kinder selten in den anderen Bereichen ihres Lebens.

Am Sonntagmorgen kann man einen Ort schaffen, an dem man die anderen kennen lernt und sich von ihnen kennen lernen lässt, an dem man liebt und geliebt wird, an dem man dient und einem gedient wird.

6. Wert: In Promiseland sollen die Kinder Spaß haben!

Kayla schaut sich in *Promiseland* um, während ihre Eltern ihr erklären, dass sie zu ihr zurückkommen, sobald der Gottesdienst für die Erwachsenen zu Ende ist. Sie sieht Kinder, die an verschiedenen Stationen im Spielstraßenbereich Spaß haben, und denkt: *Sieht bis jetzt ganz gut aus. Noch nichts Langweiliges. Eine Menge Kinder, die zusammen eine Menge Spaß haben. Vielleicht ist es hier ja ganz prima.*

Der Grund für diesen Wert ist ganz einfach – Kinder kommen nicht freiwillig wieder, wenn etwas keinen Spaß macht. Und sie laden mit Sicherheit keine Freunde ein. Die Abwesenheit von Spaß führt zielsicher zur Abwesenheit von Kindern.

Kinder machen uns eines der schönsten Komplimente, wenn sie uns sagen, dass *Promiseland* Spaß macht. Dies ist für uns ein wichtiger Wert, weil Kinder in einer Umgebung, die Spaß macht, eher motiviert sind, etwas zu lernen. Seien wir ehrlich – auch Sie und ich sind eher motiviert, etwas zu lernen und uns einzubringen, wenn wir dabei Spaß haben!

Es gibt eine gute Nachricht in Bezug auf Spaß: Man kann leicht herausfinden, was Spaß macht. Und so gehen wir

dabei vor: Sprechen Sie mit Eltern darüber, was ihre Kinder gerne machen, und achten Sie darauf, wie Kinder außerhalb der Gemeinde spielen. Mischen Sie am Sonntag ein paar Überraschungen dazu, denn Kinder lieben Überraschungen. Dazu ein paar kleinere Feste. Körperliche Aktivitäten sind ein unbedingtes Muss. Würzen Sie das Ganze mit einer Art von Humor, die Kinder verstehen. Wir wissen sofort, ob wir ins Schwarze getroffen haben – lachende Gesichter und strahlende Augen sprechen Bände.

Achten Sie auch auf das Lachen in den Gesichtern der Erwachsenen. Wenn die Kinder Spaß haben, haben auch die Erwachsenen Spaß. Und wenn Sie auch bei den Treffen der haupt- und ehrenamtlichen Mitarbeiter kreative Elemente verwenden – etwa ein Krimispiel oder großzügige Berge von Schokolade (jeder Erwachsene, der in der Arbeit mit Kindern mitarbeitet, liebt Schokolade!) –, werden Sie einen Gemeinschaftsgeist schaffen, der das Team zusammenhält und ihm Lust auf weitere Teamtreffen macht. Spaß ist ein verbindendes Element, das andere Dienstbereiche nur staunen lässt. Denken Sie doch mal

Gibt es irgendeinen anderen Dienstbereich in der Gemeinde, der von sich sagen kann, dass Spaß einer seiner Grundwerte ist?

kurz nach: Gibt es irgendeinen anderen Dienstbereich in der Gemeinde, der von sich sagen kann, dass Spaß einer seiner Grundwerte ist?

Gehen Sie während der Weihnachtsgottesdienste durch *Promiseland*, und Sie erleben ehrenamtliche Musiker und Sänger, die in den Fluren für die Vorübergehenden Weihnachtslieder singen. Bringen Sie Ihr Kind an diesem Wochenende nach *Promiseland*, und es wird an einer Spielstraßen-Station seiner Wahl beginnen, beispielsweise mit einem Brettspiel, etwas Handwerklichem oder einem Wettkampf. Manchmal veranstalten wir an diesem Wochenende auch eine Überraschungsparty für Kleingruppenleiter (sie mit Luftschlangen zu bewerfen ist natürlich nicht unbedingt Pflicht, aber ...). Im Laufe der Zeit wird Spaß einfach zur Grundhaltung des Dienstbereichs.

Wie bei allen Werten dient auch der Spaß dazu, den Missionsauftrag des Dienstes zu verfolgen – Spaß an sich ist nicht die Mission. Wenn Kinder ihre Zeit in unserem Dienstbereich wirklich genießen, dann haben wir dadurch ein Umfeld geschaffen für kreative, alltagsrelevante biblische Lehre und lebensverändernde, bewusste Begleitung. Ein wichtiger Aspekt in Bezug auf Spaß ist, dass man nicht davon ausgehen sollte, dass etwas, das einer Altersgruppe Spaß macht, auch bei anderen Altersgruppen funktioniert. Auch Geographie und Demographie sind entscheidende Faktoren. Spaß in Illinois mag sich nur wenig, aber doch grundlegend von dem unterscheiden, was Kinder in Kalifornien oder Kanada unter Spaß verstehen. (Ich bin der festen Ansicht, dass Spaß in Kalifornien einfacher zu erreichen ist!)

Noch ein letzter Gedanke zum Thema „Spaß“. Wenn *Promiseland* diesen Wert richtig umsetzen kann, fangen die Kinder an, diesen Dienst als ihren eigenen zu betrachten. Und wenn ich höre, wie Kinder von *Promiseland* als von „meiner Gemeinde“ sprechen, dann ist das für mich die Bestätigung, dass das, was ich mache, nicht verrückt ist. Ich habe einfach nur Spaß.

Die sechs Werte von *Promiseland* sind für uns heute noch so wichtig wie vor zehn Jahren. Sie sind zeitlos! Und ich bin davon überzeugt, dass wir sie in den nächsten Jahrzehnten immer noch verfolgen werden. Ohne sie kann ich mir die Arbeit in *Promiseland* gar nicht vorstellen.

Ich habe gelernt, dass sich effektive Werte in einem Dienst widerspiegeln. Es ist eine Sache, sie sich auszudenken und zu Papier zu bringen, aber davon hat niemand etwas. Werte können das strahlende Licht sein, das Kinder sehen, wenn sie eine gemeindliche Arbeit mit Kindern sehen, das warme Licht, das die ehrenamtlichen Mitarbeiter spüren, das aufschlussreiche Licht, das Eltern verstehen, und das attraktive Licht, das der Pastor Ihrer Gemeinde so sehr schätzt.

Ich kenne Ihre Werte natürlich nicht, und ich weiß auch nicht, ob die Werte, die Sie haben, wirklich funktionieren. Aber ich weiß, dass sich Sonder-Teamtreffen und lange Abende lohnen, wenn Sie Ihre Werte festlegen und gut formulieren wollen. Nur Sie können die Entscheidung treffen, die Zeit zu investieren, die Sie benötigen, um diese Werte zusammen mit den Leuten herauszuarbeiten, die Gott zu einem Teil Ihres Teams gemacht hat. Geben Sie dafür Ihr Bestes, denn Sie tun es für Kinder, die einem komplexen Leben gegenüberstehen und schwierige Fragen mit sich herumschleppen. Und wenn die Werte die Welt der Kinder auch tatsächlich reflektieren, dann kann eine gemeindliche Arbeit mit Kindern ihnen auch die Antworten anbieten.

Grundwerte aus der Arbeit mit Kindern anderer Gemeinden

1. christuszentriert
2. kinderorientiert
3. beziehungsorientiert
4. anwendbar
5. sicher
6. voller Spaß

von Lois Waterton, *Panorama Community Church*

1. kreativ
2. beziehungsorientiert
3. anwendungsorientiert
4. voller Spaß
5. (geistlich) verändernd

von Michelle Dilmore, *Heartland Community Church*

1. sicherer Ort
2. Ort voller Spaß
3. Ort zum Lernen
4. Ort voller Fürsorge

von Lynn Magie, *Essex Alliance Church*

1. Liebe
2. Hirtendienst/Begleitung
3. Kreativität
4. Lebensveränderung
5. Sicherheit
6. Spaß
7. Familie

von Randy Blatz, *Centre Street Church*

1. spielerische Aktivitäten
2. begeisternder Spaß
3. altersgemäße Lehreinheiten
4. Beziehungen
5. Lehren durch Vorbild
6. sicher in allem, was wir tun

von Jeanette Cochran, *Seneca Creek Community Church*

1. gottzentriert
2. Gebet
3. Exzellenz
4. kinderorientiert
5. alltagsrelevante biblische Lehre
6. biblische Gemeinschaft
7. Sicherheit

von Brent Fink, *Calvary Church*

5 Großgruppe, kleine Gruppen, große Leute

Wie sieht ein Sonntagmorgen aus?

Bananenbrot

110 g Butter
190 g Zucker
$^{1}/_{2}$ Päckchen Vanillezucker
2 Eier
3 reife, zerdrückte Bananen
300 g Mehl
1 Prise Salz
100 g gehackte Walnüsse

Alle Zutaten miteinander vermischen und in eine eingefettete und mit ein wenig Paniermehl ausgelegte Kuchenkastenform füllen. Im Backofen (Mitte) bei 170° (Umluft 150°) etwa 50 Minuten backen und mit Alufolie bedeckt etwa eine Stunde abkühlen lassen.
Mit Puderzucker bestäuben.

Ich muss zugeben, dass meine Fähigkeiten als Köchin sehr begrenzt sind. Aber wenn ich ein Rezept wie das für das Bananenbrot sehe, das meine Freundin und Mitarbeiterin Pat oft backt, fallen mir ein paar Dinge ein. Um dieses Rezept backen zu können, muss man Bananenbrot backen wollen – kein Vollkornbrot, Maisbrot oder irgendeine andere Brotsorte. Sie müssen alle aufgeführten Zutaten haben, einschließlich des Backofens, oder Sie werden etwas anderes bekommen als Bananenbrot. Dann mischen Sie die Zutaten zusammen und backen sie. Und nach der ganzen Arbeit müssen Sie warten – voller Erwartung, bis Sie das warme Brot endlich anschneiden, das Aroma schmecken und den ersten Bissen kosten können.

Was hat dieses ganze Gerede über Rezepte mit der Arbeit mit Kindern zu tun? Nun, allein die Tatsache, dass Sie dieses Buch schon so weit gelesen haben, lässt darauf schließen, dass Sie Ihrer Gemeinde etwas Neues auftischen wollen. Vielleicht haben Sie auch schon eine klare Missionsaussage und Werte ausgearbeitet. Das alles sind notwendige Zutaten für eine gemeindliche Arbeit mit Kindern.

Aber zu einem Rezept gehört mehr als nur die Zutaten. Sie brauchen auch genaue Anweisungen, wie man die Zutaten mischt und backt. Ohne diese Anweisungen liegen die Zutaten nur da und machen nichts. Und vergessen Sie nicht, dass Sie genau die richtige Temperatur brauchen, um diese Prinzipien anwenden zu können. Lassen Sie uns ein Rezept ausprobieren, das sich erwiesenermaßen dazu eignet, eine Arbeit mit Kindern zum Kochen zu bringen. Manche Leute nennen es auch „Strategie“ – und genau darum soll es in diesem Kapitel schwerpunktmäßig gehen und genau das wird jede Woche von hart arbeitenden, hoch talentierten Menschen wie Pat Cimo umgesetzt.

Strategie für die gemeindliche Arbeit mit Kindern

Ein Teil Plenum

Ein Teil kleine Gruppen

Ein Teil gabenorientierter Einsatz ehrenamtlicher Mitarbeiter

In *Promiseland* besteht unsere Strategie aus drei wichtigen Elementen – Plenum (die Großgruppe), kleine Gruppen und der gabenorientierte Einsatz ehrenamtlicher Mitarbeiter. Diese drei Elemente sind voneinander abhängig und bringen nicht viel, wenn man sie jeweils getrennt voneinander einsetzt. Aber wenn man sie miteinander kombiniert, egal, ob in kleinen oder großen Mengen, wird das Ergebnis immer einem Feinschmecker gefallen.

Die *Life Fellowship Church* in Mt. Vernon/Texas weiß, was eine Strategie bewirken kann. Annette, die Leiterin der dortigen Arbeit mit Kindern, beschreibt, welche Auswirkung die Umsetzung des neuen Dienstmodells hatte: „Wir sind eine kleine Gemeinde (mit 25 bis 30 Kindern). Solange wir uns erinnern können, war unser Sonntagsschulprogramm sehr traditionell. Als wir die Ergebnisse dieser Arbeit ehrlich auswerteten, stellten wir fest, dass sie nur wenig oder überhaupt keine Wirkung auf die Kinder hatte. Dann entschlossen wir uns, es mit einer neuen Strategie zu versuchen – ein Plenum/kleine Gruppen-Format und neues Material. Seit wir unsere Strategie geändert haben, erleben wir regelmäßig, dass Kinder zum Glauben finden und dass sich ihr Leben verändert. Und dies beeinflusst auch den Rest der Gemeinde. Wir haben Kinder, die unsere Arbeit mit Kindern besucht und dann ihre Eltern in den Gottesdienst gebracht haben, und nun sind die Eltern Teil der Gemeinde. Ein neuer Ansatz hat sehr viel verändert."

Ist Ihnen aufgefallen, dass unser oben stehendes Rezept nur die Zutaten aufführt? Was noch fehlt, ist eine schrittweise Anleitung, wie man alles zusammenmischt. Wenn wir einen typischen *Promiseland*-Gottesdienst Minute für Minute unter die Lupe nehmen, können wir genau sehen, wie sich die Arbeit mit Kindern rund um die Elemente Plenum, kleine Gruppen und gabenorientierte Mitarbeiter aufbaut. Und eine nähre Betrachtung von fünf Bereichen zeigt, inwiefern unsere sechs Grundwerte Teil der Mixtur sind.

Bereich 1: Teamtreffen der ehrenamtlichen Mitarbeiter (45 Minuten vor dem Start)

Ein Team von ehrenamtlichen Mitarbeitern hat die Räume bereits vorbereitet, das heißt, alle Materialien, Requisiten und Mikrophone sind am richtigen Platz. Die Leiter der einzelnen Kleingruppen setzen sich mit ihrem Gesamtleiter zusammen, den wir als Coach bezeichnen. In dieser Zeit bekommen die Kleingruppenleiter und die anderen Mitarbeiter vom Coach die so genannte VIP-Behandlung.

V steht für Vision. Die Coaches danken den Mitarbeitern nicht nur jede Woche für ihren Dienst, sondern weisen auch darauf hin, welche Bedeutung ihr Einsatz für das Reich

Gottes hat. Wenn ich durch die Flure von *Promiseland* gehe, höre ich Aussagen wie „Kinder werden heute wirklich verstehen, was es bedeutet, eine Beziehung zu Jesus zu haben, und ohne euch wäre das nicht möglich!" Unsere Coaches sind sehr gut darin, Vision zu vermitteln und ehrenamtliche Mitarbeiter zu motivieren.

I steht für Information. Der Coach weist auf alle Änderungen hin, die sich in letzter Minute hinsichtlich des genauen Plans ergeben haben, den die Mitarbeiter zu Beginn der Woche bekommen haben. Außerdem kündigt der Coach alle anderen wichtigen Dinge an, die den Dienst betreffen, etwa Mitarbeiterschulungen, besondere *Promiseland*-Veranstaltungen oder Termine, die die ganze *Willow Creek*-Gemeinde betreffen.

P steht für Persönliche Anliegen, das heißt die Möglichkeit für die Mitarbeiter, Gebetsanliegen innerhalb des Teams auszutauschen. Mitarbeiter, die das Gefühl haben, dass man sich um sie kümmert, sind in stärkerem Maß bereit, sich um die Kinder zu kümmern. Das Mitarbeitertreffen schließt mit Gebet für die folgende Kinderstunde sowie für persönliche Anliegen ab.

Ziel dieser VIP-Zeit ist es, das Gemeinschaftsgefühl unter den Mitarbeitern zu fördern, Informationen zu vermitteln und sicherzustellen, dass die Mitarbeiter auf Sieg setzen. Wenn Erwachsenenteams Gemeinschaft erleben, können sie diesen Schatz an die Kinder weitergeben.

Mitarbeiter, die das Gefühl haben, dass man sich um sie kümmert, sind in stärkerem Maß bereit, sich um die Kinder zu kümmern.

Grundwert, der während der Teamtreffen zum Ausdruck kommt: persönliche Begleitung für Erwachsene

Bereich 2: Spielstraße (30 Minuten vor dem Start)

Ein steter Strom von Eltern checken ihre Kinder eine halbe Stunde vor dem Gottesdienstbeginn in *Promiseland* ein. An diesem Punkt kommen die Kinder zum ersten Mal mit unserem Dienstbereich in Kontakt und diese Erfahrung soll positiv sein. Wenn die Kinder hereinkommen, sehen sie verschiedene Tische, auf denen die unterschiedlichsten Spiele, Bastelarbeiten und andere Aktivitäten aufgebaut sind, die die unterschiedlichsten Interessen der Kinder ansprechen. Auf einem Tisch liegen zum Beispiel Papier, Perlen, Klebstoff, Schnüre und die Anleitung für ein Bastelprojekt. Auf einem anderen Tisch ist ein Tischhockeyspiel aufgebaut oder Holzbausteine. In einer Ecke befindet sich vielleicht ein Minibasketballfeld.

Das Angebot an Aktivitäten wechselt häufig, damit die Kinder immer wieder die Gelegenheit bekommen, neue Erfahrungen zu machen, aber diese unstrukturierte Zeit verfolgt immer auch zwei konkrete Ziele. Das eine Ziel ist *Beziehungsaufbau.* Kleingruppenleiter haben festgestellt, dass es bei diesen Aktivitäten leicht fällt, mit den Kindern ins Gespräch zu kommen. „Wie war deine Woche?", ist eine Frage, die einem Menschen mit der Gabe des Hirtendienstes kostbare Informationen bescheren kann. Die Erfahrung hat gezeigt, dass Kinder diese Frage in der Regel offener beantworten, während sie mit ihrem Leiter gerade eine Halskette basteln oder einen Turm aus Bausteinen bauen. Auf diese Weise erfahren unsere Kleingruppenleiter vieles aus dem Leben der Kinder, noch bevor der eigentlich Kindergottesdienst beginnt. Wir sprechen gerne davon, dass wir „zielorientiert spielen".

> *Der erste Eindruck, den Kinder von einer gemeindlichen Arbeit mit Kindern bekommen, bestimmt ihre Haltung für die nächste Stunde, deshalb wollen wir, dass es ihnen von Anfang an bei uns gefällt.*

Das zweite Ziel der Aktionsphase besteht darin, eine *von Spaß geprägte Atmosphäre* zu schaffen.

Der erste Eindruck, den Kinder von einer gemeindlichen Arbeit mit Kindern bekommen, bestimmt ihre Haltung für die nächste Stunde, deshalb wollen wir, dass es ihnen von Anfang an bei uns gefällt. Das schließt auch neue Kinder mit ein, die die Möglichkeit haben, sich unter die regelmäßigen Besucher zu mischen und mit ihnen zu spielen. Und stellen Sie sich die Erleichterung der Eltern vor, wenn sie hören: „Wow, cool! Bis später, Mama und Papa!“

Grundwerte, die während der Aktionsphase zum Ausdruck kommen: persönliche Begleitung der Kinder und Spaß

Bereich 3: Treffpunkt (die ersten zehn Minuten)

Wenn der eigentliche Kindergottesdienst beginnt, signalisiert Musik, dass es Zeit ist, die Stationen der Spielstraße aufzuräumen (ja, die Kinder helfen mit). Nach ein oder zwei Minuten, in denen alle emsig arbeiten, treffen sich Kinder ab zwei Jahren mit ihren Leitern in Kleingruppen zum so genannten „Treffpunkt“. Jeder findet sich mit anderen zusammen, deren Namensschilder dieselbe Farbe haben wie sein eigenes. Alle, die neu in *Promiseland* sind, kommen ins Goldene Team – bezeichnenderweise durch goldene Namensschilder gekennzeichnet –, bis sie zu regelmäßigen Besuchern werden. Jedes Kind hat somit eine Gruppe und einen Ort, an den es gehört.

In dieser Zeit stellen die Kleingruppenleiter den Kindern eine oder mehrere Fragen, die speziell darauf ausgerichtet sind, die Kinder zum Nachdenken über das Thema anzuregen, um das es in der Zeit im Plenum gehen wird, die sich danach anschließt. In der Gruppe der Zweit- und Drittklässler bekamen die Kleingruppenleiter beispielsweise einmal für die Zeit des „Treffpunkts“ folgende Hilfen zum Thema „Ich kann Gott anbeten – er ist ewig“:[13]

„Erinnert ihr euch an eine Situation, in der jemand etwas Nettes zu euch gesagt hat? Was hat diese Person gesagt? Wie habt ihr euch dabei gefühlt?“ Anschließend sollte auch der Kleingruppenleiter bzw. die -leiterin von einer Situation erzählen, in der jemand ihm bzw. ihr etwas Nettes gesagt hat, und sie sollten davon berichten, wie sie sich dabei gefühlt haben.

Dann sollten die Kleingruppenleiter zum Thema des Plenums überleiten: „Es ist immer schön, wenn uns jemand etwas Nettes sagt. Wir fühlen uns dann wertvoll und geliebt. Heute lernen wir im Plenum, wie wir Gott sagen können, dass er toll ist und dass wir ihn lieben. Das nennt man dann Anbetung. Hört gut zu, damit ihr herausfinden könnt, wie wir Gott anbeten können.“

Der „Treffpunkt“ verfolgt zwei Ziele. Zum einen sollen die Kinder das Thema der Woche mit etwas verbinden können, das ihnen aus ihrem eigenen Leben vertraut ist. Zweitens sollen die Kinder in der Gruppe „warm“ werden und sich an den Austausch mit den anderen gewöhnen. Kleingruppenleiter beschreiben diese Zeit als Gelegenheit, die „Beziehungstemperatur“ der Gruppe zu messen, bevor sie sich nach dem Plenum noch einmal zusammensetzen.

Grundwerte, die während des Treffpunkts zum Ausdruck kommen: persönliche Begleitung und alltagsrelevante, anwendungsorientierte Lehreinheiten

Bereich 4: Plenum (die nächsten 20 Minuten)

Für die Vermittlung von biblischen Inhalten gehen die Kinder je nach Altersgruppen in unterschiedliche Räume: Zweijährige, Dreijährige, Vier- und Fünfjährige, Erstklässler, Zweit- und Drittklässler, Viert- und Fünftklässler. Wir teilen die Alterstufen in unterschiedliche Räume auf, da die Begriffe, die ein Fünftklässler versteht, sich von denen unterscheiden, die ein Erstklässler versteht. In einer gemeindlichen Arbeit mit Kindern, in der diese Trennung nach Altersgruppen nicht realisierbar ist – weil es zu wenige Räume oder zu wenige Kinder gibt –, müssen die Wortwahl und die verwendeten Illustrationen so gewählt werden, dass sie ganz unterschiedliche Reifegrade und Interessenslagen ansprechen. Es ist nicht ideal, aber mit einem entsprechend begabten Team machbar. Für den Anfang kann man die Kinder auch in Vorschul- und Schulkinder aufteilen.

Kreativität kommt während der Zeit im Plenum in Form von Theaterstücken, Videoausschnitten, Musik und anderen Elementen zum Einsatz, die dazu beitragen, die biblische Geschichte zu illustrieren und zu verfestigen und um ihre Relevanz für die Lebenswelt der Kinder aufzuzeigen. Ein schwungvoller Mitarbeiter führt durch die Zeit im Plenum und erklärt die biblischen Lehrinhalte in altersgemäßer Sprache. Die Einheiten sind interaktiv und mitreißend gestaltet und sollen so viel Spaß machen, dass die Aufmerksamkeit der Kinder gefesselt wird.

Kommen wir noch einmal auf die Einheit „Ich kann Gott anbeten – er ist ewig" zurück. Die biblische Wahrheit lautet: „Gott ist ewig", der Schlüsselgedanke zum Mitnehmen für diesen Tag lautet: „Gott ist der Einzige, der seit Beginn an existiert, und er verdient es, von uns angebetet zu werden." Das Skript fordert den Mitarbeiter auf, die Kinder zu begrüßen und dann zu sagen:

„Das Weltall ist wirklich riesig, was? Und es ist ganz toll, dass wir wissen können, dass Gott alles geschaffen hat, Gott war schon immer da, er existiert schon immer. Es ist unglaublich, aber wahr: Gott, der das ganze Universum geschaffen hat, möchte Kontakt zu dir und mir aufnehmen. Er möchte Teil unseres Lebens sein. Wir haben in den letzten Wochen gelernt, dass Gott uns genau kennt, er ist überall, und wir sind nie allein, darum können wir ihm gehorchen. Gott ist Herr und König und trägt für alles die Verantwortung.

Heute werdet ihr zwei wichtige Wörter kennen lernen. Das erste heißt ‚ewig'. ‚Ewig' ist ein sehr bedeutendes Wort! ‚Ewig' bedeutet, dass etwas schon immer existiert ..."

Ziel des Plenums ist es, die biblische Geschichte so zu erzählen, dass die Kinder sie verstehen und sich dabei die wichtigen Aussagen merken. Sie werden dabei mit Ideen konfrontiert, wie sie diese biblischen Wahrheiten auf ihr Leben anwenden können. Im Plenum darf nur lehren, wer wirklich die Gabe besitzt, vor vielen Menschen zu kommunizieren, egal, ob es sich um einen Lehrer, Erzähler, Schauspieler oder Musiker handelt. Solche Menschen können eine von Lebhaftigkeit und Spaß geprägte Atmosphäre schaffen und die biblischen Geschichten so zum Leben erwecken, dass die Kinder ihren Spaß daran haben und sie sich merken. Eine langweilige Präsentation einer biblischen Geschichte kommt gar nicht in Frage!

Ziel des Plenums ist es, die biblische Geschichte so zu erzählen, dass die Kinder sie verstehen und sich dabei die wichtigen Aussagen merken.

Das Plenum schließt oft mit kindgemäßer Musik ab, die das Thema des Tages noch einmal aufgreift und den Kindern die Möglichkeit gibt, Gott durch ein Lied anzubeten. Wenn die Kinder das Plenum verlassen, haben sie eine biblische Geschichte gehört, eine biblische Wahrheit verstanden, den Schlüsselgedanken des Tages gelernt und angefangen, darüber nachzudenken, wie sie diese Wahrheit in ihrem Alltag anwenden können.

Grundwert, der während des Plenums zum Ausdruck kommt: kindgemäße, kreative und anwendungsorientierte Vermittlung biblischer Inhalte

Bereich 5: Kleingruppen (die letzten 30 Minuten)

Die Kinder treffen sich während dieser Zeit des Gottesdienstes jede Woche mit demselben Leiter und denselben sechs bis zehn Kindern. Wie schon im Treffpunkt, so hilft den Kindern auch hier die Farbe ihres Namensschildchens, ihre Gruppe zu finden. Das Kleingruppensystem wird bei uns ab der zweiten Klasse eingesetzt und die einzelnen Gruppen bleiben, soweit dies möglich ist, Jahr für Jahr zusammen. Das Bemühen, die Kinder mit demselben Leiter und denselben Kindern zusammenzulassen, trägt dazu bei, dass Vertrauen aufgebaut wird – eine Grundlage für ein emotional und geistlich sicheres Umfeld. Aber es geht uns nicht nur darum, einen vertrauensvollen, sicheren Ort zu schaffen.

Die Kleingruppen verfolgen zwei Hauptziele. Zum einen ist eine Kleingruppe der ideale Ort, um die Kinder persönlich zu begleiten – einer unserer Grundwerte. Und zweitens geben uns die Kleingruppen die Möglichkeit, die persönliche Umsetzung der jeweiligen biblischen Aussagen und der Schlüsselgedanken zu fördern. Wir erreichen dies in *Promiseland* durch ganz unterschiedliche Methoden – von Spielen, in denen den Kindern Fragen gestellt werden, bis hin zu Gruppenaktivitäten, die eine biblische Aussage verdeutlichen.

Vielleicht fragen Sie sich jetzt, wie das konkret aussehen kann. Gehen wir noch einmal zu unserer Einheit „Ich kann Gott anbeten – er ist ewig" zurück. Nachdem er Fragen zum Plenum gestellt hat, um sicherzugehen, dass die Kinder gedanklich dabei sind, führt der Leiter die Kinder durch eine praktische Übung. Zunächst liest er aus verschiedenen Psalmen acht kurze Verse vor, die Gott beschreiben. Dann erklärt er, was die Gruppe gleich machen soll. Hier wieder ein Auszug aus dem Handbuch für Kleingruppenleiter von „Ab in den Himmel":

„Sagen Sie: ‚Jetzt dürft ihr euren eigenen Psalm schreiben. Wir haben gelernt, dass ein Psalm ein Gedicht oder ein Lied ist, mit dem wir Gott anbeten können. In eurem persönlichen Psalm könnt ihr Gott sagen, wie wunderbar und groß er für euch ist und was ihr an ihm am meisten mögt. Wenn alle ihren Psalm geschrieben haben, könnt ihr euren vorlesen.'"

Die Anweisungen enthalten noch weitere Details zu dieser Übung. Wenn die Kinder fertig sind, sollte der Leiter die Zeit in der Kleingruppe folgendermaßen abschließen:

„Sagen Sie: ‚Wir haben heute gelernt, dass Gott ewig ist. Das ist einer der Gründe, warum wir ihn anbeten. Gott ist der Einzige, der schon immer existiert, und er verdient es, von uns angebetet zu werden. Wir haben heute auch gelernt, dass wir Gott mit Psalmen anbeten können. Psalmen sind Gedichte und Lieder, die zum Ausdruck bringen, wie groß Gott ist und wie sehr wir ihn lieben. Nehmt euren Psalm mit nach Hause und hängt ihn dort auf, wo ihr ihn gut sehen könnt. So erinnert ihr euch an all die wunderbaren Dinge von Gott.'"

Zum Abschluss gibt der Leiter jedem Kind eine Karte mit dem Schlüsselvers, der den Kindern dabei helfen soll, sich während der Woche an diese Einheit zu erinnern. Dann nimmt sich die Kleingruppe noch Zeit, mit- und füreinander zu beten.

Promiseland investiert viel Zeit und Energie in die Vorbereitung der Kleingruppenleiter für ihre Aufgabe – ständige Schulungen und schriftliche Anleitungen für jede Woche sind nur zwei Beispiele dafür. Wir wollen ihre große Verantwortung so einfach und zielgerichtet wie möglich machen, damit viele Personen in der Lage sind, diese Aufgabe zu übernehmen. Weil die Kleingruppenleiter so enge Beziehungen zu den Kindern knüpfen, spielen sie an jedem Wochenende vermutlich die wichtigste Rolle und haben den größten Einfluss auf die Kinder. Und wenn man irgendein Kind aus unserer Gemeinde bittet, *Promiseland* zu beschreiben, fängt die Antwort erfahrungsgemäß tatsächlich mit irgendeinem Kommentar über den Kleingruppenleiter an. Glücklicherweise haben die meisten Mitarbeiter in der Arbeit mit Kindern das Herz eines Hirten, sodass die Rolle des Kleingruppenleiters gut zu ihnen passt. Diese Gabe und die Leidenschaft kommen direkt von Gott.

Weil die Kleingruppenleiter so enge Beziehungen zu den Kindern knüpfen, spielen sie an jedem Wochenende vermutlich die wichtigste Rolle und haben den größten Einfluss auf die Kinder.

Grundwerte, die während der Kleingruppen zum Ausdruck kommen: persönliche Begleitung und Sicherheit

Zurück zum Rezept: gabenorientierter Einsatz ehrenamtlicher Mitarbeiter

> *Ein Dienstbereich floriert nicht deshalb, weil viele Personen mitarbeiten – er ist erfolgreich, weil die richtigen Leute am richtigen Platz mitarbeiten.*

Die „Temperatur“, die man braucht, um einen Dienstbereich zum Erfolg zu führen, stammt von den Menschen – denn sie liefern die Energie, die man braucht, um Dinge möglich zu machen. Und wie bei jedem Rezept gilt auch hier, dass man nicht einfach nur Temperatur braucht, sondern es geht um die *richtige* Temperatur zur *richtigen* Zeit. Zu viel Arbeit auf den Schultern von zu wenigen Menschen führt zu einem Burnout. Und wie zu Hause beim Kochen gilt auch hier: Wenn der Feuermelder anspringt, ist der Schaden bereits zu groß. Auf der anderen Seite: zu wenig Arbeit für zu viele Leute … Das wird aber nie passieren, deshalb machen Sie sich diesbezüglich keine Sorgen! Aber merken Sie sich: Ein Dienstbereich floriert nicht deshalb, weil viele Personen mitarbeiten – er ist erfolgreich, weil die richtigen Leute am richtigen Platz mitarbeiten. Dieses Konzept stammt direkt aus der Bibel und wird am eindrücklichsten in 1. Korinther 12 beschrieben, wo Paulus erklärt, dass Gott den Menschen nach seinem Ermessen eine Vielzahl von Gaben gegeben hat, und zwar mit der Absicht, dass alle als ein Leib in der Gemeinde zusammenarbeiten.

Als *Promiseland* 1975 startete, war jeder ehrenamtliche Mitarbeiter willkommen – wie Sie sich erinnern, gab es damals nämlich keine großen Leute, die sich um die kleinen Leute kümmerten. Aber als der Dienstbereich wuchs, sich weiterentwickelte und eine Vision, eine Missionsaussage und Werte aufstellte, mussten wir genauer hinschauen, wer welche Aufgabe übernahm. Das Ziel dieses genauen Hinschauens war offensichtlich: Die Mitarbeiter sollten Aufgaben übernehmen, die im Einklang mit ihren Gaben standen. Beispielsweise sollten nur Menschen leiten, die die Gabe der Leitung besaßen, nur Menschen mit der Leitung einer Kleingruppe betraut werden, die die Gabe des Hirtendienstes hatten, nur Sänger sollten singen, die die entsprechende Gabe besaßen. *Promiseland* machte – und macht immer noch – Bestandsaufnahme, welche geistlichen Gaben für welche Aufgaben innerhalb des Dienstbereichs nötig sind, und setzte die Mitarbeiter entsprechend ein. Eine Liste geistlicher Gaben finden Sie im Anhang dieses Buches.

Ein Dienstbereich sollte die Gaben jedes ehren- und hauptamtlichen Mitarbeiters kennen, um Menschen mit den Aufgaben betrauen zu können, die zu ihnen passen. Daraus ergeben sich realistische Aufgabenbeschreibungen, die die Mitarbeiter vor einem Burnout bewahren. Im Idealfall bringt man die jeweiligen Gaben in Erfahrung, wenn jemand Interesse für die Mitarbeit signalisiert, aber noch bevor er praktisch mitarbeitet. Wir mussten jedoch, wie vermutlich viele andere Gemeinden auch, damit beginnen, dass wir zunächst einmal herausfanden, ob jeder, der sich bereits in *Promiseland* engagierte, überhaupt die entsprechenden Gaben für seine Position besaß. Wenn deutlich wurde, dass die Gaben nicht zur Aufgabe passten, musste ein Wechsel in eine passendere Position vorgenommen werden. Inzwischen bekommen neue Mitarbeiter nur noch Aufgaben, die ihren Gaben entsprechen.

Ehren- und hauptamtliche Mitarbeiter in neue Arbeitsbereiche einzuführen, die ihren Gaben entsprechen, ist nie ganz einfach, aber sehr wichtig. Denken Sie doch einmal darüber nach, was passieren kann, wenn Menschen so arbeiten, wie Gott sie begabt hat. Das Plenum sprüht vor Energie und effektiven Lernerfahrungen, weil die Personen, die vor den Kindern stehen, kreative Kommunikatoren mit der Gabe des Lehrens sind. Sie strahlen Begeisterung aus, wenn sie das tun, von dem sie wissen, dass es Gottes Plan für sie entspricht. Wenn die Bühne aufgebaut wird oder Requisiten verwendet werden, dann sieht es immer wunderschön aus, weil ein begabter Handwerker seine Gaben für das Reich Gottes eingesetzt hat. Die Zeit in den Kleingruppen ist besonders wertvoll, weil man nicht einfach irgendjemandem diese Aufgabe übertragen hat, sondern weil die Betreffenden begabte Hirten sind, die sich ganz bewusst um die Kinder kümmern. Menschen mit der Gabe der Organisation haben alles im Blick, was im Dienstbereich vor sich geht, und zwar mit Begeisterung. So sollte es nach Gottes Vorstellungen sein und so beschreibt es die Bibel: als Teile eines Körpers, die zusammenarbeiten: „Denkt an den menschlichen Leib: Er bildet ein lebendiges Ganzes und hat doch viele Teile und jeder Teil hat seine besondere Funktion. So ist es auch mit uns: Als Menschen, die zu Christus gehören, bilden wir alle ein unteilbares Ganzes; aber als Einzelne stehen wir zueinander wie Teile mit ihrer besonderen Funktion“ (Römer 12,4–5).

Wer seine Gaben einem Dienst der Gemeinde zur Verfügung stellt, erlebt einen wichtigen Einstellungswandel – er opfert Gott gerne einen Teil seiner Zeit. Viel zu oft sind die treibenden Kräfte hinter der Mitarbeit in einer gemeindlichen Arbeit mit Kindern eher Schuldgefühle als Gott. Theresa, die Leiterin der Arbeit mit Kindern in der *Living Hope Baptist Church* in Bowling Green/Kentucky, stellte fest, dass die meisten Mitarbeiter sich aus Pflichtgefühl heraus engagierten. Aber als sie ihre Strategie änderte und das Plenum/Kleingruppen-Modell einführte, rief sie ein Theaterteam, ein Technikteam, ein Requisitenteam und ein Team für besondere Veranstaltungen ins Leben, die natürlich alle gabenorientiert waren. Nun beschreibt sie ihre ehrenamtlichen Mitarbeiter völlig anders: „Sie sind begeistert und bezeichnen ihre Mitarbeit als Berufung, nicht mehr als Aufgabe. Sie wissen, dass sie wirklich etwas bewirken können und dies auch tatsächlich tun.“

Das Konzept eines gabenorientierten Einsatzes von ehren- und hauptamtlichen Mitarbeitern lässt sich auf Dienstbereiche jeder Größe übertragen. Glücklicherweise haben die meisten Menschen mehr als eine Gabe, sodass sie mehr als eine Aufgabe übernehmen könnten, wenn es nicht genügend Mitarbeiter gibt. Es ist nicht ungewöhnlich, dass ein kreativer Kommunikator auch ein begabter Handwerker ist, ein Lehrer auch die Gabe der Organisation hat oder ein Hirte auch ein Leiter ist. Natürlich kann es gelegentlich Zeiten geben, in denen jemand in einer Position mitarbeiten muss, die nicht seinen Gaben entspricht. Manche Menschen brauchen beispielsweise auch erst Zeit, um ihre Gaben zu entdecken und kennen zu lernen. Stellen Sie nur sicher, dass der Zeitraum, in dem Gaben und Aufgaben nicht zusammenpassen, zeitlich befristet ist. Beten Sie in dieser Zeit dafür, dass Gott die richtige Person schickt. Schließlich war es seine Idee, dass sich jeder in der Gemeinde entsprechend seiner Gaben einsetzt – also auch, dass jeder sein Bestes für die Kinder gibt!

Vermutlich werden Sie mir zustimmen, wenn ich sage, dass der gabenorientierte Einsatz von Mitarbeitern wichtig ist. Die praktische Herausforderung besteht dann aber sehr oft darin, herauszufinden, wo und wie man anfangen soll. Wenn ich danach gefragt werde, schlage ich vor, damit zu beginnen, Menschen zu finden, die „vier Paar Augen" haben.

Vier Paar Augen

Jeder Leiter, der versucht, die ganze Last seines Dienstes alleine zu schultern, ist von Vornherein zum Scheitern verurteilt, vor allem, wenn er einen Dienst mit einer neuen Vision leitet. Für den Anfang ist es deshalb gut, ein kleines Team von Leuten zusammenzustellen, von denen jeder ein Leiter ist und Verantwortung für einen jeweils anderen Bereich des Dienstes trägt.

Wir starteten mit einem Viererteam für den gesamten Dienstbereich. Dieses Team traf sich regelmäßig, tauschte Ideen aus, löste die Probleme, die am Wochenende aufgetreten waren – und begann allmählich, sich für den Dienst verantwortlich zu fühlen. Als wir wuchsen und *Promiseland* immer komplexer wurde, brauchten wir entweder Augen am Hinterkopf und Röntgenaugen, um in mehrere Räume gleichzeitig schauen zu können, oder aber mehrere solcher Viererteams. Also bauten wir ein weiteres Team für den Vorschulbereich auf und eines für Kinder, die schon fast zu den Teens gehören. Schließlich vervielfältigten sich die Teams, sodass nun jeder Raum innerhalb des Dienstes von seinen eigenen „vier Paar Augen" profitiert.

	Verantwortungsbereich	Visionsbereich
Augen für die Gesamtleitung	Stellt sicher, dass der Dienstbereich in Bezug auf Vision, Mission und Werte auf Kurs bleibt. Muss außerdem motivieren, Vision vermitteln und Veränderungen einleiten.	Gesamter Dienstbereich, konzentriert sich auf alle, die ein Team leiten.
Augen für die Durchführung	Stellt sicher, dass Abläufe, Vorgehensweisen und Menschen am richtigen Platz sind, damit der Dienstbereich reibungslos funktioniert.	Organisatorische Bereiche und Bereiche, die eher unbemerkt arbeiten.
Augen für Programm und Inhalt	Stellt sicher, dass die Vermittlung von Inhalten effektiv geschieht und die Kinder die Schlüsselgedanken jeder Einheit lernen und anwenden.	Inhalt des Plenums, Zeit in den Kleingruppen, thematische Inhalte.
Augen für persönliche Begleitung	Stellt sicher, dass Menschen – große und kleine – bewusst und persönlich begleitet werden, und schult regelmäßig, wie man ein besserer Hirte werden kann.	Alle Kleingruppen für Kinder und Dienstteams von Erwachsenen.

Eine letzte Zutat

Denken Sie noch einmal an unser Bananenbrot-Rezept vom Beginn dieses Kapitels. Ist Ihnen aufgefallen, dass eine Zutat fehlt? Damit das Bananenbrot aufgeht, müssen Sie noch 2 Teelöffel Backpulver hinzufügen. Vergessen Sie dies, bleibt das Bananenbrot einfach in der Form sitzen – und Sie haben einen Bananenziegel. Auch wir haben noch eine Zutat, über die wir sprechen müssen, denn erst wenn wir sie zu den anderen Zutaten hinzufügen, funktioniert eine gemeindliche Arbeit mit Kindern gut.

Arbeitsmaterialien oder so etwas wie ein Lehrplan sind ein wesentliches Mittel, um die Zeit im Plenum und die Gespräche in den Kleingruppen zu koordinieren. Die gabenorientiert eingesetzten Mitarbeiter sind gut informiert und die Planung für den Dienst bleibt zielgerichtet. Die Kleingruppenleiter sollten für jede beliebige Woche im Voraus wissen, welche Begriffe und biblischen Inhalte im Plenum vermittelt werden. Ebenso sollten die Leiter des Plenums wissen, wie die Kleingruppenleiter den Kindern helfen werden, diese Inhalte im Alltag umzusetzen. Die für den wöchentlichen Einsatz konzipierten Einheiten bieten den Mitarbeitern die Möglichkeit, alles, was die Kinder machen, zu wiederholen oder vorzubereiten – und diese Prozesse sind wesentlich, wenn ein Dienst erfolgreich alle Kinder erreichen und lehren will.

Weil alle Kinder anders sind

Das Plenum/Kleingruppen-Konzept enthält eine Mischung an Erfahrungen, durch die gewährleistet ist, dass wir Kinder mit unterschiedlichen Lernstilen erreichen. In ihrem Buch *Learning Styles* beschreibt Marlene LeFever einen Lernstil als „die Art und Weise, auf die ein Mensch Dinge am besten sehen oder wahrnehmen und dann das verarbeiten oder einsetzen kann, was er gesehen hat".[14] Wir bemühen uns in *Promiseland*, immer jeden kindlichen Lernstil in irgendeiner Weise anzusprechen. Aber das geschieht nicht automatisch – wir nehmen alles, was im Plenum und in den Kleingruppen geschieht, im Hinblick auf verschiedene pädagogische Prinzipien unter die Lupe. Das hilft uns dabei, auch noch hinter das Thema und die kreative Präsentation zu blicken.

Wir wissen beispielsweise, dass manche Kinder visuell lernen (Sehen), manche auditiv (Hören und Sprechen) und andere kinästhetisch (Tun). Die Lehrpläne für jedes Wochenende müssen Elemente beinhalten, die alle drei Lerntypen ansprechen. Die Kinderpädagogin Cynthia Tobias sagt: „Niemand ist auf nur einen starken Bereich festgelegt“[15], so sind ein zusätzlicher Nutzen dieses Ansatzes die Anknüpfungspunkte zu vielen Kindern. Andere Prinzipien, auf die wir achten, sind konkrete und abstrakte Wahrnehmung sowie die geordnete und die willkürliche Präsentation von Informationen.

Wenn sich die Kinder zwischen Plenum und Kleingruppen bewegen können und die Aktivitäten in jedem Bereich abwechseln, bedeutet dies, dass die Kinder nie zu lange still sitzen müssen. Natürlich ist die richtige Mischung von körperlicher Bewegung altersabhängig und muss genauso Beachtung finden wie andere pädagogische Prinzipien. Wenn wir nicht darauf achten, wie lange wir von den Kindern erwarten, still zu sitzen, machen wir es oft falsch. Ein sorgfältiger Blick auf den Lehrplan aus pädagogischer und kindlicher Sicht hilft uns dabei, uns auf die Kinder zu konzentrieren, nicht nur auf die Inhalte.

Die Pädagogin in mir weiß instinktiv, dass eine Arbeit mit Kindern wenig effektiv sein wird, wenn die Kinder eine Stunde lang still auf einem Fleck sitzen und ein Arbeitsheft auf Anweisung eines Lehrers ausfüllen sollen, der versucht, alles gleichzeitig zu machen. Die Botschaft, die wir unseren Kindern vermitteln wollen, ist zu wichtig und verdient das Beste, was eine Gemeinde zu bieten hat. Marlene LeFever formuliert es sehr treffend: „Christus gibt uns, was wir lehren sollen – den Inhalt –, aber das ‚Wie‘ bleibt uns überlassen. Wir müssen das Beste aus dem machen, was wir zum Thema Lernen und über die Methoden wissen, die Schülern etwas effektiv beibringen.“[16]

Und wie kommt dieses Dienstrezept nun zustande? Nach langen Jahren, in denen ich das Beste getan habe, um alle

Zutaten zu vermischen, bin ich zu dem Schluss gelangt, dass alles von der Person abhängt, die in der Küche steht. Ich kann die frischeste Vision und die frischeste Missionsaussage haben, genau die richtigen Werte für meinen Dienst und sogar die Temperatur der begabten Mitarbeiter richtig einstellen – aber nur Gott kann alles richtig zusammenmischen. Nur er kann dafür sorgen, dass ein Dienstbereich Kinder erreicht und sie in die ganz hingegebene Nachfolge Jesu führt. Unsere Aufgabe besteht darin, unser Bestes zu geben und die Ergebnisse dann dem Küchenchef zu überlassen. Mit dieser Kombination gelingt das Rezept immer.

6 Den Traum weitergeben

Stürzen Sie sich in die Gewinnung von Mitarbeitern

Baseball. Liebster Zeitvertreib der Amerikaner, der die Sportwelt sechs Monate im Jahr bestimmt. In ganz Amerika wollen viele Jungen und Mädchen hautnah dabei sein – ein Traum, der durch die *Little League*, die „Zwergenliga“, Wirklichkeit wird. Als mein Sohn Ryan sechs Jahre alt war, bildete er dabei keine Ausnahme. Ich werde Ihnen später mehr von ihm erzählen.

Die *Little League* bringt den Kindern alles über Baseball bei und dabei lernen sie mehr als nur ein Spiel. Sie lernen, wie man einen Ball vom Boden mit einer Hand aufschaufelt, die in einen Handschuh steckt, oder was der Unterschied zwischen einem erzwungenen und einem unabsichtlichen Aus ist. Hinzu kommt jedoch, dass die Kinder unter dem Deckmantel des Sports auch die Bedeutung von Teamwork lernen. Selbst Eltern haben die Gelegenheit, viel zu lernen, und auch ich war hier keine Ausnahme.

Wichtige Lektionen aus der Zwergenliga

1. In den Augen eines Sechsjährigen sind zwei Grashüpfer, die sich verfolgen, interessanter als das gerade stattfindende Spiel.
2. Der Schiedsrichter ist wirklich nicht blind oder bevorzugt das andere Team. Er kommt vermutlich gerade erst in die Highschool, bekommt zehn Dollar für das Spiel und ist Gott wichtig.
3. Ich möchte kein Schiedsrichter sein, selbst dann nicht, wenn ich 100 Dollar für das Spiel bekäme.
4. Über 50 Prozent aller Spieler im ersten Jahr werden so begeistert sein von dem Geräusch, das entsteht, wenn der Ball wirklich getroffen wird, dass sie daraufhin den Wunsch vergessen, zum ersten Schlagmal zu laufen. Weiterhin erinnern sie nicht mehr an den genauen Standort des Schlagmals.
5. Auf eine Entfernung von 20 Metern oder mehr können junge Spieler nur Vokale hören – keine Konsonanten; das heißt, alles was die Eltern ihnen zurufen, ist nur verschwendete Energie.
6. Die einzige Person, die Eltern wirklich schätzt, die von den Zuschauerrängen aus als Trainer auftreten, ist ... nun, ich glaube, niemand schätzt sie wirklich.
7. Gleichgültig, wie viele Bälle verfehlt oder verschossen wurden – jedes Kind wird denken, dass das Spiel ein voller Erfolg war, wenn es einen dieser verspielten Grashüpfer fangen konnte.
8. Innerhalb von 60 Minuten oder weniger nach Ende des Spiels wird ein Kind den Spielstand vergessen haben, sich aber bis zum nächsten Spiel an den Grashüpfer erinnern. Besonders wenn es ihm gelungen ist, ihn seiner Mutter zu zeigen.

Ich habe beim Baseball außerdem wertvolle Lektionen für meine Arbeit in der Gemeinde gelernt. Mein Sohn Ryan wollte 1991 spielen, als sich in *Promiseland* ein sehr entmutigender Trend abzeichnete. Wir hatten Vision, Mission, Werte und eine Strategie. Wir befanden uns mitten in einer Wachstumswelle. Als neue Leiterin machte ich mir am meisten Gedanken um meine Mitarbeiter. Bei den ehrenamtlichen Mitarbeitern hörte ich immer öfter von Lücken – immer mehr Leute waren notwendig, um die Arbeit aufrechtzuerhalten. Unausweichlich würden alle früher oder später auf mich schauen – zumindest schien es mir so – und sagen: „Du bist die Leiterin, also mach was!"

Ein großes Problem war, dass es mir davor graute, Mitarbeiter werben zu müssen. Aber ich musste handeln, also rief ich alle möglichen Leute an und gab mein Bestes, um ihnen die Mitarbeit schmackhaft zu machen. Aber trotz meiner aufrichtigsten Bitten und gelegentlicher Tränen, war meine Erfolgsquote miserabel. Ich fühlte mich entmutigt.

Dann kam Ryan eines Tages nach Hause und sagte: „Mama, Papa, alle Kinder aus der Gegend spielen im Sommer Baseball. Darf ich auch? Bitte, bitte, bitte."

Natürlich erlaubten wir es. Also füllten wir die nötigen Papiere aus, fanden heraus, wie viel es kostete, und besuchten einen Elternabend. Wir freuten uns, die anderen Familien kennen zu lernen. Wir hatten gehört, dass es eine tolle Sache war, zu den Baseball-Eltern zu gehören, und wir wollten nichts falsch machen. Also kamen wir rechtzeitig, in Erwartung einer langweiligen Präsentation von Liga-Informationen und Regeln. Aber was dann kam, waren die motivierendsten 20 Minuten, die ich je erlebt hatte. Ich schaute mich im Raum um und sah, dass alle Augen auf diesen Trainer geheftet waren, der uns Baseball verkaufte.

„Liebe Eltern, dies wird Ihr Leben und das Ihrer Kinder verändern", verkündete der Trainer, als er begann, Begeisterung für das Projekt zu wecken. „In diesem Sommer werden Ihre Kinder Fairness lernen. Sie werden lernen, gute Gewinner und gute Verlierer zu sein. Sie werden Teil eines Teams sein! Das bedeutet, sie lernen, dass man gemeinsam mehr erreicht. Liebe Eltern, wir werden gemeinsam daran arbeiten, dieses Ziel zu erreichen, und wir werden darin zu Partnern zum Wohl Ihres Kindes."

Ich schaute meinen Mann an, dessen Gesichtsausdruck keinen Zweifel daran ließ, dass er wünschte, er könne spielen. Der Trainer war regelrecht wild, ich meine *wirklich wild* auf Baseball! Dann wandte er sich einem wichtigen Punkt seiner Rede zu und sagte: „Liebe Eltern, ich habe ein paar Erwartungen an Sie. Würden Sie bitte einen Zettel nehmen und mitschreiben?"

Er sagte: „Erstens werde ich acht Schachteln Bonbons zu Ihnen nach Hause liefern lassen, die Sie verkaufen können. Wir alle wollen das Baseball-Programm unterstützen und das wird dessen Zukunft sichern."

Ich flüsterte meinem Mann zu: „Stand das im Kleingedruckten? Wie konnten wir das nur übersehen?"

Der Trainer sprach weiter, deshalb mussten wir wieder aufpassen. „Ich werde jetzt die Termine für die Spiele und das Training austeilen. Die Kinder werden heiß, müde und durstig sein – deshalb bitte ich Sie darum, ihnen Verpflegung mitzugeben. Am besten gekühlte Saftpäckchen ans Spielfeld. Ich möchte gesunde Sachen, keine ungesunden. Und bitte kein Glas; alles muss wegwerfbar sein. Das wird uns wirklich helfen, zusammenzuarbeiten, deshalb tragen Sie sich bitte ein, damit ich weiß, wann Sie verfügbar sind."

Rick und ich rangen nach Luft. Wir wussten, einer von uns beiden würde sich daran erinnern müssen, um dies erfüllen zu können, und ich vermutete, dass ich diejenige sein würde. Der Trainer schloss mit: „Und zum Schluss: Da sind diese zwei Samstage mit den Play-offs. Ich bitte Sie darum, ein paar Stunden festzulegen, in denen Sie die Anmeldung übernehmen und Getränke verkaufen können, damit das Baseball-Programm jeden Sommer durchgeführt werden kann."

Ich saß etwas perplex auf meinem Stuhl. Ich erinnerte mich, eine Anmeldegebühr bezahlt zu haben, damit unser Sohn an diesem Projekt teilnehmen konnte, deshalb schienen mir die Anfragen des Trainers sehr gewagt. Dann schaute ich mich um und sah, dass alle anderen Eltern eifrig dabei waren, jedes Wort mitzuschreiben, das dieser Mann sagte, ohne je die Frage zu stellen, ob sie das wirklich machen wollten. Und alle – einschließlich Rick und mir – machten in dieser Saison alles, worum er uns bat.

Lektionen, die wir vom Baseball für die Gemeindearbeit lernen können

In diesem Sommer lernte ich vom Baseball zwei wichtige Lektionen. Zum einen brachte Gott mir liebevoll bei, dass ich keine Angst haben musste, Eltern darum zu bitten, als Partner mit uns zusammen eine geistliche Grundlage im Leben ihrer Kinder zu legen. Der Baseball-Trainer sagte nie: „Liebe Eltern, ich weiß, dass Sie viel zu tun haben, deshalb werde ich mich um alles kümmern." Oder: „Ich weiß, dass ich Sie um viel bitte, und wenn Sie das alles nicht übernehmen wollen, ist das für mich auch in Ordnung." Er erwartete einfach von uns, dass wir bestimmte Dinge übernahmen, weil es schließlich unsere Kinder waren, die Baseball spielen wollten. Und wir konnten von allem profitieren, was er und das Programm für unsere Kinder leisten würden.

Das Zweite, was Gott mir beibrachte, war, dass ich selbst von meiner Vision für die Arbeit mit Kindern so begeistert sein musste wie dieser Trainer, wenn ich andere dafür gewinnen wollte.

Natürlich ist Baseball ein tolles Spiel, und in diesem Sommer lernte Ryan eine Menge, spielte in einem richtig guten Team und für einen fantastischen Trainer. Ich habe selbst auch viel gelernt. Aber ich blieb sachlich, weil Baseball nur ein Spiel ist – und bei der Gemeindearbeit geht es ums wahre Leben. Ich musste mich selbst fragen, ob ich so wild darauf war, die Ewigkeit für die Kinder zu verändern, wie dieser Trainer auf Baseball. Paulus schrieb an die Philipper: „Denn das Leben, das ist für mich Christus" (Philipper 1,21). Wenn ich diese Aussage auf mich beziehe, bedeutet sie, dass mein Herz dafür schlägt, Kinder mit Jesus bekannt zu machen und ihnen zu helfen, zu hingegebenen Nachfolgern zu werden, und die Arbeit mit Kindern für alle Kinder zur besten Stunde der Woche zu machen. Mein Puls rast bei dem Gedanken, dass ich ein Kind dabei unterstützen würde, an den Punkt zu kommen, an dem es sagt: „Für mich ist Christus das Leben."

Ich bin heute viel begeisterter als damals, weil ich sehe, wie groß die Veränderung im Leben von Kindern sein kann, wenn sie Jesus kennen lernen. Sind Sie von Ihrer Vision und Ihren Werten absolut begeistert? Sehen Sie Lebensveränderung bei den Kindern und den ehrenamtlichen Mitarbeitern? Ich habe gelernt, dass dies wichtige Fragen sind, denn wenn meine Leidenschaft für meine Arbeit nicht ganz offensichtlich ist, dann wird es schwer sein, Mitarbeiter zu finden und länger als eine Saison zu behalten.

Durch meine Erfahrungen als *Little League*-Mama habe ich erkannt, dass mein Ansatz zur Gewinnung von Mitarbeitern völlig falsch war. Ich hatte versucht, Menschen zu finden, weil wir in einer Notlage steckten – ich hatte aber nicht versucht, sie für eine Vision zu gewinnen, von der ich begeistert war. Aufgaben mussten erledigt werden, also versuchte ich, Leute zu finden, die diese Aufgaben übernahmen. Schließlich dämmerte es mir, dass ich Dinge sagen sollte wie: „Ich möchte mit Ihnen gemeinsam daran arbeiten, eine neue Zeit in der Arbeit mit Kindern anbrechen zu lassen, und ich möchte Ihnen erklären, wie Ihre Kinder davon profitieren werden." Aber das war nur eine Figur in einem viel größeren Spiel.

Die Elemente einer Vision für ehrenamtliche Mitarbeiter

Um effektiv zu sein, müssen wir für jeden einzelnen Mitarbeiter, den wir gewinnen wollen, eine auf die Arbeit mit Kindern zugeschnittene Vision finden.

Um effektiv zu sein, müssen wir für jeden einzelnen Mitarbeiter, den wir gewinnen wollen, eine auf die Arbeit mit Kindern zugeschnittene Vision finden. Sie sollte einfach und verständlich sein, weil sie nicht zu lang oder zu kurz ist. Ein Traum sollte nicht so groß sein, dass er unmöglich zu sein scheint, aber nicht so klein, dass er trivial wirkt. Die Vision muss jedem genauso gut passen wie ein bequemes Paar Schuhe.

Eine Vision passt dann, wenn drei Elemente zusammenkommen. *Zum einen muss die Aussage für den Zuhörer wichtig und bedeutsam sein.* Ein Aufruf, sich für einen Job zu melden, der eine Notlage beseitigt, stellt keine emotionale Verbindung her. Er mag für mich Sinn machen, weil ich weiß, dass es dem Dienst gut tun wird, wenn diese Aufgabe erledigt wird. Aber für einen potenziellen Mitarbeiter scheint es nur ein Aufruf zu sein, etwas von seiner knappen Zeit zu investieren.

Und die Leute wollen in der Gemeinde nicht willkürlich ihre Zeit verschwenden – und auch nirgendwo sonst. Sie wollen ihr Leben und ihre ehrenamtliche Mitarbeit für etwas einsetzen, das Sinn und Bedeutung hat. Jeder möchte etwas machen, das wichtig ist. In Epheser 2, Vers 10 heißt es, dass Gott uns so geschaffen hat: „Wir sind ganz und gar Gottes Werk. Durch Jesus Christus hat er uns so geschaffen, dass wir nun Gutes tun können. Er hat sogar unsere guten Taten im Voraus geschaffen, damit sie nun in unserem Leben Wirklichkeit werden." Cinda aus der *Valleybrook Church* in Eau Claire, Wisconsin, weiß, welche Auswirkung diese Bedeutsamkeit für die Anwerbung neuer Mitarbeiter hat: „Wir gestalteten den Wochenendgottesdienst und erklärten, warum uns Kinder in unserer Gemeinde so wichtig sind. Dann boten wir den Leuten die Gelegenheit, einen bedeutenden Beitrag im Leben der Kinder zu leisten, indem wir sie einluden, Teil unseres Teams zu werden. Fast 70 Personen meldeten sich."

Das zweite Element einer guten Vision besteht darin, den Leuten zu zeigen, wie sie in Ihren Dienst passen. Stellen Sie sich die Menschen als Puzzleteile vor. Jeder von ihnen bringt eine einzigartige Lebenserfahrung mit. Jeder hat Gaben. Zeigen Sie ihnen also, wie sie in das Gesamtbild der Arbeit mit Kindern passen. Wenn ehrenamtliche Mitarbeiter verstehen, dass ein konkreter Platz nur auf sie wartet – ein Platz, der ganz auf sie zugeschnitten ist –, dann ist die Wahrscheinlichkeit viel höher, dass sie sich für die Mitarbeit entscheiden.

Das dritte Element einer gelungenen Vision ist der passende Zeitrahmen. Zu Beginn meiner verzweifelten Suche nach Mitarbeitern machte ich den Fehler, jeden zu bitten, sich 42 Wochen im Jahr für eine Stunde pro Woche zur Verfügung zu stellen. Sie können sich vermutlich vorstellen, wie hoch die Aussteigerquote war – sehr hoch. Also änderten wir unseren Ansatz und boten unseren ehrenamtlichen Mitarbeitern ganz unterschiedliche Zeitmodelle an. Unser Verantwortlicher für die Gewinnung neuer Mitarbeiter, der „furchtlose" Jim Braniff, erklärt den Leuten heute: „Wenn Sie sehr wenig Zeit haben, können Sie uns helfen. Wenn Sie nur ein paar Minuten Zeit haben, können Sie uns helfen. Wenn Sie in unregelmäßigen Abständen Zeit haben, können Sie uns helfen."

Wenn die Leitung eines Dienstbereichs einfallsreich ist und der Dienst gut von begabten Organisatoren koordiniert wird, dann kann ein Dienstbereich mit jeder Zeiteinheit, die ein ehrenamtlicher Mitarbeiter investieren kann, etwas anfangen. Dieser Ansatz unterstützt das Ziel, nie einen neuen ehrenamtlichen Mitarbeiter wegschicken zu müssen.

Das erste der drei Elemente einer Vision, die exakt auf die Mitarbeiter zugeschnitten ist, sind ein guter Anfang. Die nächsten zwei Schritte bestehen darin zu überlegen, *wie* und *wem* man die Vision vermitteln soll.

Wen sollen wir zu gewinnen versuchen? Die Gemeinde. Ja, die ganze Gemeinde! Machen Sie sich keine Sorgen, nicht jedes Gemeindemitglied wird sich angesprochen fühlen oder für die Mitarbeit in der Arbeit mit Kindern qualifiziert sein (denken Sie an den Grundwert der Sicherheit).

Um diesem großen Anspruch gerecht zu werden, sollten Sie die Vision auf die entsprechende Zuhörerschaft zuschneiden und jeweils anders präsentieren. Ich habe gelernt, dass sich ein und dasselbe Skript nicht bei allen Gelegenheiten verwenden lässt. Unterschiedliche Personen müssen unterschiedliche Botschaften hören, je nachdem, wie nahe sie dem Dienst stehen oder wie sehr sie in den Dienst involviert sind. Normalerweise muss man sich über fünf Personengruppen Gedanken machen.

Mögliche Mitarbeitergruppen

Alle

Etwa einmal im Jahr muss die ganze Gemeinde etwas über die Vision der Arbeit mit Kindern erfahren. Sie können dies mit einer Werbesendung vergleichen, weil ausnahmslos jeder zuhören und zuschauen soll. Und wie bei einer Werbung in den Medien besteht das Ziel darin, alle über etwas zu informieren. Konkret sollte eine Gemeinde zwei Dinge im Hinblick auf die Arbeit mit Kindern wissen:

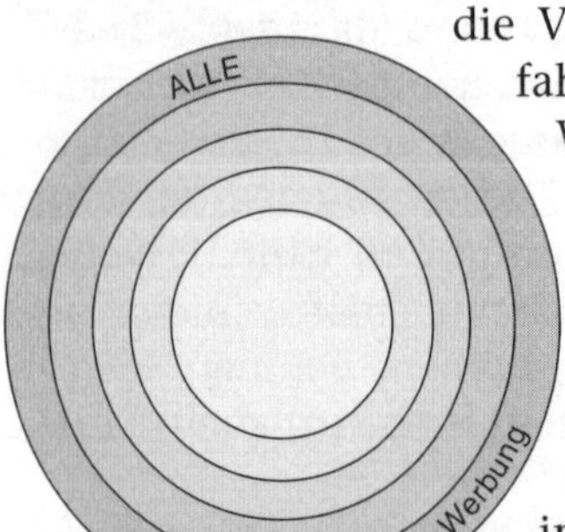

Zum einen sollten die Eltern etwas über den Dienst erfahren, der ihren Kindern jede Woche erbracht wird. Die Zeit, die man in einen Gottesdienst investiert, um den Eltern zu zeigen, dass es eine begeisternde Arbeit mit Kindern gibt, trägt dazu bei, ein Gefühl der Partnerschaft zu fördern, indem man einen der Partner quasi im Schaukasten präsentiert. In *Promiseland* halten wir dies für absolut notwendig – und für eine Verstärkung des ersten Teils unserer Missionsaussage, „Familien unterstützen" zu wollen.

Die zweite wichtige Rolle einer Vision im Werbesendungsformat besteht darin, die Arbeit mit Kindern als einen Weg zu positionieren, auf dem man ebenfalls den Missionsauftrag der Gemeinde umsetzen kann. Beispielsweise sollte jeder, der *Willow Creek* besucht, wissen, dass er unbesorgt kirchenferne Nachbarn in den Gottesdienst einladen kann, weil die Kinder der Nachbarn eine tolle Stunde in *Promiseland* verbringen werden. Stellen Sie sich vor, welche evangelistische Wirkung es hat, wenn Besucher zu ihren Freunden sagen können: „Ich bin sicher, dass es Ihren Kindern gefallen wird – ‚Promiseland' ist für alle Kinder die beste Stunde in der Woche." Wer würde es nicht zumindest einmal versuchen, seinen Kindern etwas zu gönnen, das für sie die beste Stunde ihrer Woche werden könnte?

Einen Teil eines Gottesdienstes oder sogar den gesamten Gottesdienst zu übernehmen, um die Arbeit mit Kindern zu präsentieren und zu „bewerben", wird nicht über Nacht funktionieren. Es kostete uns Jahre, unseren Pastor davon zu überzeugen, dass er uns fünf oder zehn Minuten anvertrauen könnte – denn zu Beginn der Arbeit von *Promiseland* wurden diese Minuten so kindisch vertan, dass dabei die eigentliche Botschaft verloren ging. Aber er gab uns nicht auf und forderte uns sogar heraus, unser Bestes zu geben. Also überlegen wir jedes Jahr, welche Einheit aus dem Plenum vom vergangenen Jahr am kreativsten und wirkungsvollsten gewesen war. Da wir der Gemeinde einen echten Eindruck von *Promiseland* vermitteln wollen, nehmen wir in der Regel eine Einheit direkt aus unserem Lehrplan und präsentieren sie vor der gesamten Gemeinde.

Zu sehen, wie die ganze Gemeinde Ihren Dienstbereich anerkennt und zu schätzen weiß, ist etwas, das man nicht so schnell vergisst. Und die Bestätigung, die die ehrenamtlichen Mitarbeiter auf diese Weise erfahren, ist unschätzbar wertvoll. Gemeinden, die in dieser Form noch keine Werbung für ihre Arbeit mit Kindern gemacht haben, werden feststellen, dass die Werbung leider nicht von selbst geschieht – es gibt aber Schritte, die Sie gehen können, um diesem Augenblick näher zu kommen. Laden Sie Ihren Pastor oder den Verantwortlichen für die Gottesdienstgestaltung zu einer Ihrer Proben ein, und zeigen Sie, was möglich ist. Nehmen Sie auch nur zwei Minuten vor der Gemeinde an, wenn man Ihnen nicht mehr zur Verfügung stellt. Stellen Sie sicher, dass Sie der Gemeindeleitung die Vorteile beschreiben, die es für die ganze Gemeinde hat, wenn Sie Ihre Vision vorstellen, und betonen Sie, dass Sie es gut machen wollen.

Lori aus der *West Springs Church* in St. Louis, Missouri, hat genaue Vorstellungen davon, wie sie die jährliche Gelegenheit nutzen will, um der gesamten Gemeinde ihren Dienstbereich vorzustellen: „Unsere Vorstellung vor der Gemeinde muss das Reich Gottes fördern, atemberaubend, kreativ, gut einstudiert, informativ, präzise, voller Vision und Begeisterung und aufrichtig sein sowie Spaß machen. Wir wissen, dass wir nur einen Versuch haben, um die Herzen der Gemeinde mit unserer Vision für unseren Dienst zu erreichen, deshalb ist etwas Mittelmäßiges oder Unvorbereitetes nicht ausreichend. Das bedeutet nicht, dass es teuer sein muss. Wir haben nur ein kleines Budget, deshalb machen wir uns Gedanken, wie man aus nichts etwas machen kann. Normalerweise haben wir danach einen hohen Zulauf an neuen Mitarbeitern."

Loris letzter Satz ist wichtig – der kurze Zeitraum, den ihr Team vor der Gemeinde steht, hat sich als ausgezeichnetes Mittel zur Gewinnung von Mitarbeitern erwiesen. Egal, ob Sie dies auf irgendeine Weise beeinflussen oder nicht – die meisten Mitglieder Ihrer Gemeinde nehmen Ihren Dienstbereich auf eine bestimmte Weise wahr – eine Weise, die ihren Beitrag dazu leistet, wie einfach oder schwierig es für Sie ist, Mitarbeiter zu gewinnen. Es steht viel auf dem Spiel, wenn Sie Werbung für Ihre Vision machen, aber das Ergebnis lohnt jede Stunde, die Sie mit der Vorbereitung dafür verbringen.

Mitarbeiter für besondere Veranstaltungen

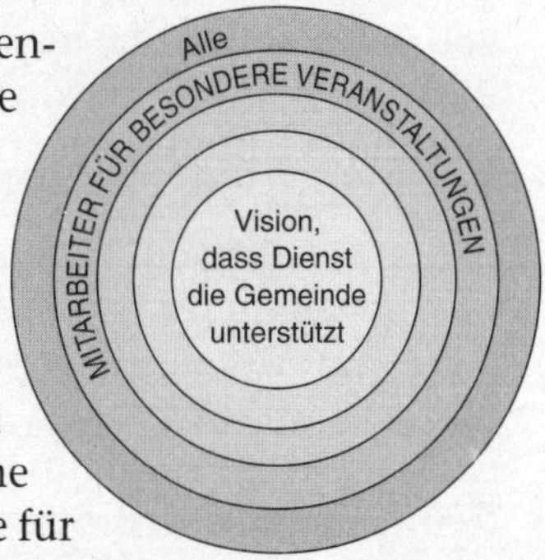

In jeder Gemeinde gibt es Menschen, die überall in der Gemeinde gerne aushelfen, besonders in Ferienzeiten oder wenn es Engpässe gibt. Diese Personen haben ein Herz dafür zu helfen, sind aber vielleicht nicht bereit, sich für eine regelmäßige Mitarbeit zu verpflichten. *Promiseland* hat eine Vision und eine wertvolle Aufgabe für diesen Menschentypen, weil wir, wie Sie sich erinnern, keinen ehrenamtlichen Mitarbeiter wegschicken.

Wir geben beispielsweise unseren regelmäßigen treuen Mitarbeitern die Chance, sich zehn Wochen (zwischen Ende Juni bis September) freizunehmen. Das schafft jedes Jahr große Engpässe, weil viele Mitarbeiter ersetzt werden müssen. Deshalb machen wir im Frühjahr Werbung für unsere Vision und appellieren an die ganze Gemeinde, uns im Sommer zu helfen. Diese Werbemaßnahme richtet sich vor allem an Personen, die bereit sind, über eine besondere und wichtige Gelegenheit zum Dienst nachzudenken – sich nämlich als Mitarbeiter für besondere Veranstaltungen einzubringen.

Jedes Jahr im Mai sagen wir unseren Gemeindemitgliedern: „Wir müssen unseren ehrenamtlichen Mitarbeitern etwas Erholung gönnen. Sie haben 42 Wochen mit den Kindern verbracht und sie brauchen Zeit zum Auftanken. Wir brauchen deshalb jede Woche einige von euch, die uns helfen. Dadurch dient ihr der gesamten Gemeinde, weil die regelmäßigen Mitarbeiter auf diese Weise Pause machen können, aber die Türen von ‚Promiseland' weiterhin offen bleiben – besonders für Familien, die ‚Willow Creek' in der Sommerzeit besuchen. Vielleicht könnt ihr ein Baby halten, witzige Lieder singen oder euch mit einer kleinen Gruppe von Kindern hinsetzen und eine biblische Geschichte hören. Egal, was es ist, ihr könnt die Hände, Füße und Herzen sein, die in diesem Sommer unsere Räume für eine

Stunde in der Woche beleben, so lange, bis unsere ehrenamtlichen Mitarbeiter wieder zurückkehren. Und so sieht der nächste Schritt aus …"

1:6 erwachsene Mitarbeiter

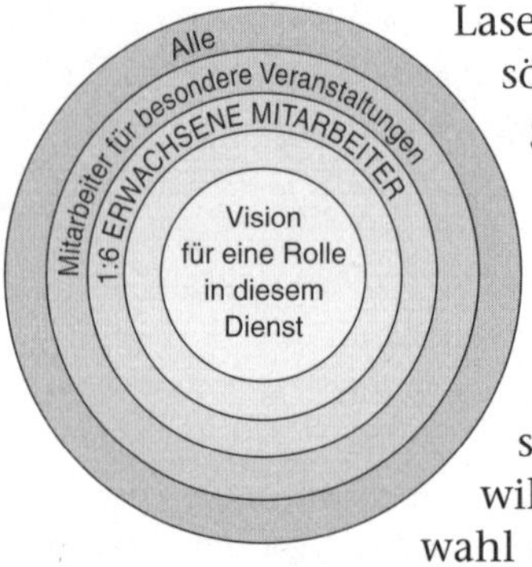

Lasen Sie uns in Bezug auf den persönlichen Einsatz eine Ebene tiefer gehen und Einzelpersonen ansprechen – in erster Linie Eltern. Denken Sie noch einmal an meine Geschichte vom Baseball-Trainer, der uns anschaute und im Prinzip sagte: „Hey Leute, das sind eure Kinder. Also tut was." Ich will Ihnen damit nicht diese Wortwahl empfehlen, aber es geht mir um die dahinter stehende Haltung. *Promiseland* wendet sich regelmäßig an die Eltern und sagt: „Wir haben bemerkt, dass ihr regelmäßig unsere Gemeinde besucht. Wie gefällt es euch? Wir haben für euch eine besondere Möglichkeit, euch für euer Kind zu engagieren …"

Auch wenn viele Eltern an diesem Punkt nicht bereit sind, Verantwortung für eine größere Zahl von Kindern zu übernehmen, werden sie darüber nachdenken. „Mein Kind ist mir wichtig, deshalb möchte ich gerne helfen." Für Eltern sind der wichtigste Teil der Vision ihre eigenen Kinder. Aus diesem Grund habe ich mich für diese Baseball-Organisation engagiert – weil mein Kind spielen wollte und ich verstanden habe, dass ich eine unterstützende Rolle spielen konnte, um das Programm auf Dauer zu ermöglichen. Und wir hatten einen Trainer, der definitiv keine Angst hatte, uns darum zu bitten.

In unserem Team haben wir beschlossen, dass wir Eltern bitten können, alle sechs Wochen einmal mitzuhelfen – was auch mit den vollsten Terminkalendern zu vereinbaren ist. Dafür rufen unsere ehrenamtlichen Mitarbeiter die Eltern der Kinder an, die *Promiseland* regelmäßig besuchen. Natürlich sind nicht alle diese Telefonanrufe gleichermaßen erfolgreich. Ich habe die verschiedensten Methoden ausprobiert – im Folgenden finden Sie drei Möglichkeiten. Wählen Sie diejenige aus, die für Sie am Erfolg versprechendsten aussieht (Tipp: Nur eine wird funktionieren!).

Die Bestechungs-Methode

„Hallo, Herr Meier. Ich arbeite mit Ihrem Sohn Daniel in der Gruppe der Fünfjährigen. An diesem Wochenende fiel mir Ihre große Vorliebe für Kaffee auf. Wie wäre es, wenn ich Ihnen alle sechs Wochen im Raum der Fünfjährigen einen großen Latte Macchiato mit extra viel Milchschaum servieren würde, und alles, was Sie dafür tun müssten, wäre, nur zu kommen und mir zu helfen. Was sagen Sie dazu? Okay, und was wäre, wenn ich dazu noch eine Schachtel Doughnuts spendieren würde?“

Die Schuld-Methode

„Nun, Herr Meier, eigentlich widerstrebt es mir, es anzusprechen, aber es sind Ihre Kinder. Wenn Sie nicht gerne Vater sind, hätten Sie sich das vielleicht überlegen sollen, bevor Sie zwei neue Menschenleben in diese Welt setzen. Aber da Sie es nun einmal getan haben, da gibt es etwas, das ich ‚Verantwortung' nennen möchte …“

Die Visions-Methode

„Herr Meier, ich sehe, dass Sie regelmäßig in unsere Gemeinde kommen, und ich möchte herausfinden, wie Sie mit der Art und Weise zufrieden sind, wie wir Ihrer Familie dienen. Prima. Ich rufe außerdem an, um Ihnen zu sagen, dass wir gerne allen Eltern die Möglichkeit geben wollen, zu kommen und ‚Promiseland' mit ihren Kindern zu erleben – als ein erwachsener Helfer. Ein erwachsener Helfer ist ein ehrenamtlicher Mitarbeiter, der alle sechs Wochen mitarbeitet. Das bietet Ihnen die Möglichkeit, einen Blick in die Welt Ihres Kindes zu werfen und sich gleichzeitig zu engagieren.“

Das 1:6-Programm trägt den Eltern Rechnung, indem es ihnen die Gelegenheit gibt, an *Promiseland* teilzunehmen und diese besondere Stunde zu erleben, die Ihre Kinder jeden Sonntag genießen. Bei diesem Telefonanruf machen wir deutlich, dass es um mehr geht, als nur zuzuschauen: „Wir brauchen noch ein weiteres Paar Hände, die den Kindern helfen. Sie leiten nichts. Sie müssen nichts planen. Sie müssen nichts vorbereiten. Sie kommen einfach nur einmal alle sechs Wochen.“

Die meisten Personen, mit denen wir auf diese Weise Kontakt aufnehmen, sagen zu. „Einmal alle sechs Wochen“ ist ein überschaubarer Zeitraum und es geht um eine ziemlich moderate Art des Einsatzes. Das Programm braucht trotzdem eine ernsthafte Planung. Und diese Vorbereitung beginnt mit einer einminütigen Visionsvermittlung am Telefon. Aber der Lohn dieser Bemühungen ist eine Flut neuer ehrenamtlicher Mitarbeiter, die das Potenzial mitbringen, dass sich ihr Engagement unter Umständen auch ausweitet. Um ein weiteres Bild vom Baseball auszuleihen: Wir haben nun viele Läufer am Schlagmal.

Wöchentliche Mitarbeiter

Was ist den Leuten so wichtig, dass sie freiwillig jede Woche in der Arbeit mit Kindern mitarbeiten? Ganz einfach – die Kinder, und nicht nur ihre eigenen. Diese Menschen wollen nicht nur in irgendeinem Dienstbereich mitarbeiten, weil sie eine besondere Leidenschaft dafür haben, Kinder zu erreichen. Sie schauen in ihren Kalender und planen ihre Wochenenden um, weil Gott sie so geschaffen hat, dass es ihre Priorität ist, das Leben von Kindern zu verändern.

Dan ist einer dieser Menschen. Aber er kam nicht einfach so zu *Promiseland*; er brauchte Hilfe, um dorthin zu gelangen. Ein Leiter beobachtete Dan dabei, wie er als Mitarbeiter für besondere Veranstaltungen begann und dann zum 1:6-Mitarbeiter wurde. Bei einem Gespräch sagte der Leiter: „Ich sehe Potenzial in dir, Dan. Macht dir das Spaß?“ Er fragte Dan, ob er sich vorstellen könnte, jede Woche eine Kleingruppe zu leiten. Ein wichtiger Faktor in dieser Geschichte ist die Tatsache, dass Dan im Laufe einer bereits bestehenden Beziehung als Mitarbeiter gewonnen wurde. Er wurde nicht einfach mitten auf dem Flur überfallen oder von jemandem angerufen, den er nicht kannte.

> *„Es ist viel wahrscheinlicher, dass Sie jemanden erfolgreich für die Mitarbeit gewinnen können, wenn diese Person Sie kennt und Ihnen vertraut."*
> *Bill Hybels*

Unser Pastor Bill Hybels sagt, dass persönliche Beziehungen ein Schlüssel für den Erfolg bei der Gewinnung ehrenamtlicher Mitarbeiter sind – genau wie bei der Evangelisation. „Es ist viel wahrscheinlicher, dass Sie jemanden erfolgreich für die Mitarbeit gewinnen können, wenn diese Person Sie kennt und Ihnen vertraut", erklärt er.

Bill schlägt weiterhin vor, den anderen zu einer Tasse Kaffee einzuladen und ihm eine gut durchdachte, persönliche Dienstvision und Einladung zu präsentieren. Er führt das folgende Beispiel an:

„Fred, die 60 Minuten, die ich jeden Sonntag mit den Kindern in ‚Promiseland' verbringe, sind die besten 60 Minuten meiner Woche. Vielleicht kann ich einem Kind, das aus einer Familie stammt, in der noch niemand eine Beziehung zu Gott hat, beibringen, wie es beten kann. Vielleicht kann ich einem Kind aus einer zerbrochenen Familie sagen, dass Gott es liebt. Oder vielleicht kann ich ein ängstliches Kind in den Arm nehmen und ihm sagen, dass es keine Angst haben muss, weil Gott sein Freund ist. Fred, wärst du bereit, einmal mitzukommen – mit mir – und zu sehen, was Gott in ‚Promiseland' tut?"[17]

Manche Menschen arbeiten von Anfang an jede Woche mit; andere wachsen schrittweise in diese Häufigkeit hinein. Egal, auf welchem Weg sie kommen: Sie investieren sehr viel Zeit. Ich fragte Dan nach seinen Erfahrungen. Er sagte: „Für mich war es nicht einfach, mich für jede Woche zu verpflichten. Auf der einen Seite musste ich abwägen, was das für mein Familienleben an den Wochenenden bedeutete. Wir hatten ein Boot und verbrachten als Familie tolle Stunden darauf. Meine Kinder waren Mitglieder in Fußballmannschaften und mussten immer spielen. Und ich bin Verkäufer von Beruf und muss auch am Wochenende arbeiten."

Aber der Leiter, der mit ihm sprach, sagte weise: „Dan, nur du kannst diese ganzen Dinge beurteilen. Bete einfach und sieh, was Gott dir zeigt."

Dan erzählte: „Als ich betete, fing diese Möglichkeit an, unwiderstehlich auf mich zu wirken. Ich wollte als Kleingruppenleiter das Leben von zehn Kindern positiv beeinflussen. Ich konnte einfach nicht mehr davon loskommen. So sagte ich ja. Tatsache ist, dass unsere ganze Familie anfing, in ‚Promiseland' mitzuarbeiten. Für uns alle war es erstaunlich zu sehen, dass es uns gar nicht so viel ausmachte, nicht mehr jedes Wochenende auf dem Boot zu verbringen. Und die Kinder wollten nicht mehr zu so vielen Fußballspielen gehen, somit wurde unsere Terminplanung etwas leichter. Wie sehr wir davon innerhalb der Familie profitierten, war die Bemühungen mehr als wert, unseren Terminkalender umzustrukturieren."

Dans Geschichte ist typisch für Menschen, die sich entscheiden, Teil einer begeisternden Vision zu werden. Denken Sie nur daran, dass Mitarbeiter, die wöchentlich im Einsatz sind – egal, ob sie eine Kleingruppe leiten, in der Band spielen, organisatorische Aufgaben übernehmen oder zu einem Schülerteam gehören –, regelmäßig die Bestätigung brauchen, dass ihr Dienst wichtig ist. Sagen Sie ihnen also oft, dass das, was sie tun, wirklich wichtig ist, und dass ihretwegen eines Tages manche Kinder im Himmel sein werden. Und achten Sie darauf, dass ihr Puzzleteil in den Dienstbereich passt und dass es auch auf Dauer passt. Coaches betreuen ihre Leute, um sicherzustellen, dass sie auf Dauer am richtigen Platz sind. Menschen, die dieses Maß an Einsatz zeigen, brauchen und verdienen persönliche Begleitung und Betreuung.

Kern-Mitarbeiter

Im Laufe der Zeit passiert etwas Großes mit den meisten hingebungsvollen Mitarbeitern, die sich regelmäßig jede Woche engagieren. Sie gehen nämlich noch einen Schritt weiter, indem sie zu Kern-Mitarbeitern werden – zum Coach, der für andere Leiter verantwortlich ist, zum Leiter eines Raumes oder möglicherweise sogar zu einem Mitglied des Leitungsteams des gesamten Dienstbereichs. Diese Personen sagen irgendwann: „Ich nehme nicht nur an dieser Vision teil, ich mache mir diese Vision zu Eigen. Ihr könnt auf mich zählen. Ich bleibe auf Dauer hier.“ Und so werden sie zu denen, die die begeisternde Vision aufrechterhalten.

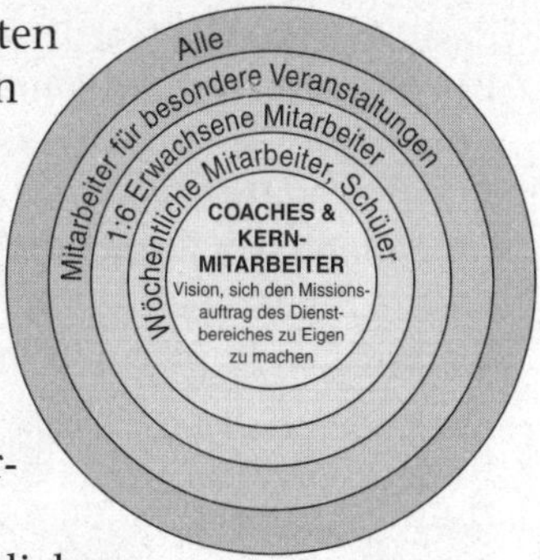

Was bewegt einen ehrenamtlichen Mitarbeiter zu einem solchen Schritt? Ich fragte unseren Freund Dan. Er sagte: „Ich wusste, dass ich als Kleingruppenleiter einen positiven Einfluss auf das Leben dieser Kinder nehmen kann, und das war toll. Aber dann forderte mich einer der leitenden Mitarbeiter dazu heraus, selbst ein Coach zu werden.“ (In *Promiseland* leitet und begleitet ein Coach andere erwachsene Leiter; als Coach hat man die höchste Ebene als ehrenamtlicher Mitarbeiter erreicht.)

„Als ich begann, als Coach zu arbeiten“, fügte Dan hinzu, „verstand ich, dass ich nun die Wirkung meines Dienstes vervielfältigen würde. Ich investierte mich in zehn leitende Mitarbeiter, von denen sich jeder um zehn Kinder bemühte.“ Wenn man dem richtigen ehrenamtlichen Mitarbeiter die richtige Vision vermittelt und er die Bedeutung einer Schlüsselrolle erkennt, dann wird sein Dienst dadurch gestärkt. Diese Visionsvermittlung und Einladung, zum Kern eines Dienstbereichs dazuzustoßen, sind dann besonders glaubwürdig, wenn sie einer der wichtigen Leiter übernimmt.

Das Bild der aufeinander liegenden Kreise illustriert das Ziel, das wir primär verfolgen, wenn wir unseren Traum auf unterschiedliche Weise weitergeben – wir wollen Menschen durch verschiedene Stadien des persönlichen Engagements führen. Natürlich muss sich dieser Weg an Gottes Richtungsweisung orientieren. Auf dem Weg profitieren jedoch Kinder von einem starken Dienst, weil jeder auf der Ebene der Vision mitarbeitet, die genau zu ihm passt.

Noch ein letzter Blick zum Baseball. Eine weitere Lektion, die ich lernte, ist, dass Baseball eine Teamsportart ist – und dass zu einem „Team“ auch die Eltern gehören. Wir verkauften zusammen Schokoriegel, stapelten Saftkisten und arbeiteten an der Anmeldung. Und wenn Sie den Traum Ihres Dienstbereichs mit dem Rest der Gemeinde teilen, ist dies auch eine Teamsportart.

Kinder profitieren von einem starken Dienst, weil jeder auf der Ebene der Vision mitarbeitet, die genau zu ihm passt.

Zu bestimmten Gelegenheiten muss der Leiter des Dienstbereichs die Vision vermitteln. Zu anderen Zeiten machen verschiedene Mitarbeiter des Dienstes Werbung für die Vision – und erzielen hoffentlich einen Treffer. Aber damit eine Arbeit mit Kindern auf Dauer erfolgreich sein kann, muss ein steter Strom neuer Leute die Vision aufnehmen. Das bedeutet, dass mehrere Personen in Ihrem Dienstbereich für die Gewinnung neuer Mitarbeiter zuständig sein müssen – und ständig Ausschau halten müssen, mit wem sie eine strategische Tasse Kaffee trinken können.

Ohne Zweifel ist die Gewinnung neuer Mitarbeiter ein langes Spiel und es kostet eine Menge Arbeit. Aber das ist keine Überraschung für Gott. Zum Glück verrät uns Jesu das Geheimnis, wie man dieses Spiel mit einer Gewinnerwartung spielen kann: „Hier wartet eine reiche Ernte, aber es gibt nicht genug Menschen, die helfen, sie einzubringen. Bittet den Herrn, dem diese Ernte gehört, dass er die nötigen Leute schickt“ (Matthäus 9,37–38).

7 Wichtige Lektionen

Vom Umgang mit Mitarbeitern

Eines meiner Lieblingsbücher ist „Kinderbriefe an den lieben Gott“ von Stuart Hample und Eric Marshall. Ein Brief stammt von Ginny, die Gott bittet, zwischen Weihnachten und Ostern einen zusätzlichen Feiertag einzuführen. Ihre Begründung ist einfach: „In dieser Zeit gibt es nichts Gutes.“[18] Jeder, der von Januar bis April in Chicago lebt, teilt diese Ansicht von ganzem Herzen. Es ist im Allgemeinen kalt, windig und grau – und das sind dann schon die schöneren Tage.

Um diese „meteorologisch herausfordernde“ Zeit im Kalender etwas wärmer zu gestalten, nehmen wir uns in *Promiseland* an einem Wochenende im Februar oder März Zeit, um unseren Mitarbeitern auf besondere Weise zu danken. Die Kinder veranstalten Partys für ihre Kleingruppenleiter, wir bringen etwas zu essen mit und bitten sogar die Eltern, an den Feiern teilzunehmen. In einem Jahr machten wir durch einen Artikel im gedruckten Wochenendprogramm die ganze Gemeinde auf die Veranstaltung aufmerksam, indem wir die Gründe vorstellten, warum die Kinder die ehrenamtlichen Mitarbeiter so schätzen:

Promiseland feiert an diesem Wochenende seine ehrenamtlichen Mitarbeiter

Was sagen die Kinder über ihre Mitarbeiter?

„Miss Jamie lässt mich alles sagen, ohne mich zu unterbrechen. Ich wünschte, mein Bruder wäre auch so."

(Ein herzliches Dankeschön an alle Kleingruppenleiter, die wirklich zuhören und unsere Kinder lieben.)

„Ich mag die Person, die die ganzen Goldfische [Kekse] in die Schüsseln legt … Sie muss gut im Zählen sein."

(Ein herzliches Dankeschön an alle ehrenamtlichen Mitarbeiter, die schon Stunden vorher kommen oder länger bleiben, um *Promiseland* aufzubauen und zu einem Ort zu machen, den Kinder lieben.)

„Ich mag die Band, vor allem den Typen an der E-Gitarre – echt cool."

(Ein herzliches Dankeschön an alle Musiker, Sänger und Lehrer, die unseren Kindern die Bibel auf kreative und alltagsrelevante Weise vermitteln.)

„Die Frau am Tisch mit den Namensschildchen erinnert sich immer an mich, aber irgendwie vergesse ich ständig ihren Namen."

(Ein herzliches Dankeschön an alle Mitarbeiter, die sich um organisatorische Dinge kümmern und *Promiseland* zu einem sicheren Ort machen, an dem alle viel Spaß haben.)

„Ganz sicher sind heute viele große Leute in ‚Promiseland'!"

(Ein herzliches Dankeschön an alle erwachsenen Ehrenamtlichen und Schüler, auch an die, die während der Woche kommen – ihr macht *Promiseland* für alle zur besten Stunde der Woche … ohne euch wäre das nicht möglich!)

Nun ist es an Ihnen. Bitte danken Sie den ehrenamtlichen Mitarbeitern, wenn Sie Ihre Kinder nach diesem Gottesdienst in *Promiseland* abholen. Man entdeckt sie ganz leicht – es sind die etwas größeren Leute.

Wissen warum

Manchmal kann es so richtig erfrischend sein, aus der Sicht von Kindern zu hören, wie sie *Promiseland* finden! Können Sie sich vorstellen, wie geehrt sich die Mitarbeiter fühlten, die jede Woche Goldfischchen in die Schüsseln füllten? Und sie dachten, niemand würde es bemerken!

Für mich als Leiterin von *Promiseland* ist es wichtig zu wissen, wie es unseren Mitarbeitern mit ihren Aufgaben geht. Viele kommen treu Jahr für Jahr, was ein gutes Zeichen ist. Aber als Leiterin, die immer dazulernen möchte, frage ich mich natürlich, warum das der Fall ist. Also lud ich eine Gruppe altgedienter Mitarbeiter ein, die zehn oder mehr Jahre Erfahrung in der Mitarbeit hatten, und bat sie, mir eine Frage zu beantworten: „Warum arbeitet ihr in ‚Promiseland' mit?" Hier ein Auszug aus ihren Antworten:

- „Ich mag die anderen Leiter sehr, mit denen ich in einem Raum zusammenarbeite."
- „Ich bekomme meine wöchentliche Dosis Liebe."
- „Das Wissen, dass uns die Eltern das Wichtigste anvertrauen, das sie im Leben haben."
- „Es ist definitiv die beste Stunde in *meiner* Woche!"
- „‚Promiseland' ist ein Ort, an dem man als Mensch wichtiger ist als die Aufgabe."
- „Es ist toll, die Lebensveränderung bei den kleinen Persönchen zu sehen."
- „Weil in Wahrheit die Leute von ‚Promiseland' uns dienen."

Es war gar nicht so schwer, bei dieser hingebungsvoll arbeitenden Gruppe von Mitarbeitern Gründe für ihre Mitarbeit zu finden – ich musste nur fragen. Und mir gefällt, dass jeder Grund sehr persönlicher Natur ist. Warum Mitarbeiter *Promiseland* jedoch verlassen ist nicht ganz so einfach in Erfahrung zu bringen. Aber dieses Wissen kann sehr wertvoll sein – und vielleicht noch wichtiger, wenn diese Gründe die Realität und Qualität des Dienstes widerspiegeln, in den wir Menschen einladen wollen. Wenn wir keine Probleme haben, Mitarbeiter zu gewinnen (mit einer Vision, die genau zu ihnen passt), dann müssen wir uns genauso bewusst Gedanken machen, wie wir uns um die Betreffenden kümmern, wenn sie erst einmal an Bord sind. Wenn das nicht gewährleistet ist, sind die Folgen vorhersehbar – die Mitarbeiter verlassen das Boot.

Vier Lektionen zur Behandlung von Mitarbeitern

Im Laufe der Jahre habe ich fast jeden nur möglichen Fehler gemacht. Ich habe alles, was ich dabei gelernt habe, in vier Lektionen unterteilt, wie man die Leute behandeln sollte, die in einen Dienst einsteigen. Diese Lektionen sind das Resultat von vielen Jahren Arbeit mit ehrenamtlichen Mitarbeitern, die mich gelehrt haben, dass es vier große Problembereiche gibt, die ein erfolgreiches Arbeiten mit Sicherheit behindern. Ich neige dazu, diese vier Bereiche als „Monster“ zu bezeichnen, die sich unbemerkt in unseren Dienst einschleichen können. Jedes von ihnen hat eine einzigartige Strategie, wie es den Leuten einen Dämpfer versetzt. Und jedes schadet dem Dienst so lange, bis die Leiter aufmerksam auf die persönlichen Bedürfnisse der Mitarbeiter achten und entsprechend darauf eingehen. Vielleicht haben Sie schon gesehen oder gespürt, wie viel Schmerz

diese Monster verursachen können, aber jetzt ist es an der Zeit, ihnen offen den Kampf anzusagen. Im Rest dieses Kapitels werden die Monster für sich selbst sprechen – gefolgt von einem Plan, wie wir sie loswerden können.

Gebraucht und Missbraucht

Hallo, ich bin Gebraucht und Missbraucht. Ja, so heiße ich – Gebraucht und Missbraucht. Und niemand versteht ehrenamtliche Mitarbeiter so gut wie ich. Ich sehe sie, wie sie wirklich sind – echte Menschen mit echten Bedürfnissen. Aber wie steht es mit den Leitern ihres Dienstes? Für sie sind Mitarbeiter einfach nur Arbeitsameisen, die Dreck von einem Haufen zum anderen schleppen. Und der einzige Grund, aus dem Leiter froh sind, ihre Mitarbeiter am Sonntag zu sehen, ist der, dass diese Leute bereit sind, etwas für sie zu tun.

Leiter sagen: „Guten Morgen, ich freue mich, dich heute zu sehen." Doch eigentlich meinen sie: „Guten Morgen, ich bin so froh, dass ich dich gebrauchen kann, um meinen Job zu erledigen. Die Doughnuts da drüben sind nur für den Fall, dass deine Akkus leer werden. Nun mach dich wieder an die Arbeit, du Faulenzer." Ehrenamtliche Mitarbeiter werden gebraucht und missbraucht. Ganz wie ich. Wir sollten uns zusammentun, damit wir endlich merken, dass wir uns das nicht gefallen lassen müssen. Sie wissen ja, niemand versteht ehrenamtliche Mitarbeiter so gut wie ich.

Lektion 1: „Wertschätze mich"

Ehrenamtliche Mitarbeiter sind clevere Menschen – und das nicht nur, weil sie die Arbeit mit Kindern als den Ort auswählen, an dem sie ihre Gaben und Talente einsetzen wollen! Sie erkennen den Unterschied zwischen einem Dienstbereich, der sie wirklich wertschätzt, und einem, der einfach erleichtert ist, dass die Arbeitslast auf weitere Schultern verteilt ist. Um dieses niederträchtige Monster namens „Gebraucht und Missbraucht" aus einem Dienst zu vertreiben, müssen Leiter auf allen Ebenen erkennen, dass jeder Mitarbeiter sagen möchte: „Wertschätze mich. Bitte gib mir nicht das Gefühl, dass du mich einfach nur bittest, am

Sonntagmorgen zu kommen, damit du mich gebrauchen kannst, um deinen Dienst zu erledigen."

Ein klares Zeichen dafür, dass die Lektion „Wertschätze mich" ernsthaft beachtet werden sollte, ist, wenn die Mitarbeiter mit dem Wort „dein" über den Dienst sprechen. Wenn Personen das Gefühl haben, dass ihre Arbeit nicht wichtig ist, dann distanzieren sie sich davon, sich mit irgendeinem Teil des Dienstes zu identifizieren – und dann glänzen die Pronomen „wir, unser und uns" durch verdächtige Abwesenheit. Das ist jedoch ein Zeichen für ein lösbares Problem, also lassen Sie uns sehen, wie es zu lösen ist.

Jesus erinnerte Menschen häufig an ihren hohen Wert. Das sehen wir beispielsweise im Gleichnis in Lukas 15, wo es um ein verlorenes Schaf, eine verlorene Münze und einen verlorenen Sohn geht. In der Geschichte von Maria und Martha macht er deutlich, dass Menschen wichtiger sind als die Arbeit, die sie erledigen. Jesus lebte außerdem in seinem eigenen Team vor, wie man Mitarbeiter wertschätzt – denken Sie nur daran, wie viel Zeit er mit ihnen alleine verbrachte statt in der großen Menge. Diese Jünger müssen sich sehr geehrt gefühlt haben, dass Jesus ihnen so großzügig viel von seiner kostbaren Zeit widmete.

Jesus erinnerte Menschen häufig an ihren hohen Wert.

Leiter können auf vielerlei Weise dazu beitragen, dass sich Menschen wertgeschätzt fühlen. Loben Sie von sich aus und oft. Machen Sie es zur Normalität in Ihrem Dienst, jedem Mitarbeiter, der am Sonntag kommt, zu danken und ihm Ihre Wertschätzung auszudrücken. Ich liebe es, wenn ich am Wochenende leitende Mitarbeiter so einfache Worte sagen höre wie: „Ich weiß es zu schätzen, dass du das zu einer Priorität in deinem Leben gemacht hast", oder: „Wir könnten das ohne dich gar nicht tun", oder: „Danke, du hast heute wirklich etwas für das Reich Gottes bewegt!"

Manche Mitarbeiter sprechen mehr auf die richtigen Fragen an. Pat arbeitet schon seit langem in unserer Kleinkindbetreuung mit. Sie beschreibt, was ihr das Gefühl vermittelt, wirklich geschätzt zu werden: „Unsere Coaches sind fantastisch, wenn es darum geht, während unserer Arbeit vorbeizuschauen, uns zu fragen, wie es uns gerade geht, darauf zu achten, dass alles im Raum seinen geregelten Gang geht, und uns zu fragen, ob wir mehr Unterstützung oder Materialien brauchen", sagt sie. „Schon allein dieses Nachfragen gibt uns das Gefühl, die wichtigsten Menschen der Welt zu sein."

Um alle Ihre ehrenamtlichen Mitarbeiter zu würdigen, könnten Sie beispielsweise am Ende des Dienstjahres oder des Kalenderjahres eine Party veranstalten. Oder mitten im Jahr ein Dankwochenende für die Mitarbeiter planen. *Promiseland* investiert viel Zeit und Kreativität in diese Veranstaltungen und das Resultat ist es wert – Gebraucht und Missbraucht sind nämlich nirgendwo zu finden.

In ihrem Buch *Leadership Skills* listet Emily Morrison die neun wichtigsten Gründe auf, aus denen Menschen ihre ehrenamtliche Mitarbeit niederlegen.[19] Es überrascht eigentlich nicht, dass vier der neun Gründe damit zu tun haben, dass Mitarbeiter das Gefühl haben, nicht wertgeschätzt zu werden. Ich öffne Gebraucht und Missbraucht in einem Dienst Tür und Tor, wenn ich nicht sorgfältig zuhöre, wo sich neue Leute engagieren wollen, und wenn ich aufhöre, den Mitarbeitern zuzuhören, nachdem sie angefangen haben zu arbeiten. Wenn Mitarbeiter das leben sollen, was Paulus in seinem 1. Brief an die Korinther fordert – „Werdet fest und unerschütterlich in eurem Glauben und tut stets euer Bestes für die Sache des Herrn. Ihr wisst, dass der Herr euren Einsatz belohnen wird" (1. Korinther 15,58) –, dann muss ich ihnen sagen und zeigen, dass sie und alles, was sie tun, wertvoll sind.

Isolation

Hallo, mein Name ist Isolation. An mir ist an sich nichts schlecht, ich bin nur süchtig nach Einsamkeit. Nicht nach meiner – nach der von Ihren Mitarbeitern. Ich schüre sie sogar noch. Zuerst ist es nur ein kleiner Imbiss von Zeit zu Zeit, aber bald wächst der Hunger. Und schließlich bin ich erst dann zufrieden, wenn so viele Leute wie möglich völlig isoliert sind. Wie kann ich einem Dienst schaden, indem ich den Mitarbeitern das Gefühl gebe, alleine zu sein? Gute Frage.

Viele meiner Kollegen suchen nach offensichtlicheren Schwä-

chen: Unehrlichkeit, sexuell unangemessenes Verhalten; Sie wissen schon, die großen Hämmer. Das ist der Unterschied zwischen ihnen und mir. Sie wollen, dass die Mitarbeiter aus dem Dienst hinausgeworfen werden. Ich will sie dazu bringen, von sich aus zu gehen. Es stimmt, dass Isolation viel subtiler ist, aber meine Theorie besagt: Egal, was jemand sagt, niemandem gefällt das Gefühl, alleine zu sein. Ich weiß, dass ich es jedenfalls nicht mag. Alleine in einem Dienst vor sich hinzuarbeiten macht keinen Spaß. Und wenn ein Mitarbeiter erst einmal dieses Stadium erreicht hat, ist die logische Konsequenz für ihn, den Dienst niederzulegen. Unterschätzen Sie Isolation nicht. Sie mag eine vergessene Kunst sein, aber sie plant ihr Comeback.

Lektion 2: „Binde mich ein"

Ehrenamtliche Mitarbeiter wollen von anderen gekannt werden und die Menschen kennen, mit denen sie zusammenarbeiten. Beziehungen sind der Schlüssel zu einer Einheit, durch die sich Mitarbeit eher als Mithilfe bei einem Familienprojekt statt als pflichtbewusstes Abarbeiten von Aufgaben anfühlt.

Denken Sie auch hier wieder daran, wie Jesus den Wert der Verbundenheit mit seinen Jüngern vorlebte. Er war viel mit ihnen unterwegs und unterhielt sich mit ihnen. Sie aßen gemeinsam. Sie fuhren zusammen auf dem Boot. Sie versahen ihren Dienst gemeinsam. Jesus erlaubte der Isolation nicht, in seinem Team Fuß zu fassen. In Johannes 17, Verse 6 bis 19 können wir Jesu abschließendes Gebet für sein Team nachlesen, in dem er vor allem für ihre Einheit betet. Und warum? Um es in seinen Worten zu sagen: „Ich sage dies alles, solange ich noch bei ihnen in der Welt bin, damit meine Freude ihnen in ganzer Fülle zuteil wird“ (Vers 13).

Gemeinschaft trägt dazu bei, dass die Betreffenden Gottes volles Maß an Freude erleben, weil kein Mitarbeiter anonym bleiben möchte. Sie wollen, dass ihre Leiter sie kennen, und sie wollen andere kennen und von anderen gekannt werden. Was spricht dagegen, zu einem Team zu gehören, von dem man, wenn man den Raum betritt, begrüßt und gefragt wird: „Wie geht es dir? Schön, dass du da bist!“ Freude, Lachen und eine Gemeinschaft, in der alle einander kennen – sollte das nicht für alle unsere Dienste erstrebenswert sein?

Gemeinschaft trägt dazu bei, dass die Betreffenden Gottes volles Maß an Freude erleben, weil kein Mitarbeiter anonym bleiben möchte.

Aber dem Wunsch nach Einbindung in Gemeinschaft zu entsprechen, das geschieht nicht von selbst – die Organisation eines Dienstes spielt dabei eine wichtige Rolle. Kleingruppen für die erwachsenen Kleingruppenleiter sind ein guter Anfang, weil sie sicherstellen, dass diese hingebungsvollen Mitarbeiter einen Ort haben, an dem sie sich zugehörig fühlen und an dem sie dieselbe Art von Begleitung erhalten, die sie den Kindern ständig geben. Dienstteams für Organisatoren, Kreativmitarbeiter, Musiker und andere bringen dasselbe Ergebnis – Menschen engagieren sich gemeinsam, statt einfach nur nebeneinander her zu arbeiten.

Linda, eine weitere treue *Promiseland*-Mitarbeiterin, hat Dienstteams, die jeweils an bestimmten Tagen unter der Woche in die Gemeinde kommen, um bestimmte organisatorische Aufgaben zu erledigen und die Materialien für die Einheiten des kommenden Wochenendes in Plastikwannen und Kisten zu packen. Jedes Mitglied dieser Teams identifiziert sich mit dem Team des jeweiligen Wochentages (beispielsweise Dienstagsteam), jedes Team besteht aus treuen Mitarbeitern, und jedes genießt regelmäßig Gottes volles Maß an Freude, weil alle im Team zusammenarbeiten. Die ehrenamtlichen Mitarbeiter der *Antioch EV Free Church* in

Antioch, Illinois, entwickelten ihre eigene Version dieser unter der Woche arbeitenden Teams und nannten sich „Kistenschätzchen“!

Natürlich braucht es mehr als einen eingängigen Namen, um das Bedürfnis des Eingebundenseins zu erfüllen. Man muss bewusst und immer wieder Zeit für Gespräche finden, die nichts mit der Aufgabe des Teams zu tun haben. Die VIP-Behandlung bei den Treffen der Kleingruppenleiter (die ich in Kapitel 5 beschrieben habe) schließt immer auch Zeit ein, in der die Mitarbeiter persönliche Themen und Gebetsanliegen zur Sprache bringen können. Selbst wenn die gemeinsame Zeit eingeschränkt ist, treffen sich die Teammitglieder doch an 42 aufeinander folgenden Wochen im Jahr, was die Gespräche im Laufe der Zeit tief gehender werden lässt. Und wenn im Leben eines Teammitglieds irgendetwas Bedeutendes passiert, dann hat das Team so viel Kapital an Gemeinschaftsgefühl angehäuft, dass es dieses Teammitglied unterstützen kann. Ich höre immer wieder, dass Mitarbeiter ihr Team als ihre Familie beschreiben.

Dienstbeziehungen stehen in einem starken Gegensatz zur Realität, in der sich viele Menschen im Berufsalltag alleine fühlen. Die Leute wollen am Arbeitsplatz oft nicht über das sprechen, was wirklich in ihnen vorgeht. Es ist an der Tagesordnung, dass man den Schein wahrt, und so gewinnt die Isolation eigentlich immer.

Aber man sollte ihr in einem gemeindlichen Dienst keinen Sieg gönnen. Oft ist ein Paradigmenwechsel notwendig, um Kleingruppen für leitende Mitarbeiter oder Dienstteams für jede Position aufzubauen, und es kostet Zeit, dies zu tun. Ich gebe zu, dass es auch bei uns eine Weile dauerte, aber schließlich schloss ich mich den Mitarbeitern an, die sagten: „Binde mich ein“, und so nahmen wir große Veränderungen vor. Nun ist die Isolation bei uns wieder eine vergessene Kunst.

Machtmenschen

Hallo, du, ich bin der gigantische Machtmensch! Mein Job ist es, Mitarbeitern das Gefühl zu vermitteln, dass sie überhaupt keinen Einfluss haben. Ich liebe es, wenn sie sagen: „Jeder entscheidet alles ohne mich! Niemand fragt mich je nach meiner Meinung!" Meine erste Aufgabe besteht immer darin, die Leiter glauben zu lassen, dass Mitarbeiter zu schwach, schlapp und kümmerlich sind, um für irgendetwas gut zu sein. Wen kümmert es schon, wenn Mitarbeiter Entscheidungen in Bezug auf ihren Dienst mittreffen wollen, die Leiter ihnen aber keine Chance geben? Selbst passive Aggression kommt mir gelegen – beispielsweise einfach „vergessen", den Mitarbeitern Informationen über Veränderungen zu geben oder dies erst tun, wenn es für sie bereits zu spät ist, einen Beitrag dazu zu leisten, oder ihnen nicht zu sagen, dass es da ein neues Buch voller Vision für eine bessere Arbeit mit Kindern gibt, denn sie könnten es ja wagen zu fragen, ob sie neue Ideen einbringen dürften. [Okay, das Letztgenannte habe ich eingeschmuggelt! Sue]

Für die Mitarbeiter werden also alle Entscheidungen getroffen, weil ich sicherstelle, dass der große, starke Leiter des Dienstbereiches alles entscheidet! Ich stelle außerdem sicher, dass Mitarbeiter nie erfahren, warum Veränderungen vorgenommen werden.

Lektion 3: „Beziehe mich ein"

Der Machtmensch ist ein ganz besonderes Wesen, weil er seine ganze schmutzige Arbeit bei den hauptamtlichen und leitenden Mitarbeitern eines Dienstes macht, statt die ehrenamtlichen Mitarbeiter persönlich anzugehen. Ich glaube nicht, dass jemand bewusst einen Posten in der Arbeit mit Kindern antritt, weil er Macht erlangen will, aber die Versuchung ist immer da. Jeder, der irgendwo angestellt wird, ist dafür verantwortlich, Ergebnisse zu liefern, und das macht ihn empfänglich für die Versuchung, die Tür zu öffnen, wenn der Machtmensch anklopft. Gedanken über die Frage der Einbeziehung von ehrenamtlichen Mitarbeitern lassen sich leicht beiseite schieben.

Das wichtigste Unterscheidungskriterium zwischen einem ehrenamtlichen und einem bezahlten Mitarbeiter sollte das Wort „bezahlt" sein. Zu oft schleicht sich leider das Wort „Macht" als Teil eines in Anspruch genommenen Vorteilspakets mit ein, ein Graben bildet sich, und verquere Entscheidungen werden getroffen. In einem Dienstbereich werden Strategien entwickelt, ohne die ehrenamtlichen Mitarbeiter einzubeziehen, die praktische Erfahrung in genau diesem Bereich mitbringen. Oder ehrenamtliche Mitarbeiter werden nicht über die Richtung, die ein Dienst nehmen wird, oder Fortschritte, die er macht, auf dem Laufenden gehalten, weil wir, die hauptamtlichen Mitarbeiter, davon ausgehen, dass die ehrenamtlichen Mitarbeiter sowieso bereits so beschäftigt sind, dass sie nicht auch noch in Leitungsfragen einbezogen werden wollen. Wir ziehen die Bremse unseres Dienstzuges nicht, um sie um ihre Meinung zu fragen, weil wir glauben, dass wir keine Zeit für die ehrenamtlichen Mitarbeiter haben.

Ich wünschte, ich könnte Ihnen sagen, dass ich nichts davon jemals gedacht oder getan habe, aber das stimmt leider nicht. Viel zu oft habe ich gehört, dass meine mangelnde Kommunikation oder das fehlende Einbeziehen ehrenamtlicher Mitarbeiter in Planungen zu Enttäuschungen und Verletzungen auf Seiten der Mitarbeiter geführt haben, mit denen ich eigentlich Seite an Seite arbeiten möchte. Eine florierende Arbeit mit Kindern ist kein Soloakt – und wir können von biblischen Vorbildern lernen, es besser zu machen.

Überlegen Sie nur, wie Jesus seine Jünger einbezog. In der Bibel wird von verschiedenen Gelegenheiten berichtet, bei denen er Zeit damit verbrachte, seinen Jüngern sorgfältig seine Gleichnisse und andere Lehren zu erklären. Jesus bereitete sie auch bewusst auf sein Fortgehen vor. Johannes 16, Verse 16 bis 33 beschreibt, wie Jesus seinen bevorstehenden Tod und seine Auferstehung erklärt – Jesus wollte, dass sein Team wusste, was es von ihm und was es von seiner Rolle zu erwarten hatte.

Als sich Petrus beispielsweise wie ein Versager fühlte, sagte Jesus im Prinzip: „Petrus, komm wieder zurück aufs Spielfeld. Du bist immer noch Teil der Mission, also weide meine Schafe!“ Später in der Apostelgeschichte wird Petrus als eine der herausragenden Persönlichkeiten der frühen Kirche beschrieben – ganz zweifellos hatte er das Gefühl, einbezogen zu sein. Jesus fand auch eine neue Möglichkeit für seine Nachfolger, Teil des Dienstes zu sein, als er sie jeweils zu zweit losschickte, damit sie die Gelegenheit bekamen, den Menschen persönlich zu dienen – mit Sicherheit fühlten sie sich einbezogen. Ich sehe darin das Bestreben Jesu, sicherzustellen, dass seine Nachfolger das Gefühl hatten, sich im Zentrum des Geschehens zu befinden.

> *Jesus stellte sicher, dass seine Nachfolger das Gefühl hatten, sich im Zentrum des Geschehens zu befinden.*

Ehrenamtliche Mitarbeiter in der Arbeit mit Kindern sollten heute dasselbe Gefühl haben. Wenn Sie ein leitender Mitarbeiter sind, dann sollten Sie es bewusst in Ihren Leitungsstil integrieren, andere einzubeziehen. Lassen Sie ehrenamtliche Mitarbeiter in die höchsten Leitungspositionen vorstoßen? Haben Sie zuverlässige Kommunikationskanäle eingerichtet, damit alle Mitarbeiter in Ihrem Dienstbereich informiert sind? Haben Sie es sich zu einer Gewohnheit gemacht, ehrenamtliche Mitarbeiter regelmäßig um ihren Beitrag und ihre Ideen zu bitten?

Nancy, eine langjährige Mitarbeiterin in *Promiseland*, erklärt, was geschieht, wenn Leiter ehrenamtliche Mitarbeiter um ihren Input bitten: „Was mir wirklich das Gefühl vermittelt, in den Dienst einbezogen zu sein, ist, wenn der Verantwortliche unseres Raumes herumgeht und schaut, wie wir zurechtkommen. Aber was ich noch mehr schätze, ist, wenn Sue und Pat [Cimo] von Zeit zu Zeit bei mir vorbeikommen und fragen: ‚Nancy, wie läuft es?' Ich weiß, dass sie wirklich wissen wollen, was funktioniert und was nicht. Sie fragen mich nach meinen Ideen und nach meiner Meinung. Und ich habe festgestellt, dass viele dieser Ideen umgesetzt werden. Sie hören wirklich zu und machen sich wirklich um das Gedanken, was wir hier an vorderster Front erleben."

Neulich habe ich die vermutlich höchste Ebene einer alle einbeziehenden Struktur kennen gelernt. Das Amerikanische Rote Kreuz ist mit über 1,2 Millionen unbezahlten Mitarbeitern die größte Organisation von Ehrenamtlichen im Land, die 97 Prozent der gesamten Arbeitskraft der Organisation stellen. Ich ging davon aus, dass die übrigen drei Prozent – die bezahlten Mitarbeiter – die gesamte Leitungsverantwortung sowie das komplette Management ausmachten. Falsch gedacht. Von der Spitze der Leitungszentren bis zu den einzelnen Ortsgruppen hatte jede bezahlte Führungskraft ein ehrenamtliches Gegenüber, mit dem es die Verantwortung teilte.[20] Dieses Beispiel beweist, dass man ein außerordentlich hohes Niveau erreichen kann, wenn man Mitarbeiter einbezieht.

In der Kinderarbeit der meisten Gemeinden sind hauptamtliche Mitarbeiter äußerst dünn gesät. Wenn das bei Ihnen auch der Fall ist, sollten Sie dennoch überlegen, wie gut Sie im Einbeziehen von anderen sind. Sind es immer die gleichen ein oder zwei Personen, die alle Entscheidungen treffen? Sind die Kommunikationskanäle zwischen der Leitung und dem Rest des Teams intakt? Werden diese Kanäle häufig genutzt?

Was ist, wenn Sie ein ehrenamtlicher Mitarbeiter sind und dies lesen und sich bewusst sind, dass Ihr Bedürfnis, einbezogen zu werden, ignoriert wird? In diesem Fall hätte ich zwei Vorschläge. Zum einen: Schieben Sie Ihre Bedenken nicht beiseite, und tun Sie nicht so, als hätten Sie dieses Kapitel nicht gelesen. Zum anderen: Bitten Sie den Leiter Ihres Dienstes um einen Termin (außerhalb des Dienstes) und sprechen Sie mit ihr oder ihm über Ihre Gefühle. Konzentrieren Sie sich in diesem Gespräch auf das gesteigerte Engagement, das Sie gerne anbieten würden, und was Ihre Mitarbeit dem ganzen Dienstbereich bringen könnte. Aussagen wie: „Ich würde gerne dies und jenes machen“, sind produktiver als: „Sie sollten dies und jenes machen.“ Ich habe so eine Ahnung, dass Ihr Leiter Ihre Hilfe und Ihre neuen Ideen sehr begrüßen wird. Und wenn das geschieht, wird jeder Machtmensch, der sich in den Dienst eingeschlichen hat, ein bisschen schwächer.

Stagnation

Langweilen sich Ihre Mitarbeiter? Ist die Mitarbeit stumpfsinnig? Hat es seinen Glanz verloren, in Ihrem Dienstbereich mitzuarbeiten? Kommen Ihre Mitarbeiter an den Wochenenden unvorbereitet und schütteln sie einfach alles so aus dem Ärmel? Denken sie: „Wenn ich heute nicht mitarbeiten müsste, könnte ich ausschlafen“?

Wenn Sie eines oder mehrere dieser Symptome bei irgendeinem Ihrer Mitarbeiter feststellen, freut es mich. Sie und Hunderte andere wie Sie sind nun in meinen Händen – im Griff der Stagnation. Meine Gegenwart lässt sich an Langeweile, fehlendem Zielbewusstsein und einer wachsenden Abneigung gegen Kinder und Gemeinden erkennen. Ja, ich sagte „Kinder“. Sie wären überrascht, wie ich, die Stagnation, die Einstellung eines Menschen verändern kann. Das führt sogar so weit, dass Ehrenamtliche ihren Dienst schließlich aufgeben und sogar ein Stück ihrer Einstellung auf die Leiter ihres Dienstes übertragen. Das verursacht einen kurzen Moment der Aufregung, aber dann geht alles wieder seinen normalen Gang, die gewohnte Öde zieht wieder ein.

Vielleicht fragen Sie jetzt: „Stagnation, warum willst du uns quälen?" Ich finde diese Frage sehr witzig, weil ich mein Ding schon ziemlich lange durchziehe. Sind Ihnen die gelangweilten Blicke der Kinder jeden Sonntagmorgen nicht aufgefallen? Ich habe schon viele von ihnen in meine Obhut genommen. Nehmen Sie es also nicht persönlich – die Ehrenamtlichen sind einfach die nächsten auf meiner Liste.

Lektion 4: „Fordere mich heraus"

Um die Stagnation davon abzuhalten, sich in Ihrem Dienstbereich häuslich niederzulassen, müssen Sie Ihre ehrenamtlichen Mitarbeiter herausfordern. Das sollte nun keine Überraschung sein, denn nur wenige Menschen wollen über einen längeren Zeitraum immer dasselbe machen. Und „längerer Zeitraum" definiert sich für jeden Menschen anders. Ehrenamtliche Mitarbeiter sollten immer einmal wieder überrascht werden, das Gefühl haben, sich weiterzuentwickeln, und überzeugt sein, dass ihre Mitarbeit das Beste aus ihnen herausholt.

Denken Sie nur daran, wie Jesus dies mit seinen Jüngern praktizierte. Zuerst nahm er ganz normale Leute – Fischer, Steuereinnehmer etc. – und änderte ihre berufliche Laufbahn, um ihnen einen größeren Auftrag für ihr Leben in Aussicht zu stellen. Drei Jahre lang half er ihnen, sich auf verschiedenste Weise weiterzuentwickeln. Sie sahen zu, wie Jesus wunderbare Heilungen vollbrachte, erlebten außergewöhnliche Ereignisse wie die Versorgung von Tausenden von Menschen mit Essen aus einem kleinen Brotzeitpaket, und spürten eine radikale Liebe, die grenzenlos war. Dann standen sie vor der Herausforderung, die ganze Welt zu erreichen. Sie werden in der ganzen Bibel kein Wort darüber finden, dass sich die Jünger langweilten oder sich nicht für den Dienst interessierten. Jesus wusste genau, wann er den Namen eines Jüngers ändern musste, wann er jemanden bitten konnte, alles hinter sich zu lassen, um ihm nachzufolgen, und was er sagen musste, um einen Menschen aufzubauen. Und nachdem er in den Himmel aufgefahren war, gaben Jesu Nachfolger ihr Bestes.

Jesus sah, was in den Menschen steckte. Sollte man in

einem Dienstbereich die Menschen nicht genauso sehen? Alle Menschen sind potenzielle Nachfolger Jesu – das ist doch der Kerngedanke von Evangelisation. Genauso gilt, dass jeder, der sich in der Arbeit mit Kindern engagiert, das Potenzial hat, für das Reich Gottes etwas zu bewegen. Wenn Sie Menschen durch diese Brille sehen, dann steckt ein Dienst plötzlich voller Möglichkeiten.

Jesus sah, was in den Menschen steckte.

Ich weiß, dass der Hauptgrund, warum Mitarbeiter nicht ständig herausgefordert werden, der ist, dass Leiter einfach so dankbar sind, dass die Mitarbeiter überhaupt kommen. Jemanden herauszufordern könnte bedeuten, dass man ihn dadurch vertreibt – es klingt nach Lockvogeltaktik. Tatsache ist aber, dass jemand, der aus den richtigen Motiven heraus in einem Dienstbereich mitarbeiten will – wegen einer Vision, die genau zu ihm passt –, auch bewusst einen Schritt aus den Reihen heraustritt und sich aufs Spielfeld begibt. Es liegt an Ihnen, es zu einem spannenden Spiel zu machen!

Fordern Sie Menschen, die die Gabe der Leitung besitzen, heraus, ihre Leitungsbegabung auszubauen, indem Sie ihnen mehr Verantwortung übertragen. Fordern Sie in Kommunikation begabte Menschen heraus, sich stärker im Plenum zu engagieren. Fordern Sie begabte Organisatoren heraus, neue Vorgehensweisen zu entwickeln, die den Ablauf des Dienstes reibungsloser gestalten. Und wenn Sie diese Zeilen lesen und sich in Ihrer aktuellen Rolle unterfordert fühlen, dann übernehmen Sie die Initiative und fordern Sie mehr. Im Berufsleben ist es an der Tagesordnung, dass man Menschen bittet, ihr Bestes zu geben und ihr Engagement zu steigern, deshalb sollten Sie davor nicht zurückschrecken.

Wir haben in *Promiseland* einen Mitarbeiter namens Dave, der seit 17 Jahren bei uns ist. Alle paar Jahre fordern leitende Mitarbeite Dave heraus, eine neue Rolle zu übernehmen. Manchmal handelt es sich dabei um einen Schritt auf eine neue Leitungsebene, manchmal um einen Schritt auf derselben Ebene in eine neue Position. Er fing als Kleingruppenleiter an, übernahm dann verschiedene Coach-Aufgaben, arbeitete als Koordinator für alles, was mit den

Zweit- bis Fünftklässlern zu tun hatte, und ist nun im Leitungsteam, das unsere Konferenzen organisiert und die leitenden Mitarbeiter von gemeindlicher Arbeit mit Kindern im In- und Ausland betreut. Es wäre ein echter Verlust für unseren Dienst gewesen, hätte irgendjemand in all dieser Zeit gedacht: *Er hat als Coach so ein gutes Team aufgebaut und ich kann ihn nicht verlieren. Ich muss alles daran setzen, ihn auf dieser Position zu halten.*

Dave ist Unternehmer. Er ist jemand, der neue Herausforderungen liebt. Hätte sich Dave irgendwann gelangweilt oder das Gefühl gehabt, dass seine Fähigkeiten nicht genutzt wurden, hätte er vielleicht aufgegeben. Menschen wie Dave gibt es in jeder Arbeit mit Kindern, und sie warten darauf, herausgefordert zu werden. Ich weiß, dass wir in diesem Bereich nicht immer gut waren und dass *Promiseland* manchen Leuten das Gefühl gegeben hat, nicht gefordert zu sein, bis sie sich schließlich zum Gehen entschlossen. Ich kann nicht beurteilen, welchen Einfluss der Griff der Stagnation auf diese Menschen hatte, aber ich kann daran arbeiten, dass die eisigen Finger der Stagnation sich bei uns nicht wieder festkrallen. Und Sie auch.

Wenn Menschen vor Gesundheit strotzen, schlägt das Herz schnell!

Es dauerte viel zu lange, bis ich begriff, dass ich ehrenamtliche Mitarbeiter wertschätzen, einbinden, einbeziehen und herausfordern muss. Aber wenn ich all dies tue, dann bekommen sie Flügel – und *Promiseland* auch. In einem Bereich der Gemeinde, in dem die Zahl der bezahlten Mitarbeiter nur einen Bruchteil der gesamten Arbeitskraft ausmacht, bestimmen die Gesundheit und Zufriedenheit der ehrenamtlichen Mitarbeiter den Herzschlag des Dienstes. Und wenn Menschen vor Gesundheit nur so strotzen, dann schlägt das Herz schnell!

Vier Monster lehrten mich vier wichtige Lektionen, von denen ich froh bin, dass ich sie endlich gelernt habe – auch wenn es in dem jeweiligen Fall nicht besonders viel Spaß gemacht hat. Haben sich diese vier Monster in Ihren Dienst eingeschlichen? Oder müssen Sie sich mit anderen Ungeheuern herumschlagen?

Nur Sie können diese Fragen beantworten, deshalb sollten Sie alles daran setzen, herauszufinden, warum Mitarbeiter bleiben und warum sie gehen. Organisieren Sie dafür ein informelles Mitarbeitertreffen. Fragen Sie dieses Wochenende drei Mitarbeiter. Vielleicht können Sie mit der Person anfangen, die die Goldfischchen in die Schüsseln füllt. Sie können Menschen schon alleine dadurch Anerkennung zollen, dass Sie sie fragen, warum sie mitarbeiten. Die Antworten werden Ihnen mit Sicherheit die Augen öffnen. Und es wird eine gute Aufwärmübung für das nächste Kapitel sein.

8 Fit für das Abenteuer

Lassen Sie Ihre Arbeit aufblühen, statt einfach nur irgendwie zu überleben

„Ihr habt Gehirne in eurem Kopf.
Ihr habt Füße in euren Schuhen.
Ihr könnt selbst jede Richtung
ansteuern, die ihr wollt.
Ihr seid für euch verantwortlich.
Und ihr wisst, was ihr wisst.
Und IHR seid diejenigen, die entscheiden,
wohin es gehen soll …“[21]

Im Leben müssen Sie manchmal einen Ort ansteuern, den Sie lieber meiden würden. Ich kam neulich an so einen Ort – eine Klinik, in der Operationen zur teilweisen Knieerneuerung durchgeführt werden. Es erstaunt mich, dass so etwas überhaupt möglich ist. In einer Welt, in der es noch niemandem gelungen ist, ein System zu erfinden, das das Öffnen und Verschließen der Plastiktüten in den Cornflakes-Schachteln erleichtert, können Ärzte in mein Knie gelangen, verschlissene Teile entfernen und alles wieder zunähen.

Die Operation war notwendig geworden, weil Verschleißerscheinungen mein rechtes Knie geschwächt hatten. Laut meines Arztes hatte ich den Knorpel des Knies verschlissen. „Wie ist das möglich?“, fragte ich mich. Ist Knorpel wirklich ein Körperteil, der verbraucht wird? Und was machte mein linkes Knie, während sich mein rechtes Knie verschliss? Mir fiel nur eine logische Antwort ein – Jahre des Verdrehens, Beugens und Wendens zu den Bewegungen der *Promiseland*-Lieder hatten ihren Tribut gefordert. Die augenscheinliche Faulheit meines linken Knies bei der ganzen Tanzerei bleibt ein Geheimnis.

Ich spürte nach dieser gefürchteten Operation Erleichterung, aber nur einen Moment lang. Niemand hatte mich vorgewarnt, dass mir eine noch gewaltigere Herausforderung namens Krankengymnastik bevorstand. Als ich ein paar Tage nach der Operation wieder Gefühl in allen Körperteilen hatte, merkte ich, dass mein nagelneues Knie weit davon entfernt war, einsatzbereit zu sein. So lernte ich auf die harte Tour eine Menge über Krankengymnastik – und lerne es immer noch, während ich an diesem Buch schreibe. Und in diesen langen Wochen voller Schmerzen wurde mir bewusst, dass es deutliche Parallelen zwischen einer Rehabehandlung und dem Leben eines gemeindlichen Dienstes gibt.

Was ich von der Krankengymnastik gelernt habe

Eine ins Auge fallende Ähnlichkeit ist, dass Krankengymnastik hart ist – so wie Gemeindearbeit. Manche fühlen sich jetzt vielleicht getröstet, weil Erfolg in der Gemeindearbeit weit mehr Aufmerksamkeit auf sich zieht als alle Probleme. Tatsache ist, dass es kein Zeichen von Versagen oder mangelnder Eignung ist, wenn die Arbeit eine Herausforderung darstellt. Es ist einfach eine Tatsache. Es wird harte Zeiten voller Konflikte, Enttäuschungen und Verlust geben, deshalb braucht man für die Gemeindearbeit ein Herz und eine Seele, die lebendig und voll belastbar sind. Dies gilt für Mitarbeiter und Leiter auf allen Ebenen. Zu wissen, dass Herausforderungen normal und zu erwarten sind, hilft mir, mich daran zu erinnern, dass ich nicht verrückt oder inkompetent bin. Jesus sagte: „In der Welt wird man euch hart zusetzen, aber verliert nicht den Mut: Ich habe die Welt besiegt" (Johannes 16,33).

Und es gibt noch weitere Parallelen. Krankengymnastik ist etwas, wofür ich mich entscheiden muss, damit mein Knie eines Tages wieder fit genug ist, um zu gehen, zu joggen und in *Promiseland* zu tanzen. Auf Dauer fit zu bleiben erfordert für die Arbeit mit Kindern eine ähnliche Entscheidung: Sie können lernen, wie Sie Ihren Dienst gut machen, oder Sie können vor sich hin humpeln und sich später umso schwerer tun.

Ich möchte dies in aller Deutlichkeit sagen und meine medizinische Analogie für einen Moment beiseite lassen: Es ist sehr gut möglich, dass Sie eine unglaublich gute Arbeit mit Kindern aufbauen oder darin mitarbeiten, dass aber irgendwo auf dem Weg dorthin Ihr Herz aufhört, für Gott zu schlagen, oder Ihre Seele sich nicht mehr nach ihm sehnt. Das gilt sowohl für leitende Mitarbeiter, für bezahlte Mitarbeiter und für ehrenamtliche Mitarbeiter. Ich möchte aber nicht, dass Ihnen oder mir dies passiert. Noch wichtiger ist, dass Gott nicht möchte, dass jemand als Folge seiner Mitarbeit beim Aufbau seines Reiches ein hartes Herz oder eine verschrumpelte Seele bekommt. Aber wenn Sie nicht aufpassen, kann dies durchaus passieren. Lassen Sie uns also betrachten, wie wir aufpassen können.

Es ist sehr gut möglich, dass Sie eine unglaublich gute Arbeit mit Kindern aufbauen oder darin mitarbeiten, dass aber irgendwo auf dem Weg dorthin Ihr Herz aufhört, für Gott zu schlagen, oder Ihre Seele sich nicht mehr nach ihm sehnt.

Krankengymnastik erfordert die persönliche Bereitschaft, etwas zu tun, das mir niemand abnehmen kann. Mit anderen Worten: Ich muss mich selbst leiten können, um Erfolg zu haben. Die Person, die am schwersten zu leiten ist, bin ich selbst. Deshalb muss dies zu meiner höchsten Priorität werden – wie viele Leiter vor uns sehr schön gezeigt haben. Fehlt dieses Selbstmanagement, sind die Folgen absehbar.

Dieser Punkt wird durch eine Beobachtung gestützt, die bei John Maxwell in *The Maxwell Leadership Bible* nachzulesen ist: „Über zwei Drittel aller biblischen Leiter nahmen ein armseliges Ende und hinterließen kein bleibendes Erbe."[22] Für ihr Versagen gab es unterschiedliche Gründe, aber diese lassen sich alle auf fehlendes Selbstmanagement zurückführen. Denken Sie an Noah, „ein rechtschaffener, durch und durch redlicher Mann" (Genesis 6,9). Er führte ein großartiges Leben – bis zum Ende, als er anfing, zu viel zu trinken, was dazu führte, dass er seinen Enkel verfluchte. Oder König David, der als Mann nach dem Herzen Gottes beschrieben wird (vgl. Apostelgeschichte 13,22). Obwohl er eine ganze Nation führte, zeigte sich sein persönliches Versagen in Ehebruch und einer unglaublichen Folge von Sünden, die viele Menschen verletzten. Weder Noah noch David entschieden sich bewusst, ihr Gespür für richtig und falsch abrupt aufzugeben – beide vernachlässigten lediglich im Laufe der Zeit ihr Selbstmanagement.

Leider konnte mir niemand meine Schmerzen und Mühen während der Krankengymnastik abnehmen, ebenso wie niemand Selbstmanagement für mich lernen und praktizieren kann. Meine zahlreichen Jahre in der Gemeindearbeit helfen mir, diesen Punkt ganz klar zu sehen: Das Beste, das ich meinem Dienst zu geben habe – den Kindern, ehrenamtlichen und hauptamtlichen Mitarbeitern –, ist ein Herz, das voll und ganz an Gott hingegeben ist. Es kostet mich ständige Aufmerksamkeit, Gott exklusiv ins Zentrum meines Lebens zu stellen, und fordert mich zu harten Entscheidungen heraus. In Sprichwörter 4, Vers 23 heißt es: „Mehr als alles hüte dein Herz; denn von ihm geht das Leben aus" (Einheitsübersetzung). Zu Selbstmanagement gehören die Alternativen, vor die jeder von uns gestellt wird, und es stellt die Kulisse für die wichtigen Lektionen dar, die wir in Bezug auf Perspektive, Tempo und Belastung lernen müssen.

Perspektive

Krankengymnastik konzentriert sich darauf, körperliche Mängel zu beheben. Manchmal gehört dazu Krafttraining, manchmal Konditionstraining, manchmal Übungen, die die Beweglichkeit fördern. Die Eingangshürde, die mir bevorstand, war die Flexibilität meines Knies. Als ich zum ersten Mal in die Praxis meines Krankengymnasten kam, konnte ich mein Knie nur im 55-Grad-Winkel beugen. Das Ziel war ein 110-Grad-Winkel. Zu meiner täglichen Routine gehörten nun Beinheben bis zur Erschöpfung, Stretching bis zur Schmerzgrenze und ein radikaler Kampf, um das Knie dazu zu bringen, sich noch etwas weiter zu beugen. Ich sehnte mich nach dem Tag, an dem der Krankengymnast mir sagen würde, dass sich mein Knie nun im 90-Grad-Winkel beugen ließ, denn das gäbe mir die Möglichkeit, Auto zu fahren und Treppen zu steigen. (Auch wenn mir das Autofahren weit anziehender erschien – angesichts des Wäscheberges, der sich in der Waschküche im Keller stapelte.)

Ich verbrachte Stunden auf dem Fußboden, in denen ich voller Schmerz Dehnübungen absolvierte und treu trainierte. Dabei wanderten meine Gedanken so manches Mal zu einem Lied, das wir oft in *Promiseland* singen:

„Ich werde meine Knie niemand anderem
beugen als dir.
Ich werde meine Knie nicht beugen.
Oh, oh, nein.

Ich werde meine Knie nicht beugen.
Ich antworte nur dir.
Ich werde meine Knie niemand anderem
beugen als dir."[23]

Als ich dieses Lied vor mich hinsummte, merkte ich, dass ich mir wünschte, mein Charakter wäre so schwer zu beugen wie mein Knie. Ich fragte mich konkret, ob meine ganze Anbetung wirklich nur Gott alleine galt, ob ich wirklich nur vor Gott meine Knie beugte. Die ehrliche Antwort lautete nein, was mich dazu veranlasste, tiefer zu graben und mein Leben aus einer neuen Perspektive zu betrachten. Mir wurde klar, dass ich mich dafür entscheiden musste, nur Gott alleine anzubeten, wenn ich mein Herz schützen wollte.

> *Ich musste mich dafür entscheiden, nur Gott alleine anzubeten.*

Ich gestand mir ein, was mich antrieb – eine Übung, die mir zeigte, dass ich meine Knie in viele andere Richtungen beuge als nur vor Gott. Manchmal verbeuge ich mich vor der Anerkennung anderer, was ihnen wiederum zu viel Macht in meinem Leben einräumt. Zu anderen Zeiten knie ich vor dem Altar der Imagepflege – und versuche, den Eindruck zu erwecken, dass alles in bester Ordnung sei, auch wenn das nicht ganz stimmt. Beide Götzen entspringen der Angst, was andere Menschen wohl von mir denken – eine Angst, die mich unter Umständen so fest im Griff hat, dass sie sogar sündige Worte, Gedanken oder Handlungen produziert. Ich erkannte außerdem, dass auch materielle Dinge die Sehnsucht meines Herzens gefangen nehmen können.

Dieser Fluss der ehrlichen Auswertung strömte weiter. Ich dachte an Zeiten, in denen ich meine Identität zu stark an meine Position als Leiterin von *Promiseland* knüpfte. Jeder leitende Mitarbeiter, egal, ob haupt- oder ehrenamtlich, bläht vielleicht einmal sein Ego wegen seines Titels, seiner Stellung oder seines Amtes auf. Das Ganze entwickelt sich dann zu einem großen Problem, wenn aus einem Leiter mit einem dienenden Leitungsstil ein Leiter wird, der sich danach sehnt, selbst bedient zu werden. Dieses Ego-Problem wird oft mit den Begriffen Delegation, Optimierung der Effektivität oder anderen schlau klingenden Rechtfertigungen kaschiert. Verstehen Sie mich nicht falsch – es ist gut, zu delegieren und nach Möglichkeiten zu suchen, wie man die Arbeit besser verteilen kann. Das gehört zu den Aufgaben eines Leiters dazu. Das Ganze verkehrt sich nur dann in Sünde, wenn es zum Vorteil des Leiters eines Dienstes geschieht statt zum Vorteil des Dienstes – oder wenn die Vorstellungen des Leiters wichtiger sind als die der anderen. Schließlich sollte man ja erwarten können, dass die Person mit dem höchsten Rang auch am besten weiß, was für einen Dienstbereich gut ist. Ja, ich habe das alles selbst erlebt und gemacht. Autsch! Immer, wenn mir mein Titel das Gefühl gibt, besser zu sein als die anderen, dann habe ich die richtige Perspektive verloren.

Für Gott ist es keine Bagatelle, wenn man die Knie vor der falschen Sache beugt. Das macht Jesus in dem wichtigsten Gebot deutlich: „Darum liebt [Gott] von ganzem Herzen und mit ganzem Willen, mit ganzem Verstand und mit aller Kraft“ (Markus 12,30). Das bedeutet, dass wir nichts anderes anbeten sollen – eine Anweisung, die sich auch in den ersten beiden der Zehn Gebote wiederfindet. Glücklicherweise möchte Gott uns dabei helfen, ihn im Zentrum unseres Lebens zu behalten, deshalb verbringe ich nun viel Zeit damit, mit ihm darüber zu sprechen und ihn zu fragen, worauf ich meine Aufmerksamkeit richten muss. Ich stelle fest, dass ich wieder eine gesunde Perspektive gewinne und Gott zurück in den Mittelpunkt meines Lebens rücke, wenn ich ihm bekenne, dass ich vor etwas oder jemand anderem meine Knie gebeugt habe. Er reagiert darauf immer mit Liebe und Vergebung und einem neuen Einblick darin, wie er mich sieht. Die einzige Zustimmung, das einzige Image oder die einzige Identität, um die ich mir Gedanken machen muss, finde ich in Gottes Augen. Ich muss mich lediglich dafür entscheiden, nur ihn anzubeten.

Tempo

Als mein Knie sich allmählich wieder anwinkeln ließ, setzte die nächste Stufe der Krankengymnastik ein: Konditionstraining. Da eine bessere Durchblutung dazu beiträgt, Schwellungen abzubauen, humpelte ich also auf ein elliptisches Trainingsgerät. Falls Sie sich mit solchen Geräten nicht auskennen – das Prinzip ist ganz einfach. Sie stecken Ihre Füße in skiähnliche Haltevorrichtungen, die mit einem Schwungrad verbunden sind, an dem sich Haltegriffe befinden. Diese Haltegriffe packen Sie und bewegen Ihre Arme dabei – daraus entsteht eine Mischung aus Langlauf und Jogging. Mit Hilfe dieses Gerätes können Sie eine nette Übung absolvieren, die Ihre Knie sehr wenig beansprucht. Auf alle Fälle bringt sie das Herz ganz schön in Schwung.

Wenn Sie auf dieses Gerät hüpfen (Sie können hüpfen; ich wurde hinaufgehoben), fragt Sie der kleine Monitor danach, wie lange Sie trainieren wollen und wie alt Sie sind. Dann setzt das Gerät ein vernünftiges Trainingsprogramm fest, das sich an einer erwünschten Herzfrequenz orientiert. Wenn ich auf dem Monitor „Trainingsbeginn“ lesen kann, geht das Rennen für mich los. Na ja, vielleicht nicht sofort. Ich beginne langsam, bewege meine Arme, so gut ich kann, und bemühe mich nach Kräften mit meinem teilweise ersetzten Bein. Aber jedes Mal, wenn ich die empfohlene Geschwindigkeit erreiche und in einen gleichmäßigen Rhythmus falle, passiert etwas Merkwürdiges. Aus irgendeinem Grund werde ich mutig und drücke ein bisschen stärker und gehe ein wenig schneller. Und noch ein bisschen schneller. Und noch schneller. Schließlich bin ich zu schnell, als dass es mir noch gut tun würde, und das Gerät zeigt die folgende Botschaft an:

Vermindern Sie Ihre Geschwindigkeit,
um die gewünschte Herzfrequenz aufrechtzuerhalten.

Diese tiefgründigen Worte von einer Maschine hallen in meiner Seele wider. Manchmal weiß ich, dass mein Arbeitstempo nicht gut ist – dass ich manchmal sogar ein gefährliches Tempo erreiche. Wenn das geschieht, warnt mich zwar keine Maschine, aber es gibt trotzdem einige ganz klare Signale. Zu Hause oder bei der Arbeit sage ich dann beispielsweise häufig: „Ich habe für dies oder jenes nicht genügend Zeit." Das bedeutet in der Regel, dass ich mir zu viel vorgenommen habe und in meinen Plänen nicht gestört werden möchte. Das ist tragisch, weil es mir die Möglichkeit raubt, das Leben voll und ganz zu erleben. Wie C. S. Lewis sagte: „Die Wahrheit ist natürlich, dass das, was wir Unterbrechungen nennen, das eigentliche Leben ist – das Leben, das Gott uns Tag für Tag schickt."[24]

Ein weiteres Signal für ein zu hohes Tempo ist zunehmender Zynismus. Oder ich gehe nicht mehr zum Gottesdienst, weil ich mich dazu zu erschöpft fühle. Vielleicht merke ich, dass ich anderen Menschen nicht mehr so liebevoll begegne wie normalerweise oder dass die Freude im Leben schwindet – vielleicht sogar völlig fehlt. Der gemeinsame Nenner all diesen Situationen ist das Fehlen von Augenblicken, in denen ich mir bewusst Zeit für Gott nehme, um aufzutanken, denn genau das sind die Momente, die sich leicht streichen lassen, weil es niemandem auffällt. Nun, niemandem außer Gott und mir. Ich weiß, dass ich mir vornehmen muss, mein Tempo zu drosseln und Zeit mit Gott zu verbringen, aber manchmal gelingt es mir nicht.

Egal, wie sich zu hohes Tempo äußert, die Ursache ist immer dieselbe – ich nehme mir zu viel vor, was dazu führt, dass ich überreagiere. Dann gelange ich zu der Überzeugung, dass ich früher zur Arbeit gehen und länger bleiben muss. Dies führt schließlich dazu, dass ich ununterbrochen arbeite, ein Tempo, das ich auf Dauer nicht beibehalten kann. Natürlich gibt es Ausnahmen, etwa die Extrastunden vor einer großen Veranstaltung. Zu einem offensichtlichen Problem wird das Ganze, wenn mein gesteigertes Tempo zur Normalität wird und nicht die Ausnahme bleibt. Und selbst wenn mir meine Arme, Beine und mein Verstand helfen können, ein hohes Tempo zu erreichen, spürt mein Herz in der Regel als Erstes die Folgen. Und wieder weiß ich, dass ich mir vornehmen muss, mein Tempo zu drosseln und Zeit mit Gott zu verbringen, aber aus irgendeinem Grund mache ich es nicht.

Ich muss mir vornehmen, mein Tempo zu drosseln und Zeit mit Gott zu verbringen.

Wenn mein Tempo zu hoch ist, schleicht sich Entmutigung darüber ein, wie ich mich als Ehefrau, Mutter und Freundin schlage. Wenn mein Tempo zu hoch ist, bin ich als Leiterin weniger effektiv. Das gilt jedoch nicht nur für Leiter – ich habe unzählige ehrenamtliche Mitarbeiter erlebt, die ihre Familien, Freunde und ihren Beruf vernachlässigt haben, damit sie mehr Zeit mit ihrer Mitarbeit in der Gemeinde verbringen können. Und ohne Selbstmanagement bekommen sie vermutlich auch noch Beifall für ihren Einsatz. Bis sie ihr Tempo zwangsläufig zum Burnout treibt und sie ihren Dienst in der Gemeinde aufgeben. Wir müssen eine Lösung für dieses Problem finden und diese Lösung ist zum Glück nicht sehr kompliziert.

Wenn ich in Schweiß gebadet bin, weil ich zu schnell gelaufen bin, denke ich an Psalm 23 und daran, dass Jesus mich an ruhige Wasser führen möchte, um meine Seele zu erfrischen. Mit anderen Worten: Er möchte an einem ruhigen Ort Zeit mit mir verbringen. Das bedeutet, dass ich bewusst langsamer machen muss. Und wenn das bedeutet, dass ich Termine absagen muss, dann sage ich sie ab. Ich muss mir jeden Tag bewusst Zeit mit Gott nehmen, weil ich eine Beziehung zu Gott haben muss, bevor ich ihm dienen kann. Das können ein paar Minuten sein, in denen ich Anbetungsmusik höre. Vielleicht ein zweistündiger Spaziergang in der Natur. Oder sogar ein paar Stunden erholsamer Spaß. Ich weiß, dass ich am Morgen regelmäßig Zeit einplanen muss, in der ich Bibel lesen und Tagebuch schreiben kann – zwei wichtige Dinge, die meinen Kontakt zu Gott aufrechterhalten. Jedes Bemühen, das Lebenstempo zu verändern, sollte damit beginnen, einen gesunden Zeitrhythmus mit Gott einzurichten, der meinem Herzen gut tut.

Niemand kann mein Herz und meine Seele so erneuern wie Gott. Niemand sonst kann über meinen Charakter so viel Wahres sagen wie Gott. Und nichts hat so großen Einfluss auf den Rest meines Tages wie die Zeiten, die ich mit Gott verbringe. Wenn mir die Arbeit schwer fällt, stärkt mich Gottes Kraft von innen.

Und Zeiten mit Gott machen mir klar, was wichtig und was einfach nur Geschäftigkeit ist. Folgendes habe ich gelernt: Meine persönliche Beziehung zu Gott hat hohe Priorität. Meine Familie hat hohe Priorität. Meine Freundschaften haben hohe Priorität. Meine Gesundheit hat hohe Priorität. Der Rest der Prioritäten beginnt erst an diesem Punkt der Liste. Das Setzen dieser Prioritäten trägt dazu bei, dass man selbstbewusst nein zu anderen Dingen sagen und das Leben auf diese Weise im Gleichgewicht halten kann. Im wahrscheinlichen Fall, dass Sie niemanden in Ihrem Umfeld haben, der Ihnen sagt, dass Ihr Tempo zu hoch ist, erscheint nun hier für Sie diese wichtige Botschaft:

Vermindern Sie Ihre Geschwindigkeit
und verbringen Sie Zeit mit Gott!

Belastung

Die nächste große körperliche Herausforderung, die auf mich wartete, war das Krafttraining. Mein Krankengymnast gab mir die Aufgabe, meine Beinübungen mit Gewichten an den Knöcheln zu machen. Als ich wieder zu Hause war, dachte ich mir, dass ich viel stärker werden könnte, wenn ich stattdessen die doppelten Gewichte verwenden würde. Das würde meinen Krankengymnasten sicher beeindrucken und die Therapie möglicherweise beschleunigen! Falsch gedacht.

Statt schnell an Kraft zuzulegen, führte mein Übereifer umgehend zu Schwellungen und verstärkten Schmerzen. Ich hatte versucht, zu viel Krankengymnastik zu machen, und ich neige dazu, dasselbe auch in der Arbeit zu tun.

In einem Jahr beschlossen die Mitarbeiter von *Promiseland*, ein Weihnachtsmusical als evangelistische Familienveranstaltung aufzuführen. Wir planten eine Aufführung für den Sonntagnachmittag. Aber als die Veranstaltung so schnell ausverkauft war, dass viele Eltern keine Karten mehr bekamen, planten wir zwei Zusatzveranstaltungen. Bedauerlicherweise sollten alle drei am selben Wochenende stattfinden, und zwar zusätzlich zu unserem normalen Programm.

Ursprünglich sollten 30 Kinder mitwirken, diese Zahl schwoll dann aber auf 120 Kinder an, weil wir niemanden wegschicken wollten, der mitmachen wollte. Um die Kosten niedrig zu halten, fanden wir eine Mutter, die bereit war, die Kostüme zu nähen. Wir hätten die Probleme spüren können, als sie nach den ersten 25 völlig „unter Dampf stand". Aber reduzierten wir die Hitze? Nein, wir warfen einfach noch mehr Leute in den Topf und kochten auch sie. Das Musical war eine tolle Produktion. Die Verletztenrate aber war sehr hoch. Wir haben seitdem nicht mehr in Erwägung gezogen, ein Musical aufzuführen.

Rückblickend könnte man sagen, dass es falsch war, noch zwei zusätzliche Aufführungen anzusetzen. Oder vielleicht, dass es falsch war, die Zahl der Mitwirkenden zu erhöhen. Oder vielleicht war es eine schlechte Entscheidung, die Kostüme selbst zu nähen, um Kosten zu sparen. Alle diese Punkte sind irgendwie richtig. Aber die eigentliche schlechte Entscheidung war, überhaupt ein Musical auf die Beine zu stellen. Diese Erfahrung ist ein Beispiel für ein Problem, das ich in *Promiseland* und anderen vergleichbaren Diensten sehe – man versucht, zu viel zu machen. Ich bin mir bewusst, dass ich mich dazu entschließen muss, ja zu einer vernünftigen Arbeitsbelastung zu sagen, die Gott Ehre macht, aber nicht zu mehr.

> *Ich muss mich dazu entschließen, ja zu einer vernünftigen Arbeitsbelastung zu sagen, die Gott Ehre macht, aber nicht zu mehr.*

Möglichkeiten, die sich in der Arbeit mit Kindern eröffnen, scheinen immer so verlockend, wenn man zum ersten Mal darüber spricht: Mehr Kinder. Mehr Familien. Mehr Lebensveränderung. Mehr, mehr, mehr! Es ist nichts daran falsch, sich darum zu bemühen, immer mehr Menschen für Jesus zu erreichen – wir sollen es ja auch tun. Das Ganze wird erst dann zum Problem, wenn sich diese Möglichkeiten zu einem vollen Programm addieren, dafür aber nichts anderes reduziert wird. Dann wird alles ziemlich schnell ziemlich schwierig und ist fast nicht mehr aufrechtzuerhalten. Gott liebt jeden, der sich darum bemüht, seinen Auftrag zu verfolgen, aber er möchte nicht, dass jemand dadurch eine untragbare Belastung übernimmt. Jesus lud uns deshalb ein: „Kommt alle zu mir; ich will euch die Last abnehmen! [...] Was ich anordne, ist gut für euch, und was ich euch zu tragen gebe, ist keine Last“ (Matthäus 11,28.30). Können wir vor diesem Hintergrund dann nicht auch darauf schließen, dass er nicht möchte, dass wir unter der Last unseres Dienstes zusammenbrechen?

Die Belastung ist zu groß, wenn man ständig Panik spürt, weil man nicht weiß, wie man alles schaffen soll. Die Belastung ist zu groß, wenn Projekte abgebrochen werden, bevor sie zu Ende gebracht wurden, damit man ein neues beginnen kann. Die Belastung ist zu groß, wenn ehrenamtliche Mitarbeiter gehen, weil sie sich überarbeitet fühlen, wodurch weniger Mitarbeiter eine noch größere Arbeitsbelastung tragen müssen. Wenn unsere Belastung zu groß wird, geht unsere Motivation verloren, unser Herz wird überbeansprucht und wir verlieren die Gewissheit aus den Augen, dass Gott uns zu unserem Dienst berufen hat. Diese Art der Arbeitsbelastung macht Gott keine Ehre.

Wenn Sie vermeiden wollen, dass Sie sich selbst schaden, dann sollten Sie nicht zu schnell neue Initiativen aufgreifen oder Anfragen, die an Sie oder den ganzen Dienstbereich gerichtet sind, aufgreifen. Beten Sie zuerst. Fragen Sie andere Personen nach ihrer Meinung – vor allem Ihren Ehepartner oder Ihre besten Freunde, die Ihre aktuelle Arbeitsbelastung kennen. Wenn Sie einen Dienstbereich leiten, dann berufen Sie ein Treffen der Personen ein, die mit dem Alltag des Dienstes vertraut sind, und denken Sie gemeinsam über die Kosten und die Vorteile nach. Wenn Sie die Frage nach dem „Wie“ und dem „Wer“ nicht beantworten können, dann widerstehen Sie der Versuchung, zu einem Projekt ja zu sagen.

Eine weitere wertvolle Übung besteht darin, ehrlich auszuwerten, ob das, was Sie gerade machen, im Einklang mit der Mission, der Vision, den Werten, der Strategie und der Kapazität Ihres Dienstes steht. Und wenn nicht, dann seien Sie mutig genug, es auch zuzugeben. Ich glaube, dass es Gott mehr Ehre macht, wenn wir in diesen Fällen nein sagen oder „nur unter der Bedingung, dass“, statt ja zu sagen. Leiter müssen bereit sein, nein zu sagen, aber ebenso sollte jeder Mitarbeiter in einem Dienst bereit sein, sehr konkrete Fragen zu stellen, wenn etwas nicht mehr vernünftig machbar erscheint. Ich verwende diesen Filter gewohnheitsmäßig, wenn mir attraktive Möglichkeiten über den Weg laufen, die absolut Gewinn versprechend aussehen – etwa besondere Veranstaltungen oder zusätzliches Kinderprogramm. An neuen Aktivitäten ist nichts falsch, solange sie in Einklang mit *Promiseland* stehen.

Um fair zu sein: Mir ist klar, dass ich mich in Kapitel 2 darauf konzentriert habe, ja zu sagen. Trotzdem besteht ein großer Unterschied dazwischen, grundsätzlich ja zu einer Berufung oder einer neuen Vision von Gott zu sagen und noch mehr Arbeit zu schultern, weil man nicht in der Lage ist, nein zu sagen – möglicherweise aus Gewohnheit oder wegen der Erwartungen anderer Menschen. Vergessen Sie nie, dass Sie die Last tragen müssen, die Sie sich aufladen lassen. Und manchmal sorgt es schon für Probleme, wenn Sie die Belastung auch nur leicht steigern. Die Entscheidung, ja zu einer vernünftigen Arbeitsbelastung zu sagen, die Gott Ehre macht, und nicht zu mehr, liegt ganz bei Ihnen.

Die richtigen Entscheidungen in Bezug auf Perspektive, Tempo und Belastung zu treffen, scheint in Verbindung mit den anderen Zielen eines Dienstes sehr viel zu sein. Wie kann ein Mensch alleine das schaffen? Ich versuche es nicht einmal, weil ich meinen Dienst nicht allein ausübe.

Während meiner Krankengymnastik hat mich meine Familie ermutigt, nicht aufzugeben, bis mein Knie wieder fit war. In gleicher Weise haben sie mich in meiner Arbeit unterstützt. Meine Kleingruppe und meine Freunde haben uns in der Zeit nach der Operation mit Mahlzeiten versorgt und sie versorgen uns immer noch aus Gewohnheit mit Freude und gutem Rat. Teammitglieder haben meine Verpflichtungen übernommen und mir die Zeit gegeben, wieder gesund zu werden. Umgeben Sie sich also mit Menschen, die Sie lieben – Menschen, die in guten und in schlechten Zeiten an Ihrer Seite stehen und die darauf achten, dass Ihre Lebensführung sich auf einer gesunden Grundlage bewegt. Operation und Reha haben mir die Augen für meine Arbeit in der Gemeinde geöffnet und in mir neu den Wunsch geweckt, bessere Entscheidungen zu fällen. Und nun träume ich von all den Orten, die ich erreichen kann, wenn ich mein Knie erst um 110 Grad anwinkeln kann …

Seit meiner Krankengymnastik sind die Tage vorbei, an denen ich mal rasch ins Auto gesprungen und in der Stadt herumgerannt bin. Das Leben besteht nun darin, vorsichtig über Bordsteinkanten zu gehen. Aber all das wird sich wieder ändern, und ich werde den Weg zu schätzen wissen, den ich während meiner Reha gegangen bin. Sie können sicher sein, dass ich dann besser auf meine Knie aufpasse.

Egal, an welchem Punkt auf Ihrem Weg im Dienst Sie sich befinden – Sie sollten darauf achten, dass die Sorge um Ihr Herz und Ihre Seele für Sie hohe Priorität hat. Sie könnten sich beispielsweise entscheiden, nur Gott alleine anzubeten, Ihr Tempo zu drosseln und Zeit mit Gott zu verbringen, indem Sie ja zu einer vernünftigen Arbeitsbelastung sagen, die Gott Ehre macht. Selbst Dr. Seuss betont die Bedeutung des Selbstmanagements, wenn er am Ende seines Buches schreibt:

„Sei also sicher, wenn du losgehst.
Geh mit Vorsicht und großer Umsicht los
Und denke daran, dass das Leben
Ein großer Balanceakt ist.“[25]

Aber gehen Sie mutig voran, denn Gott ist immer an Ihrer Seite und möchte Ihnen helfen, die richtigen Entscheidungen zu treffen. Und wenn das geschieht, werden Sie am Ende des Abenteuers stärker sein als am Anfang.

9 Die Helden des Sonntagmorgens

Echte Menschen, die echt etwas bewirken

Am Anfang dieses Buches sprach ich über meine Liebe zu Abenteuergeschichten und zu den Hauptpersonen, die die Abenteuer erleben. Egal, wie gut die Geschichte ist, es gibt immer Personen, die zu den Guten gehören, und solche, die zu den Bösen gehören. Und irgendwann taucht der Held auf. Jeder liebt den Helden – besonders in den Geschichten, die das Leben schreibt.

Die Bibel berichtet von einigen Dramen, die die Welt veränderten und in denen es echte Helden gab. In Hebräer 11 finden wir eine Heldenliste, in der der Autor die alttestamentliche Ruhmeshalle beschreibt. Diese Menschen – von Enoch über Rahab bis zu David – erhielten ihren Status, weil die Überzeugung sie antrieb: „Feststehen in dem, was man erhofft, Überzeugtsein von Dingen, die man nicht sieht" (Hebräer 11,1; Einheitsübersetzung). Abgesehen von ihrem Glauben offenbart eine nähere Betrachtung der Helden, dass sie im Allgemeinen drei Charaktermerkmale aufweisen.

1. Helden zeichnen sich unabhängig von den Umständen aus

Viele der Menschen, die in Hebräer 11 aufgelistet sind, hatten nicht vor, etwas Bemerkenswertes zu leisten. Und doch fanden sie sich plötzlich in außergewöhnlichen Umständen wieder, in denen ihre Reaktion und ihr Handeln ihnen Berühmtheit einbrachten. Das gilt oft auch für die Helden aus jüngerer Zeit.

Präsident John F. Kennedy beispielsweise kann als Beispiel eines modernen Helden gelten. Während des Zweiten Weltkriegs versenkte der Feind sein Patrouillenboot, wodurch er gezwungen war, mehrere Meilen an den Strand zu schwimmen. Unterwegs nahm er noch einen verwundeten Matrosen ins Schlepptau, indem er ein Band der Rettungsweste des Mannes zwischen seine Zähne klemmte. Als er später gefragt wurde, wie er zum Helden geworden sei, sagte er: „Es war ganz einfach – sie versenkten mein Boot.“[26] Er hatte nicht bewusst vor, etwas zu machen, das die Aufmerksamkeit aller auf ihn ziehen würde; er reagierte einfach nur klug auf seine Situation. Und über 60 Jahre später lebt seine große Leistung immer noch weiter.

2. Helden leben ihre Überzeugung

Was bringt einen Helden dazu, so zu reagieren, wie er es tut? Normalerweise treibt sie eine unerschütterliche Überzeugung an. Präsident Kennedys Anliegen war das Wohl der Männer, die er befehligte. Dr. Martin Luther King jr. ist ein weiterer Held, der bekannt ist für seinen Einsatz für die Bürgerrechte. In einem Brief an eine Gruppe von sehr lautstarken, kritisch eingestellten Kirchenmännern – den er auf Papierstreifen in einer Gefängniszelle in Birmingham, Alabama, schrieb – erklärte Dr. King, warum er sich so stark für das Anliegen der Gleichheit einsetzte: „Wie der Apostel Paulus sein kleines Dorf Tarsus verließ und das Evangelium von Christus in praktisch jedes Dorf und jede Stadt der griechisch-römischen Welt trug, fühle auch ich mich dazu getrieben, das Evangelium der Freiheit über die Grenzen meiner Heimatstadt hinaus zu verkünden ... Ich kann nicht faul in Atlanta sitzen und mir keine Gedanken über das machen, was in Alabama geschieht.“[27]

3. *Helden bekommen selten die Anerkennung, die ihnen gebührt*

Auch wenn manche Helden im Leben Ruhm für ihre Taten ernten, bleiben die meisten der großen Öffentlichkeit verborgen. Das mindert den Wert ihrer Heldentat keineswegs – es spiegelt lediglich eine Realität wider, in der das Rampenlicht nur eine begrenzte Größe hat. Das heißt, das Licht strahlt eine ausgewählte Anzahl von Helden an, die die höchste Anerkennung empfangen, die ein Land zu vergeben hat, in den USA etwa die *Medal of Honor* des Kongresses. Das Kriterium für diese Auszeichnung besagt, dass der Empfänger „sich auffallend unterscheiden muss durch Tapferkeit und Furchtlosigkeit ... weit über das Maß der Pflicht hinaus".[28] Leider erlebt die Mehrheit der Empfänger dieser Auszeichnung die Übergabe derselben nicht mehr persönlich – der Preis des Heldentums ist oft das Leben der betreffenden Person. Aber das konventionelle Schlachtfeld ist nicht der einzige Ort, an dem man Menschen findet, die es wert sind, gefeiert zu werden.

Schauen Sie sich heute in Ihrem Dienstbereich um und Sie werden in Ihrer Mitte die Helden des Alltags finden. Wenn ich durch die Flure von *Promiseland* gehe, sehe ich Menschen, die trotz herausfordernder Umstände ausgezeichnete Leistungen bringen, die von der Überzeugung angetrieben werden, dass Kinder wirklich wichtig sind, und die nicht nach Anerkennung streben. „Weit über das Maß der Pflicht hinaus", beschreibt den Einsatz, den viele der haupt- und ehrenamtlichen Mitarbeiter für *Promiseland* bringen, vor allem diejenigen, die seit vielen Jahren mit uns verbunden sind. Sie strahlen in ihrer stetigen Bereitschaft, Kinder für Jesus zu erreichen, „Tapferkeit und Furchtlosigkeit" aus – und das trotz meiner Leitung, die auf Versuch und Irrtum basiert. Ich bin davon überzeugt, dass dies die Menschen sind, die dazu beitragen, dass jedes Wort dieses Buches glaubwürdig ist. So ist es nur angebracht, dass wir uns zum Abschluss dieses Buches auf die Menschen konzentrieren, die jedes Kinderabenteuer in den Dörfern und Städten im ganzen Land möglich machen.

Die Helden des Sonntagmorgens

Hingebungsvolle Mitarbeiter in der Arbeit mit Kindern kommen jedes Wochenende relativ unbemerkt – und die Gemeinden sind froh darüber, dass sie es tun, weil die Arbeit mit Kindern ohne sie schnell bröckeln und nicht mehr stattfinden würde. Es sind ganz besondere Menschen, die ihre Termine so planen, dass sie am Sonntag die Möglichkeit haben, etwas zu tun, das Ewigkeitswert hat und das Leben eines Kindes verändert. Sie könnten ihre Talente bei einer Vielzahl anderer Gelegenheiten einsetzen, aber stattdessen folgen sie dem Herzschlag für Kinder, den Gott in sie hineingelegt hat. Ich nenne diese hingebungsvollen und zu wenig beachteten Menschen „Helden des Sonntagmorgens“. Sie arbeiten in der Arbeit mit Kindern in meiner Gemeinde, in Ihrer und in Gemeinden auf der ganzen Welt.

> *Es sind ganz besondere Menschen, die ihre Termine so planen, dass sie am Sonntag die Möglichkeit haben, etwas zu tun, das Ewigkeitswert hat und das Leben eines Kindes verändert.*

Ich bin so sehr davon überzeugt, dass jede gemeindliche Arbeit mit Kindern Helden in ihren Reihen hat, dass ich mich entschloss, ein paar zu finden, um sie während unserer jährlich stattfindenden *Promiseland*-Konferenz ins Rampenlicht zu stellen. Die Suche war einfach. Unzählige Gemeinden antworteten rasch auf meine Bitte, ihre „Helden“ zu nominieren. Ich las viele Seiten über Menschen, deren persönliche Leistungen sie definitiv abhoben – die aber auch die breite Masse der Menschen repräsentierten, die tapfer Woche für Woche den Kindern dienen. Schwierig war, nur eine Hand voll von ihnen auszuwählen. Ihre Geschichten berühren mein Herz, und ich freue mich, Ihnen einige dieser Menschen vorstellen zu können.

Wenn Sie Menschen – egal, wie viele – leiten, dann finden Sie im Rest des Kapitels Ideen, wie Sie diesen Ihre Anerkennung ausdrücken können. Achten Sie besonders auf die Details bei jedem der Helden. Die Leiter, die die Informationen weitergaben, kennen ihre Leute gut und konnten sie ganz konkret loben.

Nachdem wir auf der Konferenz die Laudatio für jeden Helden gehört hatten, baten wir ihn oder sie auf die Bühne. Stellen Sie sich nur die Freude dieser Menschen vor, wenn sie diese Kommentare über ihre Person hörten und sahen, wie 4 000 Fremde aufstanden und ihnen wild applaudierten. Und auch wenn der Applaus lang war und von Herzen kam, ahne ich doch, dass die Worte aus dem Mund ihres Leiters sie am tiefsten berührten. Wer würde sich nicht freuen, wenn er feststellte, dass seine Leistung bemerkt und geschätzt wurde?

Wenn Sie jetzt diese Beschreibungen lesen, betrachten Sie sie als Anregung. Denken Sie über Menschen aus Ihrem Dienstbereich nach, die Sie in diese Liste aufgenommen hätten, wenn Sie der Verfasser dieses Buches wären, und notieren Sie sich ihre Namen am Rand der Seiten. Sie werden diese Namen später noch benötigen. Und wenn Sie sich fragen, ob es angemessen ist, der Gemeinde einen bestimmten Mitarbeiter als einen Helden zu nennen, dann denken Sie an Römer 13, Vers 7, wo es heißt: „Wem Respekt zusteht, dem erweist Respekt, und wem Ehre zusteht, dem erweist Ehre.“ Geben Sie also Ehre, wem Ehre gebührt.

Held Nr. 1: Dave Smith, Southside Christian Church, Spokane/Washington

Die Helden des Sonntagvormittags sind ganz gewöhnliche Menschen, die Gott für einen außergewöhnlichen Dienst gebraucht. Die Möglichkeit, Gott mit ihren Gaben und Talenten zu dienen, ist oft ihre Hauptmotivation. Unser erster Held ist ein Anbetungsleiter für die Zeit im Plenum, dessen Leiter ihn beschreibt als „einen Traum, der Wirklichkeit wurde“. Aber es gibt mehr über Dave zu sagen, denn was ihn auszeichnet, ist nicht nur, was ihn antreibt, sondern auch was er fährt.

Über sechs Jahre lang fuhr Dave jeden Samstagabend in die Gemeinde. Dort angekommen, fuhr er den Gemeindebus nach Hause. Dave lebt in einer heruntergekommenen Gegend, und für die meisten Kinder, die dort wohnen, ist es schon etwas Ungewöhnliches, in die Kirche zu gehen. Unser Held lädt also am Sonntagmorgen alle Kinder in sein

Haus zum Frühstück ein und verfrachtet dann alle in den Bus, um sie zum Kindergottesdienst in seine Gemeinde zu bringen. An einem durchschnittlichen Wochenende fährt Dave bis zu 20 Kinder.

Stellen Sie sich diesen Helden in Aktion vor. Denken Sie einmal darüber nach, welches Chaos er jeden Sonntagvormittag um sich herum hat, wenn er versucht, diese Kinder satt zu bekommen. Wie herausfordernd es ist, sie alle im Blick zu behalten. Aber dieser Mann sieht hinter all dem noch etwas anderes. Er sieht Kinder, die Jesus brauchen, die eine Chance verdient haben, die Hilfe brauchen. Der Leiter von Daves Arbeit mit Kindern sagt, dass er persönlich mindestens 50 Kinder zum Glauben geführt hat, und diese Zahl steigt jedes Jahr weiter an.

Dave ist für andere Mitglieder seines Teams der „Traummitarbeiter“ und er ist vermutlich auch Teil der wahr gewordenen Träume mancher Eltern in seiner Wohngegend. Wegen all der Anbetungslieder, die er gesungen, wegen der unzähligen Pfannkuchen, die er gebacken, und vor allem wegen der vielen Kinder, deren Weg mit Jesus auf einer Busfahrt mit Dave begonnen hat, ist Dave ein Held des Sonntagmorgens.

Welcher Mitarbeiter in Ihrer Arbeit mit Kindern scheint immer neue Kinder zu erreichen? Wer dehnt den Dienst Ihrer Gemeinde über die Gemeindegrenzen hinaus aus?

Held Nr. 2: Joe Windover, West Gate Chapel, Akron/Ohio

Joe wird als jemand beschrieben, der sich sehr „offensiv“ im Hintergrund engagiert. Dieser Held steht für alle Mitarbeiter, die gute Ideen haben und dann – was in der Regel keiner merkt – Stunden damit verbringen, diese Ideen umzusetzen. Joe und Mitarbeiter wie er achten darauf, dass die Dekoration der Räume cool wirkt, dass die Bühne toll aussieht und dass die Fantasie jedes Kindes dadurch angeregt wird. Keine kleine Aufgabe – und eine, die dafür sorgt, dass Joe die ganze Woche über an diesen Dienstbereich denkt.

Joe läuft beispielsweise durch ein Geschäft mit Heimwerkerbedarf und kauft zehn Meter Dachrinnenschutz, weil er denkt: *Das könnten wir in der Arbeit mit Kindern vielleicht für irgendwas gebrauchen.* Und schließlich brauchen sie es. Für andere ist eine unaufgeräumte Garage vielleicht eine chaotische Müllsammlung – ein Schrein für alle, die nichts wegwerfen können –, Joe sieht in Fahrradhelmen, Schlitten und Besen bereits Käferkostüme oder andere Kreationen. Joes Frau Stacey sagt, dass sie den gewissen Blick in seinen Augen schon kennt. „Wenn er fragt: ‚Was meinst du?'", lacht sie, „dann weiß ich schon, dass er um Erlaubnis bittet, irgendein Möbelstück von zu Hause mitnehmen und als Requisite verwenden zu dürfen."

Joe toppte sein kreatives Allzeit-Hoch mit einer ausgeklügelten Idee, die fast zu innovativ war, wie der Leiter seiner Arbeit mit Kindern sagte. Joe fror nämlich für eine Einheit, in der es um ein wissenschaftliches Thema ging, Bananen und Luftballons mit flüssigem Helium ein. Zusätzlich zu seiner riesigen Vorstellungskraft und Kreativität hat er sich auch den Ruf erworben, andere für das, was er macht, in den Vordergrund zu stellen. Joes Leidenschaft für andere Menschen zeigt sich in der Beobachtung eines Teamkollegen: „Er wirkt erstaunlich ermutigend auf uns alle, die wir mit ihm zusammenarbeiten."

In einer Beschreibung von König Hiskia in 2. Chronik 31, Vers 21 heißt es: „Als er den Tempeldienst wieder ordnete … tat er dies alles, weil er seinem Gott mit ganzem Herzen gehorchen wollte. Darum ließ es ihm der Herr auch gelingen." Mit anderen Worten: „Er gab alles für Gott, was er hatte." Aber egal, wie man es formuliert: Diese Bibelstelle beschreibt, wie Joes Herz schlägt.

Was treibt Menschen wie Joe an, wenn man einmal von flüssigem Helium absieht? Diese Frage ist leicht zu beantworten. Er liebt es, den Gesichtsausdruck der Kinder zu sehen, wenn sie ganz hingerissen etwas über Gott lernen – besonders wenn alles um sie herum so cool ist und so viel Spaß macht, dass sie wiederkommen und mehr erfahren wollen. Das ist der Lohn, der ihn antreibt; das ist der Grund, aus dem ihm alles gelingt. Ohne Zweifel macht Joe alles, was er für Gott macht, aus ganzem Herzen. Und wegen all der deutlich sichtbaren Ergebnisse seiner Mühen, die andere sehr genießen, für die ihm aber selten jemand Anerkennung zollt, ist Joe ein Held des Sonntagmorgens.

Welche Mitarbeiter in Ihrem Dienstbereich setzen ihre handwerklichen Fähigkeiten und ihre Kreativität für das Reich Gottes ein? Welche Mitarbeiter arbeiten fleißig im Hintergrund, damit andere effektiv arbeiten können? Wer kommt früher als alle anderen, um etwas aufzubauen – und bleibt am längsten, um alles wieder aufzuräumen?

Heldin Nr. 3: Becky Swink, River Tree Christian Church, Massillon/Ohio

Wenn Arbeit mit Kindern im Team geschieht, kann sie für Kinder und Erwachsene gleichermaßen zu etwas Großartigem werden. Aber nur einfach zusammenzuarbeiten, garantiert noch lange nicht, dass sich wirklich ein echtes Teamgefühl entwickelt. Oft ist die fehlende Zutat ein Mensch wie Becky – jemand, der eine radikale Hingabe daran lebt, Kinder zu erreichen und ehren- und hauptamtlichen Mitarbeitern zu dienen.

Becky steht für all die Menschen, die sich um ihre Mitstreiter kümmern, die sicherstellen, dass andere ermutigt werden, und dafür sorgen, dass sie tatkräftige Liebe erfahren. Manchmal bedeutet dies, dass sie andere Mitarbeiter durch schwere Zeiten begleiten. Oder es bedeutet, dass sie diese fragen, wie es ihnen geht, und sich dann die Zeit nehmen, ihnen ungeteilte Aufmerksamkeit zu schenken und ihnen wirklich zuzuhören. Oder es bedeutet, dass sie an Geburtstage denken, sie im Krankenhaus besuchen, ihnen einen Kuchen backen oder für sie eine Party veranstalten, um ihnen zu zeigen: „Danke, dass du bei uns bist."

Jesus machte deutlich: „An eurer Liebe zueinander werden alle erkennen, dass ihr meine Jünger seid" (Johannes 13,35). In der Arbeit mit Kindern wimmelt es nur so von winzigen Augenpaaren, die genau beobachten, wie wir miteinander umgehen. Die Art von Liebe, die Kinder brauchen, ist eine so reale Liebe, dass Kinder sie sehen können. Wenn sie Becky lange genug beobachten, können sie Liebe in Aktion sehen. Wenn Erwachsene mit ihr zusammenarbeiten, haben sie das Gefühl, wirklich zu einem Team zu gehören.

Und dieses Gefühl macht einen Dienst stark. Die Leiterin von Beckys Arbeit mit Kindern sagt: „Becky macht alles, um den Sonntagmorgen zu einem Erfolg werden zu lassen." Weil sie erkannt hat, dass Erfolg bedeutet, dass Menschen einander lieben, ist Becky eine Heldin des Sonntagvormittags.

Welche Mitarbeiter haben in Ihrem Dienstbereich den Ruf, anderen in ihrem Team zu dienen? Welche Person Ihres Teams hat regelmäßig außerhalb der „Dienstzeiten" Kontakt zu anderen Mitarbeitern?

Heldin Nr. 4: Cindy Goodspeed, Farmers Branch Church of Christ, Dallas/Texas

Denken Sie an die einzigartigen Augenblicke, die Kindermitarbeiter erleben können: das Lächeln von Zweijährigen, ein Raum voller Kinder, die singen und Handbewegungen zu den Anbetungsliedern machen, Kinder, die wirklich ruhig dasitzen und Jesus bitten, für immer ihr Freund zu sein, und der begeisterte Blick in den Augen der Eltern, wenn ihr Kind ihnen von diesem Gebet erzählt. Ich möchte das, was ich in der Arbeit mit Kindern sehe, gegen nichts eintauschen. Unsere nächste Heldin hätte diese Möglichkeit gerne.

Cindy Goodspeed kann sich nie an einem solchen Anblick erfreuen, weil sie ihre Sehkraft fast völlig verloren hat. Stellen Sie sich vor, wie es ist, die ganze Arbeit zu machen und nie die Ergebnisse sehen zu können. Sie leitet ihren Dienst mit einer Vision, die sie nicht sehen kann, und mit einer Stärke, die jeder Vernunft spottet.

Vor einigen Jahren bekam Cindy eine motivierende Vision für die Arbeit mit Kindern, ironischerweise in einer Gemeinde, die überhaupt kein Kinderprogramm hatte. Sie musste keinen bestehenden Dienst verändern oder anpassen; sie schuf einfach einen neuen Dienst. Und heute ist ihre Vision eine Realität, von der über 300 Kinder profitieren, die sich jedes Wochenende in einem neuen, drei Millionen Dollar teuren Gebäude extra für die Arbeit mit Kindern treffen. Cindy steht für alle leitenden Mitarbeiter, die selbst dann groß träumen, wenn andere nur einen Blick für die Probleme haben, die vor Augen liegen.

Cindy schenkt ihrer körperlichen Beeinträchtigung nur wenig Aufmerksamkeit, weil sie den Auftrag verfolgt, eine durchschlagende Arbeit mit Kindern aufzubauen. Diese ansteckende Hingabe an ein größeres Ziel reißt andere mit – und nun hat sie ein engagiertes Team von 100 Erwachsenen, die diesen 300 Kindern dienen. Aber die Gewinnung von ehrenamtlichen Mitarbeitern ist nicht alles. Ihr Pastor sagt: „An den Rockschößen von Gottes Wirken in unserer Kinderarbeit wuchs unsere Gemeinde innerhalb von 18 Monaten um 33 Prozent."

Cindy geht an ihren Dienst in vollem Einklang mit 1. Samuel 16, Vers 7 heran: „Ein Mensch sieht, was in die Augen fällt; ich aber sehe ins Herz." Auch wenn sie die Kinder in ihrem Dienstbereich nicht sehen kann, konzentriert sie sich auf das, was die Herzen der Kinder brauchen – was meiner Ansicht nach widerspiegelt, wie Gott unsere Arbeit sieht. Es spricht auch für ihr Herz und für das Herz aller anderen Leiter, die sich im Reich Gottes engagieren.

Ihr Pastor sagt weiter über sie: „Cindys Augenlicht mag nicht so verlässlich sein, wie es unserer menschlichen Ansicht nach sein sollte. Aber in vielerlei Hinsicht ist es ein Gewinn, weil sie sich dadurch radikal auf den Vater verlassen muss, damit er unsere Arbeit mit Kindern mit allem versorgt."

Eines Tages im Himmel wird Cindy noch viel größeren Lohn von Gott erhalten, wenn sie endlich die Kinder sehen kann, die sie erreicht hat. Und die Verheißung dieses Anblicks veranlasst sie dazu, Jahr für Jahr weiterzumachen. Ein Leiter muss bereit sein, sehr reale Hindernisse zu bekämpfen, damit eine Arbeit mit Kindern florieren kann. Und weil sie genau diese Art von Leiter ist, ist Cindy Goodspeed eine Heldin des Sonntagvormittags.

Wer überwindet Hindernisse in seinem Leben, um sich in Ihrer Arbeit mit Kindern zu engagieren? Haben Sie einen leitenden Mitarbeiter in Ihren Reihen, der sich so engagiert um Kinder be-

müht, dass er sich durch nichts entmutigen lässt, zumindest nicht für lange Zeit? Welcher Mitarbeiter könnte etwas Anerkennung dafür brauchen, dass er sich mit Widrigkeiten herumschlägt, um Ihre Arbeit mit Kindern einen durchschlagenden Erfolg werden zu lassen?

Held Nr. 5: Ian Jackson, Goodlettsville Cumberland Presbyterian Church, Goodlettsville/ Tennessee

Um unseren nächsten Helden richtig schätzen zu können, müssen Sie sich in das Leben des Jahres 1953 zurückversetzen. In diesem Jahr gab es eine Menge Neuheiten. Dr. Jonas Salk kündigte die Entwicklung eines neuen Impfstoffes gegen Polio an. Walt Disneys Film „Peter Pan" wurde in einem New Yorker Kino uraufgeführt. Die ersten Folgen einer Fernsehserie namens „Die Abenteuer von Superman" wurden gezeigt. Und wenn wir schon beim Fernsehen sind – die ersten Fernsehgeräte erreichten die Supermärkte.

Wenn Sie nun denken, dass unser Held 1953 geboren wurde, dann haben Sie falsch geraten. In diesem Jahr begann Ian, ehrenamtlich in der Arbeit mit Kindern mitzuarbeiten!

Heute betreut er jeden Sonntag eine Kleingruppe für Kinder, leitet einen Chor für Kinder der vierten, fünften und sechsten Klasse und arbeitet bei einem Ferienlager und einer Ferienbibelschule mit. Der Leiter seiner Arbeit mit Kindern sagt: „Obwohl er gesundheitliche Probleme hat, ist Ian der beste Mitarbeiter, den ich je erlebt habe. Ian ist ein unglaubliches Vorbild für Kinder, Eltern, ehrenamtliche Mitarbeiter und für mich – den Pastor der Kinder."

Viele Menschen arbeiten ein Jahr lang in diesem Dienstbereich mit, weil sie denken, sie müssten es tun. Andere arbeiten ein paar Jahre lang mit, genau so lange, wie ihre Kinder von der Arbeit mit Kindern profitieren. Ian repräsentiert eine noch viel kleinere Gruppe – Menschen, die sich außergewöhnlich viele Jahre lang engagieren, weil Gott sie konkret in einen Dienst berufen hat. Und zwar nicht nur so lange, wie ihre Kinder davon profitieren, oder für eine gewisse Zeit, die ihnen gerade gut passt. Unser Held unterscheidet sich von anderen durch eine lebenslange Entscheidung, Gott zu dienen, indem er Kindern dient.

Wenn ich an Ian denke und an all die anderen ehrenamtlichen Mitarbeiter, die nicht mehr nur Jahre, sondern ganze Jahrzehnte mitarbeiten, fällt mir 2. Chronik 16, Vers 9 ein: „Der Herr behält die ganze Erde im Auge, damit er denen beistehen kann, die ihm mit ungeteiltem Herzen vertrauen.“ Es kostet Kraft, sich über 50 Jahre lang in der Arbeit mit Kindern zu engagieren, deshalb hat Gott ohne Zweifel gesehen, dass Ians Herz für Kinder schlägt – und er weiß schon seit Jahrzehnten, dass Ian ein Held des Sonntagvormittags ist.

Wer sind die Veteranen Ihres Dienstbereichs? Welche ehrenamtlichen Mitarbeiter haben sich viele Jahre lang für die Kinder engagiert oder vielleicht sogar für viele Generationen von Kindern? Wenn Sie eine Auszeichnung für die Lebensleistung eines Menschen zu vergeben hätten, wessen Name(n) würde(n) auf Ihrer Liste stehen?

Ein weiterer Held

Jeder Held des Sonntagmorgens verkörpert mit seinem Leben die Beschreibung christlichen Dienstes, die sich in 1. Korinther 15, Vers 58 findet: „Darum, meine lieben Brüder und Schwestern, werdet fest und unerschütterlich in eurem Glauben und tut stets euer Bestes für die Sache des Herrn. Ihr wisst, dass der Herr euren Einsatz belohnen wird.“ Ein Baby im Arm halten, ein Lied singen, eine Geschichte erzählen, einem Kind zuhören, Mitarbeiter gewinnen, für andere aus dem Team beten – nichts davon ist verschwendete Zeit, weil Gott weiß, dass das alles für ihn getan wird.

Wenn Ihnen Ihre Arbeit mit Kindern wichtig genug ist, dass Sie dieses Buch lesen, dann vermute ich, dass auch Sie ein Held sind.

Jedes Wochenende gehen in Gemeinden auf der ganzen Welt unbemerkt Helden ein und aus. Diese Menschen machen das, was sie tun, besonders gut, weil sie von einer festen Überzeugung angetrieben werden, ohne zu erwarten, dass sie dafür belohnt werden. Vermutlich würden sie es gar nicht bemerken oder zugeben, aber sie sind trotzdem Helden – für die anderen Mitarbeiter, die Eltern und die Kinder. Und wenn Ihnen Ihre Arbeit mit Kindern wichtig genug ist, dass Sie dieses Buch lesen, dann vermute ich, dass auch Sie ein Held sind.

In der heutigen Zeit ist es gar nicht schwer, zu sehr in andere Dinge eingebunden zu sein, um in der Gemeinde mitzuarbeiten, oder zu sehr vom Beruf in Anspruch genommen zu sein, um Gottes Berufung in die Arbeit mit Kindern anzunehmen. Ich danke Ihnen, dass Sie ja dazu gesagt haben, Kindern zu dienen. Sie haben bereitwillig den einfachen Weg gegen eine spannende Reise eingetauscht. Und während Gott Ihnen zusieht, wie Sie Ihre persönliche Abenteuergeschichte beginnen, sollen Sie wissen, dass der Lohn dafür am Ende Ihres Dienstabenteuers auf Sie wartet. Und bis dieser Tag kommt, sollen Sie wissen, dass Sie in meinem Buch ein Held des Sonntagvormittags sind!

Held Nr. 6

Diese Seite habe ich absichtlich leer gelassen, damit Sie hier den Namen eines besonderen Mitarbeiters aus Ihrem Dienstbereich eintragen können sowie eine Beschreibung seiner heroischen Leistung. Geben Sie dann dieses Buch an diese Person weiter. Denken Sie darüber nach, ob Sie dies nicht für alle Personen machen könnten, deren Namen Ihnen beim Lesen des letzten Kapitels eingefallen sind. Stellen Sie sich vor, wie sehr sich Ihre Teammitglieder freuen würden, dieses Buch zu lesen, diese Seite umzublättern und ihren Namen und Ihre ermutigenden Worte zu lesen. Denken Sie daran, dass diese Helden nur selten die Anerkennung bekommen, die sie eigentlich verdienen – dies ist also Ihre Chance, mit der Anerkennung zu beginnen!

Ein Wort zum Schluss

Am Anfang dieses Buches standen zwei Fragen. Die erste lautete: „Was passiert?“ in der Arbeit mit Kindern von Gemeinden, die es gewagt haben, entscheidende Veränderungen vorzunehmen, und die daraufhin aufblühten und Bestand hatten. Sie haben in diesem Buch zweifellos die Antworten auf diese Frage gefunden. Aber ich hoffe, dass Sie nun mehr als nur ein deutliches Bild davon im Kopf haben, was Gott in diesen florierenden Diensten getan hat. Dieses Buch verfolgt noch eine zweite Absicht: Es soll in Ihnen die Leidenschaft entzünden, auch zu erleben, dass Ihr Kindergottesdienst oder Ihre Kinderstunde zur besten Stunde der Woche für alle Kids wird.

Die zweite Frage lautete: „Kann dies auch in Ihrer Gemeinde Wirklichkeit werden?“ Theoretisch ist das natürlich absolut möglich. *Promiseland* hat sich verändert, wie auch Tausende andere Gemeinden auf der ganzen Welt. Aber die Theorie alleine reicht nicht. Vielleicht sollte man die Frage besser umformulieren: „Wird das auch in Ihrer Gemeinde Wirklichkeit werden?“ Oder: „Werden Sie dabei sein?“ Und ich kann keine dieser Fragen für Sie beantworten. Aber ich bete dafür, dass Sie große Träume für Ihren Dienst und für Ihre Rolle dabei haben werden und dass Sie immer daran denken: „Gott kann unendlich viel mehr an uns tun, als wir jemals von ihm erbitten oder uns ausdenken können“ (Epheser 3,20).

In Kapitel 1 haben wir uns eine Reihe von biblischen Helden angesehen, die eines gemeinsam hatten: ihren Glauben. Aber Glauben an was? In Hebräer 11, Vers 13 erfahren wir, dass jeder von ihnen an das glaubte, was Gott mit ihm erreichen wollte. Und dann stellten sie sich Gott für die Umsetzung seiner Absichten zur Verfügung. Im vergangenen Kapitel sahen wir dann eine Gruppe von modernen Helden des Sonntagvormittags, die ganz ähnlich leben. Und vielleicht steht in ein paar Jahren in einer neuen Liste auch Ihr Name:

Aus Glauben hielt [Ihr Name] *Jahr um Jahr Babys im Arm und sprach Gebete für die Kleinen, die im Himmel nicht ungehört bleiben konnten. Aus Glauben leitete und liebte* [Ihr Name] *eine ungestüme Gruppe von Fünftklässlern und half ihnen, daran zu glauben, dass Gott eine Absicht für ihr Leben hatte. Aus Glauben gab [Ihr Name] Berufsziele auf, um sich vollzeitlich in der Arbeit mit Kindern zu engagieren, nur weil Gott [Ihr Name] gezeigt hatte, dass es Kinder gab, die ihn noch nicht kannten und die ihn kennen lernen sollten. Aus Glauben vermittelte [Ihr Name] eine neue Vision für die Arbeit mit Kindern und hielt diese Vision mit einem Team aufrecht, das selbst dann an dieser Vision festhielt, wenn es mit Skepsis und Opposition konfrontiert wurde.*

Ihre Reaktion auf das Gelesene bestimmt, ob in Ihrem Dienst eine neue Abenteuergeschichte anfängt oder nicht. Und die vom Glauben getragene Entscheidung, bei dem mitzumachen, was Gott vorhat, treffen Sie alleine. Wollen Sie versuchen, das in Ihrer Gemeinde Wirklichkeit werden zu lassen oder in ein bereits bestehendes Abenteuer in Ihrer Gemeinde einzusteigen – ja oder nein? Finden Sie für sich eine Antwort auf diese Fragen und tragen Sie sie in die unten stehende Box ein. Denn das letzte Wort, das in diesem Buch wirklich zählt, ist nicht meines – sondern Ihres.

Einzel- und Teamübungen

Ich bin immer erstaunt, wie sehr mir meine Arbeit in der Gemeinde dabei hilft, zu wachsen und mich als Christ zu verändern. Die folgenden Einzelübungen sollen Ihnen dabei helfen, dasselbe zu erleben. Bevor Sie sich als Team treffen, sollten Sie sich Zeit nehmen, um für sich neue Ideen und Erkenntnisse zu durchdenken – ein Schritt, der Ihrem Team alle Möglichkeiten für lebhafte Gespräche eröffnen wird.

Nach den Einzelübungen finden Sie Ideen für tief gehende Teamübungen (für die leitenden Mitarbeiter in Ihrem Dienstbereich). Die Tage sind vorbei, in denen Gruppen einfach im Kreis saßen und über Fragen diskutierten. Unsere heutigen Dienstteams, besonders wenn sie daran interessiert sind, sich auf ein Abenteuer einzulassen, verdienen mehr. Der Rahmen und das Programm für ein Teamtreffen können mindestens ebenso viel zu einem erfolgreichen Ergebnis beitragen wie die Themen und die Fragen – das gilt vor allem für neuere Teams.

Kapitel 1

Einzelübung

Lesen Sie Hebräer 11, Verse 1 und 2 sowie Vers 6. Achten Sie darauf, wie sehr man den Glauben braucht, um Gott zu folgen. Denken Sie ein paar Minuten über folgende Fragen nach:

1. Inwiefern hat sich Gott für Sie in der Vergangenheit als treu erwiesen? Seien Sie in Bezug auf Segnungen und Versorgung konkret.

2. Gott möchte unsere Gedanken mit seinen Verheißungen füllen, um uns auf unserem Weg zu ermutigen.

Lesen Sie die fünf Verheißungen von Kapitel 1:

- Mit Glauben an Gott sind alle Dinge möglich. Er ist clever genug, stark genug und hat eindeutig einen Plan (Matthäus 19,26).
- Er wird uns mit allem versorgen, was wir brauchen, wenn wir eine Vision verfolgen, die Gott Ehre macht (Johannes 14,14).
- Es liegt Kraft darin, mit anderen zusammenzuarbeiten (Kohelet 4,9–10.12).
- Gott hat alles unter Kontrolle, selbst wenn wir das Gefühl haben, dass alles außer Kontrolle ist (Römer 8,28).
- Er hat ganz sicher einen Plan für Sie (Jeremia 29,11).

An welcher dieser Verheißungen müssen Sie sich gerade jetzt festhalten? Inwiefern möchte Gott Ihnen dadurch zu Wachstum im Glauben verhelfen? An welche Verheißung muss Ihr Dienstbereich jetzt erinnert werden, wenn Sie gemeinsam in eine neue Phase eintreten?

Schließen Sie diese Zeit mit einem Gebet ab. Sagen Sie Gott, dass Sie bereit sind, sich mit ihm auf ein neues Abenteuer einzulassen. Bitten Sie ihn, Ihren Glauben an Dinge, die Sie noch nicht „sehen", wachsen zu lassen. Danken Sie ihm für die Verheißungen, die er uns gibt, um uns zu ermutigen und zu leiten. Beten Sie, dass Ihre Arbeit mit Kindern so wird, wie Gott sie haben möchte.

Teamübung

Die Person, die diese Übung leitet, sollte am Anfang eine Abenteuergeschichte aus seinem Lieblingskinderbuch vorlesen oder einen kurzen Videoausschnitt zeigen. Der Leiter erzählt dann, was er von dem Abenteuer im Buch oder Film gelernt hat, und gibt jedem weiteren Teilnehmer der Gruppe drei Minuten Zeit, seine Lieblingsabenteuergeschichte zu erzählen und zu erklären, was er daraus gelernt hat. Dadurch entsteht im Team ein Gefühl von Gemeinschaft. Sprechen Sie gemeinsam über die positiven Erfahrungen, die Sie machen, wenn Sie sich auf ein Abenteuer einlassen, aber auch über die potenziell negativen Dinge, die passieren können, wenn man ins Ungewisse aufbricht.

Danach sollte ein Teammitglied Hebräer 11, Verse 1 und 2 sowie Vers 6 vorlesen. Fragen Sie jeden Einzelnen:

- Was denkst du über das Kinderabenteuer, das in deinem Dienstbereich gerade abläuft?
- Begeistert dich der Gedanke, deinen Dienst effektiver zu gestalten?
- Bist du persönlich und ist dein Dienstbereich bereit zu einem Glaubensabenteuer?

Erinnern Sie das Team nun mit Unterstützung einer visuellen Hilfe an Gottes Vertrauenswürdigkeit.

1. Geben Sie jeder Person eine leere Karteikarte, und bitten Sie sie, darauf eine Aussage über Gott zu notieren, die erklärt, warum er vertrauenswürdig ist. Beispielsweise „Gott ist allmächtig“ oder „Gott ist allwissend“.
2. Heften Sie alle Karten an eine Tafel, sodass jeder sie sehen kann.
3. Schreiben Sie die fünf Verheißungen, die in der Einzelübung aufgelistet sind, auf Karteikarten, und heften Sie auch diese an die Tafel.
4. Geben Sie jedem Teammitglied einen farbigen Klebepunkt, den er auf die Verheißung kleben soll, die der Dienstbereich seiner Ansicht nach am meisten braucht.

Achten Sie darauf, ob es innerhalb der Gruppe ein gemeinsames Thema gibt, also Verheißungen, die die meisten Klebepunkte bekommen haben. Fassen Sie die Ergebnisse zusammen, indem Sie betonen, dass dieses Treffen der erste Schritt dazu ist, die Herausforderungen anzugehen, die Ihnen als Dienstbereich bevorstehen. Betonen Sie, dass jeder einen Beitrag dazu leisten kann.

Schließen Sie mit einem Gebet ab. Danken Sie Gott dafür, dass er vertrauenswürdig ist, loben Sie ihn dafür, dass er seine Verheißungen hält, und bitten Sie ihn, Sie als Team im Glauben wachsen zu lassen und Ihnen die Weisheit zu schenken, die Sie für das vor Ihnen liegende Abenteuer brauchen werden.

Tipps für den Leiter: Fangen Sie eine Art Tagebuch an, in dem Sie festhalten, welche Erfahrungen Ihr Team auf seiner Reise zu einer neuen Arbeit mit Kindern macht. Sie können es „Das große Kinderabenteuer" nennen und nach jedem Teamtreffen eine weitere Seite hinzufügen, um Ihr Team an das zu erinnern, was Sie gemeinsam geleistet haben, um Ihren Dienst effektiver zu gestalten. Solche Bücher sind ein gutes Mittel, um Ihr Team zu ermutigen und zu feiern. Machen Sie von der Tafel und dem Team ein Foto. Gestalten Sie mit diesem Foto und den Karteikärtchen aus der Teamübung das erste Kapitel Ihres Buches. Wenn Sie möchten, geben Sie dem Kapitel eine Überschrift – eine, die Ihr Team zu Beginn dieses Abenteuers am besten beschreibt.

Kapitel 2

Einzelübung

Lesen Sie Hebräer 11, Vers 3 und konzentrieren Sie sich dabei auf die Worte, dass „alle sichtbaren Dinge aus Unsichtbarem entstanden sind".

Denken Sie einen Augenblick lang darüber nach, dass Gott *etwas* aus *nichts* gemacht hat. Gott hat die Macht, Worte zu sprechen und das ganze Universum entstehen zu lassen. Diese Wahrheit ermutigt uns an Tagen, wenn wir uns mutlos fühlen. Unser Gott hat die Macht, uns Mut zu schenken – etwas aus nichts zu schaffen –, damit unsere Seele voller Ruhe und Frieden sein kann. Gott fordert uns auf, ihm zu sagen, was wir brauchen.

Verbringen Sie etwas Zeit damit, Gott zu sagen, was Sie heute brauchen. Vielleicht brauchen Sie neuen Mut. Oder vielleicht müssen Sie etwas loslassen, das Sie von Gott ablenkt.

Konzentrieren Sie sich nun auf Ihren Dienstbereich, denn Gott kann Ihnen helfen, ein neues Bild davon zu schaffen. Selbst wenn Ihnen heute noch Teile dieses Bildes fehlen, hat Gott die Macht, einen unsichtbaren Traum zu seiner Zeit deutlich werden zu lassen.

Schreiben Sie Ihre Antworten auf die folgenden Fragen auf:

- Läuft Ihre Arbeit mit Kindern Ihrer Ansicht nach heute wirklich gut?
- Inwiefern könnte sie besser und effektiver sein?
- Wie würde Ihr Dienstbereich aussehen, wenn alles richtig laufen würde?
- Was würde mehr Kinder in Ihre Gemeinde ziehen?
- Was würde dazu beitragen, Ihren ehrenamtlichen Mitarbeitern optimale Arbeitsbedingungen zu verschaffen?
- Wie würde ein tolles Team aus Ehrenamtlichen aussehen?
- Wie würden Sie Ihr Traumgemeindehaus beschreiben?

Nehmen Sie Ihre Antworten zu Ihrer nächsten Teamübung mit.

Schließen Sie Ihre Einzelübung mit einem Gebet ab. Beten Sie für die Zukunft Ihres Dienstbereichs. Bitten Sie Gott, Ihnen dabei zu helfen, die Vergangenheit loszulassen und ja zu einer effektiveren Zukunft zu sagen, in der Sie Kinder besser erreichen können. Beten Sie darum, dass Gott Ihrem Team neue Energie verleiht, wenn alle bei der nächsten Teamübung über ihre Träume sprechen. Bitten Sie Gott, den Glauben des Teams zu stärken, in dem Bewusstsein, dass er die Macht hat, die Sie brauchen, um Ihre Zukunft anzugehen.

Teamübung

Pflegen Sie Gemeinschaft, indem Sie alle bitten zu erzählen, wie sie zu Ihrer Gemeinde kamen und Teil des Kindergottesdienstteams wurden. Sprechen Sie in der Gruppe darüber, was geschehen wäre, wenn ein Mitglied Ihres Teams Gottes Ruf nicht gefolgt wäre – und was Ihnen als Team dadurch fehlen würde.

Bitten Sie jemanden, Hebräer 11, Verse 8 bis 10 vorzulesen. Aus diesen Versen geht hervor, dass Abraham aufgefordert wurde, Gott zu gehorchen und seine Heimat zu verlassen – einen Ort, der für ihn Sicherheit und Geborgenheit bedeutete –, um in ein anderes Land zu gehen. Und wir lesen, dass Abraham wegen seines Glaubens an Gott gehorchte und aufbrach – auch wenn er nicht wusste, wohin er ging und wo er einmal bleiben sollte. Das ist ein Beispiel für ein echtes Glaubensabenteuer! Sind wir bereit, Gott so zu gehorchen und zu folgen, wie Abraham dies tat?

Präsentieren Sie nun Ihren Dienstbereich und seine Vision visuell:

- Bitten Sie jedes Mitglied des Teams, die Dinge auf gelbe Post-Its zu schreiben, die in Ihrem Dienstbereich gut laufen. Bitten Sie jeden, kurz zu erklären, was er aufgeschrieben hat, und seine Post-Its auf eine Tafel zu kleben. Überschreiben Sie diesen Bereich mit „Unser Dienstbereich heute“.
- Wenn alle ihre Punkte erläutert haben, schenken Sie jedem eine Rolle Traubenzucker, und danken Sie ihm bzw. ihr für seinen Beitrag zu Ihrem Dienstbereich. Ihre Treue hat den Dienstbereich dorthin gebracht, wo er heute ist. Eines Tages werden Kinder wegen ihrer Liebe, ihrer Gebete und ihres Gehorsams gegenüber Gott im Himmel sein.
- Kleben Sie die Post-Its in Form eines lächelnden Gesichts auf die Tafel, um dadurch deutlich zu machen, dass sich Gott darüber freut, dass die Teammitglieder den Kindern ihrer Gemeinde treu gedient haben.
- Nehmen Sie nun grüne Post-Its, und bitten Sie jeden, alles aufzuschreiben, was Ihren Dienstbereich jede Woche ein wenig effektiver machen könnte.
- Bitten Sie jeden, seine Ansichten zu erläutern. Konzentrieren Sie sich dabei darauf, wie Ihr Dienstbereich mehr Kinder erreichen könnte, und vermeiden Sie, zu einer Meckerrunde zu werden.
- Kleben Sie die grünen Post-Its unter der Überschrift „Wir können wachsen“ auf die Tafel.
- Bitten Sie abschließend jeden, seine Träume für den

Dienstbereich auf blaue Post-Its zu schreiben. Dabei sollten folgende Fragen berücksichtigt werden:

- Wie sieht unser Dienstbereich aus, wenn alles richtig funktioniert?
- Wie können wir den Kindern jedes Wochenende am besten dienen?
- Wie können wir unseren ehrenamtlichen Mitarbeitern optimale Arbeitsbedingungen verschaffen?
- Wie könnte unser ideales Gemeindehaus aussehen?

Erklären Sie den Teammitgliedern, dass es hier um ein Idealbild der gemeinsamen Zukunft geht – träumen Sie also groß! Gott hat die Macht, unsere unsichtbaren Träume in etwas Sichtbares zu verwandeln, das uns helfen wird, den Kindern besser zu dienen (Hebräer 11,3).

- Bitten Sie die Teammitglieder zu erklären, was sie aufgeschrieben haben, und dann ihre blauen Post-Its (für himmelblaue Ideen) in der Form eines T unter der Überschrift „Unser Traum von unserem Dienstbereich" auf die Tafel zu kleben.
- Diese Ideen bilden die neue Vision für Ihren Dienstbereich. Betrachten Sie, wie Ihr Dienstbereich mit Gottes Hilfe in der Zukunft aussehen kann. Ist dieses Bild nicht toll?

Schließen Sie diese Teamübung mit einem gemeinsamen Gebet ab. Beten Sie, dass Gott Ihnen allen den Glauben schenken wird, den Sie brauchen, um ja zu dieser neuen Vision zu sagen. Bitten Sie um Mut, sich dem unbekannten Abenteuer zu stellen, das vor Ihnen liegt.

Tipps für den Leiter: Halten Sie diesen Augenblick fest, indem Sie ein Foto des Teams zusammen mit dem blauen T machen. Heben Sie alle Post-Its von dieser Übung und das Foto für Ihr Tagebuch auf. Finden Sie Ihre eigene Kapitelüberschrift, die am besten zu der gemeinsamen Reise Ihres Teams passt.

Kapitel 3

Einzelübung

Lesen Sie Hebräer 11, Verse 1 bis 31. Überlegen Sie, wie viele unterschiedliche Einzelpersonen Gott gebrauchte, um seine Pläne Wirklichkeit werden zu lassen. Ist Ihnen bewusst, dass Gott Sie ausgewählt hat, damit Sie eine Rolle in der Zukunft Ihres Dienstbereichs spielen? Denken Sie an die zahlreichen Kinder, die davon profitieren könnten, wenn Ihr Dienstbereich effektiver arbeiten würde. Gott möchte Ihre Gaben, Ihre Lebenserfahrungen und Ihren Charakter gebrauchen, um seine Vorstellungen umzusetzen. Er hat mit Ihnen in seiner Abenteuergeschichte Ihrer Gemeinde große Pläne.

Denken Sie darüber nach, warum Sie sich in der Arbeit mit Kindern engagieren. In welcher Rolle sehen Sie sich selbst, wenn Ihr Team gemeinsam in eine neue Zukunft aufbricht? Welche Aktivitäten verleihen Ihnen neue Energie, welche rauben Ihnen Ihre Kraft?

Halten Sie die Antwort auf folgende Frage schriftlich fest: Mit welcher Person in Hebräer 11 können Sie sich am ehesten identifizieren? Warum?

Schließen Sie diese Zeit mit einem Gebet ab. Danken Sie Gott dafür, dass er Sie ausgewählt hat, um an diesem Abenteuer teilzunehmen. Beten Sie ihn als den Schöpfer an, der Sie so gemacht hat, wie Sie sind. Bitten Sie ihn, Sie zu gebrauchen, Sie vor Sünde zu bewahren und Ihren Charakter so weiterzuentwickeln, dass Sie seinem Sohn Jesus Tag für Tag ähnlicher werden.

Teamübung

Essen Sie als Team zusammen. Pflegen Sie Gemeinschaft, indem Sie die Teammitglieder bitten, zu erzählen, was ihnen an ihrer Mitarbeit in der Arbeit mit Kindern am meisten Spaß macht. Fragen Sie dann, was ihnen die Freude am stärksten raubt. Lassen Sie jeden erzählen, in welcher Rolle er sich in der Zukunft innerhalb des Dienstbereiches sieht.

Bitten Sie jedes Mitglied des Teams zu erzählen, mit welcher Person aus Hebräer 11 es sich am stärksten identifizieren kann. Fragen Sie nach, warum es sich für diese Person entschieden hat. Schließen Sie diesen Teil des Teamtreffens damit ab, dass Sie die Unterschiede und den besonderen Beitrag, den jeder Einzelne leistet, betonen. Erklären Sie, dass man ein Team mit sich ergänzenden Fähigkeiten braucht, damit der Dienstbereich seinen Missionsauftrag erfüllen kann.

Konzentrieren Sie sich nun auf die Missionsaussage Ihres Dienstbereichs. Fragen Sie die Teammitglieder, ob sie der Ansicht sind, dass ihr Dienstbereich eine klare Mission hat, die er zu erfüllen versucht. Holen Sie noch einmal die gelben, grünen und blauen Post-Its von der Teamübung aus Kapitel 2 hervor. Planen Sie ein ausführlicheres Gespräch über folgende wichtige Fragen ein:

- Wie definieren wir in unserem Dienstbereich Erfolg?
- Was soll auf unsere Kinder zutreffen, wenn sie unserem Dienstbereich entwachsen?
- Steht die Missionsaussage unseres Dienstbereichs im Einklang mit der Missionsaussage unserer Gemeinde?

Müssen Sie Ihre Missionsaussage überarbeiten? Müssen Sie eine Missionsaussage erarbeiten? Wenn ja, können Ihnen die folgenden fünf Schritte dabei helfen. Diese Schritte kombinieren Einzelarbeit mit Teamsitzungen und sollten einige Wochen oder gegebenenfalls Monate in Anspruch nehmen. Lassen Sie genügend Zeit und Raum, um alle Ideen auszudiskutieren, die bei den einzelnen Schritten entwickelt werden. Setzen Sie trotzdem einen Abschlusstermin, um das Team dazu anzuhalten, die Übung abzuschließen.

- *Schritt 1: Ausgangslage schaffen*
  Ergänzen Sie die folgenden zwei Aussagen (jeder für sich persönlich):
  Als Dienstbereich wollen wir … (was tun?)
  Damit … (was geschieht dadurch?)

- *Schritt 2: Konsolidieren*
  Treffen Sie sich als Team, und tauschen Sie sich über Ihre

Antworten zu Schritt 1 aus. Sammeln Sie alle Antworten, damit jeder alle Vorschläge vor Augen hat. Kreisen Sie die am häufigsten gebrauchten Begriffe und Sätze ein. Sprechen Sie über einzelne Punkte, um deren Bedeutung zu klären und zu entscheiden, ob Sie sie berücksichtigen wollen oder nicht.

- *Schritt 3: Bearbeiten*
  Skizzieren Sie im Team potenzielle Missionsaussagen; verwenden Sie dabei die Begriffe, auf die Sie sich in Schritt 2 geeinigt haben. Machen Sie sich zunächst keine Gedanken über den Umfang dieser Aussage, damit alle Gedanken berücksichtigt sind – höchstwahrscheinlich werden Sie zwei Sätze haben. Versuchen Sie dann, diese Sätze in einer Aussage zu kombinieren, streichen Sie dabei überflüssige Wörter.

- *Schritt 4: Vergleichen*
  Vergleichen Sie sie nun mit der Missionsaussage Ihrer Gemeinde, falls Sie eine haben. Sind die beiden Aussagen ähnlich? Klingen sie so, als gehörten sie zur selben Gemeinde? Nehmen Sie notwendige Anpassungen vor.

- *Schritt 5: Vervollständigen*
  Formulieren Sie Ihre Missionsaussage so, dass sie leicht zu merken ist. Das bedeutet wahrscheinlich, dass Sie manche Wörter streichen oder verändern müssen. Überlegen Sie, welche außen stehenden Personen Sie um Anregungen bitten könnten. Denken Sie dabei besonders an Personen mit starken kommunikativen Fähigkeiten und Erfahrungen in der Gemeindearbeit oder in der freien Wirtschaft. Wenn Sie Ihre Missionsaussage fertig gestellt haben, sollten Sie nicht vergessen, Sie der Gemeindeleitung vorzulegen, um deren Zustimmung einzuholen.

Wenn Sie Ihre Missionsaussage erstellt haben, ist es an der Zeit, auszuwerten, ob die Aktivitäten und Programme Ihres Dienstbereichs im Einklang mit dieser Missionsaussage stehen. Was müssen Sie beibehalten? Was müssen Sie aufgeben? Was sollten Sie neu ins Leben rufen, um Ihr Potenzial zu optimieren? Greifen Sie dabei auf Ihre Post-Its zurück, um zu sehen, welche Gedanken Sie sich bereits zu diesen Fragen gemacht haben.

Wenn Ihre Missionsaussage fertig gestellt ist und Sie sich im Team einig darüber sind, wozu Sie ja und wozu Sie nein sagen wollen, sollten Sie diesen Augenblick ganz bewusst begehen. Ein Vorschlag zur Gestaltung dieses Augenblicks stammt von der Grundsteinlegung der *Willow Creek*-Gemeinde.

- Treffen Sie sich als Team im Freien. Geben Sie jedem Teammitglied einen etwa einen Meter hohen Pfosten (im Baumarkt erhältlich).
- Dann befestigt jeder ein etwa 50 Zentimeter langes Stück Absperrband (ebenfalls im Baumarkt erhältlich) am Ende seines Pfostens.
- Bitten Sie jeden, die Missionsaussage Ihres Dienstbereichs auf den Pfosten zu schreiben, mit dem eigenen Namen zu unterschreiben und einen Bibelvers dazuzuschreiben, der jedem persönlich wichtig ist.
- Geben Sie dann jedem einen Hammer und schlagen Sie Ihre Pfosten gleichzeitig in den Boden ein. Dies soll Sie daran erinnern, dass Sie sich Ihrer Missionsaussage verpflichten.
- Schließen Sie mit gemeinsamem Gebet ab. Danken Sie Gott für die unterschiedlichen Fähigkeiten und den besonderen Beitrag, den jeder im Team leistet, damit Ihr Dienst möglich wird.

Tipps für den Leiter: Machen Sie ein Foto vom Team und den Pfosten. Kleben Sie dieses Foto mit einem Ausdruck Ihrer Missionsaussage in Ihr Tagebuch. Lassen Sie die Pfosten für eine gewisse Zeit in der Erde stecken, und kommen Sie von Zeit zu Zeit an diesen besonderen Ort, um zu feiern, dass Gott Ihnen dabei hilft, Ihre Missionsaussage zu erfüllen.

Kapitel 4

Einzelübung

Lesen Sie Hebräer 11, Verse 32 bis 38. Ist es nicht erstaunlich, wie hingegeben diese Menschen waren, als es darum ging, den Auftrag zu erfüllen, den Gott ihnen gab? Sie waren bereit, alles zu tun, worum Gott sie bat. Wie steht es um Ihre Hingabe? Nehmen Sie sich einen Augenblick Zeit, um darüber nachzudenken, ob Sie in diesem Bereich noch wachsen müssen, und wenn ja, bitten Sie Gott darum, Ihnen dabei zu helfen.

Denken Sie darüber nach, was Kinder erleben, wenn sie Woche für Woche zu Ihrem Kinderprogramm kommen. Wie gut gelingt es Ihrem Dienstbereich, Kinder zu erreichen? Konkreter gefragt: Welche Werte haben Sie, die beeinflussen, wie Sie den Bedürfnissen der Kinder begegnen? Sollten Sie Ihrer aktuellen Liste von Werten neue Werte hinzufügen, um Ihre Arbeit effektiver durchzuführen? Sollten Sie Werte streichen? Haben Sie überhaupt eine Liste?

Halten Sie Ihre Gedanken schriftlich fest, und bereiten Sie sich darauf vor, darüber mit Ihrem Team zu sprechen.

Schließen Sie Ihre Einzelübung mit einem Gebet ab. Lassen Sie Gott wissen, dass Sie sich danach sehnen, den Mut und die Ausdauer der Männer und Frauen aus Hebräer 11 zu haben.

Teamübung

Unternehmen Sie als Team einen Ausflug zu einem Ort, den Kinder lieben, beispielsweise ein Spielwarengeschäft, einen Buchladen, ein Restaurant oder einen Themenpark.

Bitten Sie das Team, sich gut umzusehen und darauf zu achten, wie an diesem Ort auf die Kinder eingegangen wird.

- Was ist an diesem Ort wirklich gut gemacht?
- Was kann das Team von dieser Einrichtung lernen? Welche Sicherheitsvorkehrungen gibt es beispielsweise und wie wirksam sind diese?

- Wie werden neue Kinder angezogen und regelmäßige Besucher veranlasst, wiederzukommen? Versuchen Sie, die Werte dieser Einrichtung zu erkennen.
- Setzen Sie Ihrem Team einen bestimmten Zeitrahmen, in dem sich die Mitglieder umsehen sollen, und treffen Sie sich dann wieder, um Ihre Eindrücke auszutauschen.
- Bitten Sie jemanden, alle Eindrücke zu notieren, machen Sie dann abschließend ein Foto von Ihrem Team in dieser Einrichtung, um sich an Ihren Ausflug zu erinnern.

Suchen Sie sich dann einen ruhigen Ort und sprechen Sie über die Werte Ihres Dienstbereichs. Haben Sie Ihre eigenen Werte? Wie lauten sie? Eignen sie sich dafür, Ihnen dabei zu helfen, Ihren Auftrag zu erfüllen? Schauen Sie sich zur Erinnerung noch einmal Ihre gelben, grünen und blauen Post-Its an. Bemühen Sie sich darum, sich auf eine Liste von Werten für Ihren Dienstbereich zu einigen. Sprechen Sie dann darüber, wie Sie diese Werte jedes Wochenende wirksam umsetzen wollen. Was werden Sie verändern müssen? In welchem Rahmen sollten diese Veränderungen vollzogen werden? Wie sollen sich Ihre Werte durch Ihren Dienst ausdrücken?

Schließen Sie mit einem Gebet ab. Beten Sie besonders für die Kinder in Ihrer Umgebung, die Gott noch nicht kennen und weit weg sind von Gottes Familie. Beten Sie, dass Gott Ihre Werte gebraucht, um eine Arbeit mit Kindern entstehen zu lassen, die die Kinder so sehr lieben, dass sie ihre Eltern buchstäblich zum Gottesdienst zerren. Bitten Sie Gott, diese Kinder zu Ihnen zu bringen und ihnen dabei zu helfen, eine Entscheidung für ihn zu fällen.

Tipps für den Leiter: Kleben Sie in Ihr Tagebuch das Foto ein sowie die Notizen von Ihrem Ausflug und eine abschließende Liste Ihrer Werte. Vergessen Sie nicht, eine auf Sie zugeschnittene Überschrift für dieses Kapitel zu finden, eine, die das gemeinsame Abenteuer Ihres Teams am besten widerspiegelt.

Kapitel 5

Einzelübung

Lesen Sie das 11. Kapitel des Hebräerbriefs, und achten Sie dabei besonders darauf, welche geistlichen Gaben die dort erwähnten Personen im Einzelnen hatten. Einige waren visionäre Leiter, andere waren als Militärkommandanten die reinsten Strategen. Nehemia war organisatorisch begabt, Elisa dagegen ein Prophet. Im Leib Christi gibt es eine große Vielfalt und Unterschiedlichkeit an geistlichen Gaben. Gott gebraucht alle diese Gaben und räumt keiner von ihnen einen höheren Stellenwert ein als einer anderen.

Auch Sie haben eine einzigartige Gabenkombination, die Sie zum Wohl des Leibes Christi einsetzen sollen. Denken Sie über Ihre Gaben nach. Im Anhang dieses Buches finden Sie eine Liste von geistlichen Gaben, an der Sie sich orientieren können. Welche Gaben haben Sie Ihrer Ansicht nach? Setzen Sie Ihre geistlichen Gaben im Augenblick optimal ein? Haben Sie das Gefühl, eine Aufgabe zu haben, die Ihren Gaben entspricht?

Schließen Sie diese Übung ab, indem Sie Gott für die Gaben danken, die er Ihnen gegeben hat. Bitten Sie ihn, Ihnen zu zeigen, wie Sie diese Gaben klug verwalten und so einsetzen können, dass sie zu seinem Wirken in dieser Welt beitragen.

Teamübung

Bitten Sie jemanden, eine Vorspeise oder ein Dessert zu machen und zum Teamtreffen mitzubringen. Nutzen Sie das gemeinsame Essen bewusst dazu, Gemeinschaft zu pflegen. Bitten Sie dann jeden zu erzählen, was seine bzw. ihre Lieblingsvorspeise beziehungsweise sein oder ihr Lieblingsdessert ist. Hat jemand jemals etwas gekocht und eine Zutat vergessen? Oder aus Versehen zu viel von einer Zutat hinzugefügt? Zweifellos werden Sie in Ihrem Kreis ein paar witzige Geschichten zu hören bekommen.

Gott weiß, wie wichtig es für uns ist dass wir in unserem

Dienstbereich die richtige Mischung von geistlichen Gaben haben, damit wir den Kindern umfassend dienen können. Bitten Sie die Teammitglieder, zu erzählen, welche geistlichen Gaben sie ihrer Ansicht nach haben. Fordern Sie sie dazu auf, sich gegenseitig Rückmeldung zu geben und zu berichten, wie sie erlebt haben, dass die anderen ihre Gaben im Dienst einsetzen. Arbeiten alle Teammitglieder in Bereichen, die zu ihren Gaben passen? Sprechen Sie auch über die ehrenamtlichen Mitarbeiter – kennen sie ihre geistlichen Gaben und haben sie entsprechende Aufgaben übernommen?

Wenden Sie sich dann dem Rest Ihrer Strategie zu, vor allem Ihren Arbeitsmaterialien und Ihrem Kreativprogramm. Repräsentieren diese Sonntag für Sonntag Ihre Werte? Wäre es hilfreich, zu einem Kleingruppen/Plenum-Konzept zu wechseln? Wenn ja, wie sollte dieser Wechsel aussehen? Wenn nein, was könnte sonst funktionieren?

Erstellen Sie eine Liste von Veränderungen, die Sie angehen wollen, und versehen Sie diese mit Prioritäten. Sprechen Sie darüber, welche der Veränderungen Sie in den nächsten 30 Tagen vornehmen können, welche in 90 Tagen, in sechs Monaten und in einem Jahr. Denken Sie daran, dass ein guter Anfang die Einführung Ihrer eigenen „vier Paar Augen“ ist. Überlegen Sie, welche anderen Rollen im Verlauf des Prozesses noch wichtig sein können.

Schließen Sie Ihre gemeinsame Zeit, indem Sie 1. Korinther 12, Verse 4 bis 31 lesen und diesen Text als Inspiration für Ihr Gebet nutzen. Danken Sie Gott für die unterschiedlichen Gaben in Ihrem Team. Beten Sie für die Rollen und geistlichen Gaben, die Sie für Gott ausfüllen wollen. Sagen Sie Gott, wie viel es Ihnen bedeutet, dass Sie sich gemeinsam als Team in seinem Reich engagieren können.

Tipps für den Leiter: Machen Sie ein Foto von Ihrem Team, das die Abhängigkeit voneinander illustriert. Sie können eine Pyramide bauen, die Arme miteinander verschränken oder alle Hände aufeinander legen. Kleben Sie das Foto zusammen mit der Prioritätenliste aller Veränderungen, die Sie angehen wollen, in Ihr Tagebuch ein.

Kapitel 6

Einzelübung

Wenn wir Hebräer 11, Vers 42 lesen, wird uns klar, dass es weitere Glaubenshelden gibt – viel zu viele, um sie alle hier aufzuführen. Nehemia ist nicht in der Liste enthalten, hat aber eine tolle Geschichte, die in folgender Passage gipfelt: „Dennoch wurde die Mauer vollendet. Am 25. Tag des Monats Elul, nach 52 Tagen, hatten wir es geschafft. Als die feindlichen Völker rings um uns her das hörten, bekamen sie es mit der Angst zu tun. Aller Hochmut war ihnen vergangen, weil sie einsehen mussten, dass unser Gott es war, der dieses Werk vollbracht hatte" (Nehemia 6,15–16).

Denken Sie einmal über Nehemia nach. Er war ganz Feuer und Flamme für den Auftrag, den Gott ihm gegeben hatte. Er setzte sich leidenschaftlich für den Wiederaufbau der Stadtmauern von Jerusalem ein, eine ziemlich unmöglich erscheinende Aufgabe. Wenn man liest, wie er seine Aufgabe bewältigte, werden einige Dinge ganz klar. Zum einen war er ein Mann des Gebets. Ihm war bewusst, dass er diese Aufgabe nur mit Gottes Hilfe bewältigen konnte. Und zweitens erstellte er einen Plan, der es ihm ermöglichte, die Leute einzuteilen, die er für diese Aufgabe brauchte. Und drittens war Nehemia ein Motivator, der seine Arbeiter zum Handeln antreiben konnte.

Beten Sie nun für die ehrenamtlichen Mitarbeiter in Ihrem Dienstbereich. Danken Sie Gott für die treuen Mitarbeiter, die Sie bereits haben. Bitten Sie ihn um Hilfe bei der Gewinnung neuer Mitarbeiter, deren Herz für die Arbeit mit Kindern schlägt. Bitten Sie Gott, Sie zu einem Menschen zu machen, der Feuer und Flamme ist für die Mission Ihres Dienstbereichs.

Teamübung

Kopieren Sie den Baseball auf Seite 211 fünfmal.

Spielen Sie einen Videoausschnitt von einem motivierenden Redner, der seine Vision mitrei-

ßend und überzeugend kommuniziert. Sie könnten eine politische Persönlichkeit wählen oder vielleicht die Rede „Ich habe einen Traum“ von Martin Luther King jr. Sprechen Sie darüber, was Ihnen an diesem Redner gefällt – ist er Feuer und Flamme für sein Thema? Woran kann man das erkennen?

Konzentrieren Sie sich nun auf Ihren Dienstbereich. Lesen Sie Nehemia 6, Verse 15 und 16. Neue Mitarbeiter zu gewinnen erscheint uns allen oft eine unmögliche Aufgabe zu sein. Sprechen Sie als Team darüber, was Sie von Nehemias Vorbild lernen können.

Sprechen Sie über die Leidenschaft des Teams für die Vision Ihres Dienstbereichs. Sammeln Sie dann Antworten auf folgende Fragen:

- Wissen die Menschen in Ihrer Gemeinde, wie wichtig Ihr Dienstbereich für den Missionsauftrag Ihrer Gemeinde ist?
- Welchen Ruf haben Sie Ihrer Ansicht nach bei anderen ehrenamtlichen Mitarbeitern und in der Gemeinde? Was müssen Sie verbessern?

Schreiben Sie dann auf jeden der kopierten Basebälle den Namen einer Zielgruppe in Ihrer Gemeinde. Die Beschreibung der unterschiedlichen Zielgruppen finden Sie in Kapitel 6. Dazu zählen: alle, Mitarbeiter für besondere Veranstaltungen, 1:6 Mitarbeiter, wöchentliche Mitarbeiter, Kern-Mitarbeiter. Sammeln Sie Ideen, wie Sie jeder Zielgruppe Ihre Vision vermitteln wollen, und schreiben Sie diese Ideen jeweils in die entsprechenden Basebälle. Räumen Sie ausreichend Zeit zum Brainstorming und Sammeln Ihrer Ideen ein.

Schließen Sie diese Zeit ab, indem Sie für die Menschen beten, die jeder einzelne Ball repräsentiert. Bitten Sie Gott dafür, dass Sie mit Ihren Ideen bei jeder einzelnen Zielgruppe „landen“.

Tipps für den Leiter: Geben Sie jedem eine Baseballkappe, vielleicht einigen auch einen Baseballschläger, und machen Sie davon ein Foto. Kleben Sie das Foto mit Ihren Ideen zur Gewinnung neuer Mitarbeiter in Ihr Tagebuch. Vergessen Sie nicht, eine originelle Überschrift für dieses Kapitel zu finden, die Ihrem Team am besten entspricht.

Kapitel 7

Einzelübung

In Hebräer 11, Vers 11 werden wir an die Geschichte von Abraham und Sara erinnert. Lesen Sie dazu den Bericht in Genesis 18. Was eine aberwitzige Idee zu sein schien, wurde ein unglaubliches Wunder. Gott setzte seinen Plan nach seinem Zeitplan um, und die beiden wurden Eltern, ganz wie er vorausgesagt hatte.

Denken Sie kurz nach – hatten Sie schon einmal das Gefühl, dass es eigentlich lächerlich ist zu hoffen, einen festen Stamm von Mitarbeitern zu haben, die sich wirklich wertgeschätzt, eingebunden, zugehörig und herausgefordert fühlen? Haben Sie das Gefühl, dass es vermutlich 90 Jahre dauert, bis Sie an diesem Punkt angelangt sind?

Was erwarten Sie sich persönlich zurzeit von Gott? Wenn Sie an Ihre eigene Zeit in der Gemeindemitarbeit denken, wie sehen Ihre Erfahrungen aus? Haben Sie lange darauf warten müssen, dass jemand die Rolle wertschätzt, die Sie ausfüllen? Haben Sie sich schon einmal uneingebunden und alleine gefühlt? Haben Sie lange darauf warten müssen, an den Informationsfluss angeschlossen zu werden? Haben Sie das Gefühl, dass Sie im Augenblick gar nicht weiterkommen? Nähren Sie irgendwelche Verletzungen oder Groll gegenüber einer anderen Person aus Ihrem Dienstbereich? Gibt es eine Person, mit der Sie noch einen Konflikt schlichten müssen?

Schließen Sie diese persönliche Zeit mit einem Gebet ab. Bitten Sie Gott, Ihnen die Geduld zu schenken, die Sie brauchen, um seine Zeitplanung abzuwarten, und den Glauben, um dann aktiv zu werden, wenn die Zeit gekommen ist, um zu handeln.

Teamübung

Kopieren und vergrößern Sie für dieses Teamtreffen die Bilder der vier Monster und deren Monologe aus Kapitel 7. Bringen Sie einen monstermäßigen Snack oder ein Essen mit, das sie gemeinsam einnehmen können, um in das Thema einzuleiten – etwa einen riesigen Kuchen, eine große Pizza oder ein Sandwich in Partyformat.

Bitten Sie zu Beginn jeden, einen „riesigen“ positiven Aspekt zu nennen, der den ehrenamtlichen Mitarbeitern in Ihrem Dienstbereich Freude macht. Lassen Sie jeden einen „großen“ Grund anführen, warum er gerne in diesem Team mitarbeitet. Halten Sie diese Kommentare für Ihr Tagebuch fest.

Konzentrieren Sie sich nun auf die Monster. Hängen Sie die Bilder sichtbar auf. Fangen Sie mit dem ersten Monster

– Gebraucht und Missbraucht – an. Bitten Sie eine Person aus dem Team, den Monolog laut zu lesen, fragen Sie dann reihum, ob das Monster bei den ehrenamtlichen Mitarbeitern schon an Boden gewonnen hat. Wenn ja, wie? Was müssen Sie verändern, um dieses Monster zu vertreiben? Geben Sie jedem Post-Its, auf die er schreiben kann, wie Ihr Dienstbereich seinen ehrenamtlichen Mitarbeitern Wertschätzung vermitteln kann, und kleben Sie diese Zettel an das Bild des Monsters. Verfahren Sie mit den drei anderen Monstern genauso.

Schließen Sie Ihre gemeinsame Zeit mit einem Gebet ab. Bitten Sie Gott, Ihnen dabei zu helfen, Ihren ehrenamtlichen Mitarbeitern Respekt und Wertschätzung zu erweisen. Beten Sie dafür, dass er Ihnen die Geduld gibt, seine Zeitplanung anzunehmen, und den Glauben, dann aktiv zu werden, wenn die richtige Zeit dafür gekommen ist. Sagen Sie Gott, dass Sie davon überzeugt sind, dass die Antwort auf die Frage „Ist für den Herrn irgendetwas unmöglich?" aus Genesis 18, Vers 14, „Nein!" lautet.

Tipps für den Leiter: Halten Sie den Augenblick fest, indem Sie ein Foto Ihres Teams machen, wie es gerade die Bilder der vier Monster mit den aufgeklebten Post-Its hochhält. Bitten Sie alle, so zu tun, als ob sie in Richtung Kamera treten würden – als Symbol für den Wunsch des Teams, alle Monster aus ihrem Dienstbereich zu vertreiben.

Kapitel 8

Einzelübung

Lesen Sie Hebräer 11, Vers 6. Darin erklärt uns der Verfasser des Briefes, dass Gott nicht nur möchte, dass wir an seine Existenz glauben, sondern dass er möchte, dass wir uns auch ernsthaft auf die Suche nach ihm begeben. Er sehnt sich nach einer persönlichen Beziehung zu uns, die unser Leben verändert. Und diese Veränderung soll von Dauer sein.

Die folgende Übung gibt Ihnen die Möglichkeit, Ihr eigenes Rezept für Veränderung zu erstellen. Markieren Sie jeden Bereich, der Ihre Aufmerksamkeit und Gottes Hilfe erfordert. Denken Sie darüber nach, ob Sie diese Übung einmal im Jahr durchführen und diese Seite alle zwölf Monate zum Check-up aufschlagen wollen.

Beten Sie alleine Gott an

- Wie kann ich in meiner Beziehung zu Gott wachsen?
- Wo muss ich in den kommenden Monaten in Bezug auf meine Lebensperspektive einen Schritt vorwärts gehen?
- Wann verbringe ich Zeit mit Gott alleine?
- Wie häufig besuche ich Gottesdienste, in denen ich Gott anbete und geistliche Nahrung bekomme?
- Welche Situationen verursachen bei mir Angst oder Furcht? Was verursacht diese Reaktionen und könnte falsch ausgerichtete Anbetung ein Faktor sein?
- Wann versuche ich mich bewusst, wenn auch geschickt, so zu positionieren, dass ich bemerkt und gelobt werde?

Halten Sie inne und verbringen Sie Zeit mit Gott

- Listen Sie schriftlich Ihre persönlichen Prioritäten auf. Rechnen Sie aus, wie viele Stunden Sie brauchen, um alle diese Prioritäten erfüllen zu können. Schauen Sie nun, ob dazu auch noch alle Verpflichtungen in der Gemeinde passen. Seien Sie realistisch! Wo haben Sie sich zu viel vorgenommen? Überlegen Sie, was realistisch ist, wo Sie Dinge streichen müssen und wie das konkret aussehen kann.
- Mache ich jede Woche Dinge, die mich geistlich auftanken lassen? Etwa Bibel lesen, Tagebuch schreiben, Spaziergänge in der Natur, Zeit in der Einsamkeit, Bücher lesen, CDs mit Anbetungsmusik hören?

Sagen Sie ja zu einer vernünftigen Arbeitsbelastung, die Gott Ehre macht, und nicht zu mehr

- Wer kennt mich gut genug, um mich zu einem gesunden Lebensstil anzuhalten? Eine Kleingruppe? Ein Mentor? Ein Seelsorger?
- Verbringe ich den Großteil meiner Zeit damit, im Einklang mit meinen Gaben zu leben?
- Wenn nicht, was muss ich verändern oder wer muss davon wissen, um mir dabei zu helfen, die notwendigen Veränderungen vorzunehmen?
- Welche Ihrer Verpflichtungen empfinden Sie als Last? Entwickeln Sie konkrete Strategien, wie Sie dieses Gefühl mildern können. Kann eine Aufgabe verschoben oder für ein Jahr abgegeben werden? Wessen Hilfe brauchen Sie dabei?

Legen Sie nun die nächsten Schritte fest, die nötig sind, um Ihr Herz zu bewahren. Vielleicht ist es für Sie hilfreich, mit einem guten Freund über alles zu sprechen, was Sie in dieser Übung über sich herausgefunden haben. Dieser Freund kann Sie dann in den Bereichen zur Verbindlichkeit anhalten, die Sie in dieser Liste als problematisch gekennzeichnet haben. Machen Sie weitere Termine aus, bei denen Sie über Ihre Fortschritte sprechen können.

Schließen Sie Ihre Einzelübung mit einem Gebet ab. Fangen Sie damit an, Gott für alle seine Segnungen zu danken. Bitten Sie ihn um seine Hilfe, wenn es darum geht, ihn zuerst und in erster Linie zu lieben. Das bedeutet auch, dass Sie Sünden bekennen und um Vergebung bitten müssen. Loben Sie ihn für das, was er ist. Sagen Sie ihm, dass Sie sich wünschen, dass Jesus in Ihnen noch stärker sichtbar wird.

Teamübung

Treffen Sie sich an einem Ort, an dem Sportgeräte jeder Art zu finden sind. Fangen Sie Ihre gemeinsame Zeit mit der Frage an, welches Sportgerät jeder Einzelne glaubt, in seinem geistlichen Leben aktuell besonders nötig zu haben. Fragen Sie dann jeden, mit welchem Bereich seines Selbstmanagements er gerade am meisten Probleme hat – Perspektive, Tempo oder Arbeitsbelastung.

Sprechen Sie über alle Themen, die mehrfach genannt werden. Gibt es einen Bereich, auf den Sie als ganzes Team besonders achten müssen? Sprechen Sie auch über Lösungen. Wie groß ist der Spaßfaktor bei Ihnen im Team? Spielen Sie auch einmal miteinander und verbringen Sie einfach eine schöne Zeit zusammen?

Fragen Sie jeden Einzelnen, wie ihn das Team in den kommenden Wochen unterstützen kann. Um einander zu ermutigen und zu unterstützen, ist es wichtig zu wissen, was jeder Einzelne im Team als besonders hilfreich empfindet. Legen Sie ein Datum fest, an dem Sie dieses Thema noch einmal aufgreifen und sehen wollen, ob Sie als Team Fortschritte gemacht haben.

Lesen Sie dann gemeinsam Psalm 23. Beten Sie füreinander, und bitten Sie Gott, jedes einzelne Mitglied des Teams wiederherzustellen, zu erfrischen und neu aufzutanken.

Schließen Sie diese Teamübung damit ab, dass Sie gemeinsam an einen Ort gehen, an dem Sie Spaß miteinander haben. Schauen Sie sich einen witzigen Film an, gehen Sie essen oder auf einen Spielplatz – machen Sie etwas, bei dem Ihr ganzes Team lachen und Spaß haben kann.

Tipps für den Leiter: Machen Sie ein Foto davon, wie Sie gemeinsam Spaß haben. Lassen Sie sich dadurch daran erinnern, dass Sie Ihr Herz bewahren müssen, wenn Sie sich gemeinsam in der Gemeindearbeit engagieren. Kleben Sie das Foto sowie ein Bild von einem großen roten Herzen mit dem Text aus Sprichwörter 14, Vers 30 („Ein ausgelassener Sinn erhält den Körper gesund") ein. Finden Sie eine Überschrift für das Kapitel, das Ihre gemeinsame Erfahrung als Team in diesem Prozess widerspiegelt.

Kapitel 9

Einzelübung

Wenn Sie dieses Buch vom Leiter Ihres Dienstbereichs bekommen haben, finden Sie unter Umständen eine Helden-Beschreibung von sich am Ende von Kapitel 9.

Orientieren Sie sich an dieser Beschreibung Ihres Leiters und an den Beispielen in Kapitel 9 und formulieren Sie eine einen Absatz lange Beschreibung über jeden Ihrer Teamkollegen. Sagen Sie ihnen, warum Sie davon überzeugt sind, dass jeder von ihnen ein Held des Sonntagvormittags ist. Gehen Sie auf ihr Engagement, ihren Charakter und den besonderen Beitrag zum Team ein. Stellen Sie sich darauf ein, Ihre Beschreibungen beim nächsten Teamtreffen vorzulesen.

Schließen Sie Ihre persönliche Zeit damit ab, für jedes Mitglied des Teams zu beten. Danken Sie Gott für jeden Einzelnen im Team und die Chance, diese Abenteuer gemeinsam zu erleben. Beten Sie, dass Gott die Worte, die Sie geschrieben haben, gebraucht, um Ihre Teamkollegen zu ermutigen.

Teamübung

Treffen Sie sich in einem gemütlichen, ungezwungenen Rahmen. Es sollte ruhig genug sein, dass man einander verstehen kann. Vielleicht ein gemütliches Wohnzimmer im Haus eines Teammitglieds. Wenn alle angekommen sind und sich wohl fühlen, sollten Sie die drei Abschnitte aus Kapitel 9 laut vorlesen, die unter der Überschrift „Ein weiterer Held" stehen. Wählen Sie eine Person aus dem Team aus, und bitten Sie alle anderen Teammitglieder vorzulesen, warum diese Person ihrer Ansicht nach ein Held des Sonntagvormittags ist. Machen Sie dies für jede Person in Ihrem Kreis. Das wird eine sehr emotionale Zeit für Ihr Team werden. Menschen lieben es zu hören, inwiefern sie mit ihrem Engagement und dem Einsatz ihrer Gaben etwas bewirken. Es tut ihnen auf tief gehende Weise gut, betonen Sie deshalb im Vorfeld, wie wichtig es ist, dass jeder da ist und sich beteiligt.

Schließen Sie mit gemeinsamem Gebet ab. Danken Sie Gott dafür, wie weit Sie als Team gekommen sind. Danken Sie ihm für alles, was Sie gelernt haben. Loben Sie ihn für alle Gebete, die er erhört hat. Sagen Sie ihm, dass Sie „fest und unerschütterlich" sein und „stets [Ihr] Bestes für die Sache des Herrn" geben wollen (1. Korinther 15,58), bis Sie Ihre Aufgabe erfüllt haben. Versprechen Sie ihm, ihm zu vertrauen und Schritte im Glauben zu gehen – weil Sie wissen, dass er der Verfasser des großen Abenteuers ist.

Tipps für den Leiter: Machen Sie noch ein weiteres Foto des kompletten Teams. Entscheiden Sie selbst, wie Sie dafür posieren wollen. Kleben Sie dieses Foto unter dem Titel „Helden des Sonntagvormittags" in Ihr Tagebuch ein. Schreiben Sie auch den Text von 1. Korinther 15, Vers 58 dazu. Finden Sie Ihre eigene Überschrift für dieses Kapitel, die die gemeinsamen Erfahrungen Ihres Teams in diesem Prozess bis an diesen Punkt am besten spiegelt. Gut gemacht – weiter so!

Missionsaussagen und Ziele von Willow Creek und Promiseland

Missionsaussagen auf der Grundlage des Missionsauftrags (Kapitel 3)

Der biblische Missionsauftrag (Matthäus 28,19–20)	***Willow Creek*-Gemeinde**	**Dienstbereich Promiseland**
„Darum geht nun zu allen Völkern der Welt und macht die Menschen zu meinen Jüngern und Jüngerinnen …	Wir möchten dazu beitragen, dass kirchendistanzierte Menschen …	Wir möchten Familien in ihren Bemühungen unterstützen, ein geistliches Fundament im Leben ihrer Kinder zu legen …
… und lehrt sie, alles zu befolgen, was ich euch aufgetragen habe.“	… zu hingegebenen Nachfolgern Christi verwandelt werden.	… damit jedes Kind – nach Gottes Zeitplan – eine Beziehung zu Jesus Christus aufbauen kann.

Kennzeichen geistlicher Reife – die 5 Gs (Kapitel 3)

1. Gnade (Epheser 2,8–9)

Wir wünschen uns, dass die Kinder Gottes Gnade als Geschenk annehmen (Errettung) und diese Gnade an andere weitergeben (Evangelisation).

2. Geistliches Wachstum (2. Petrus 3,18)

Wir wünschen uns, dass die Kinder geistlich wachsen, indem sie Gott und seine Ziele *kennen*; indem sie *verstehen*, dass diese Ziele einen Plan für jeden Einzelnen von ihnen beinhalten, und indem sie sich durch die Kraft Jesu *von innen nach außen verändern*.

3. Gruppe (Apostelgeschichte 2,46)

Wir wünschen uns, dass alle Kinder im Rahmen einer Gemeinschaft, in der sie angenommen und geliebt werden, wo man sich kennt, einander dient und miteinander feiert, Freundschaften erleben.

4. Gaben (Römer 12,6–8)

Wir wünschen uns, dass die Kinder entdecken, wie Gott sie gemacht hat und wie sie anderen mit ihren Gaben dienen können.

5. Gute Haushalterschaft (Philipper 4,11–19)

Wir wünschen uns, dass die Kinder entdecken, dass alles, was sie haben, Gott gehört und sie deshalb ihre Ressourcen und ihre Zeit für Gottes Ziele einsetzen können. Vorbild dafür ist das Geben des „Zehnten" in der Bibel. Dieses Ziel soll nach Möglichkeit erreicht oder sogar noch überschritten werden – je nachdem, wie Gott es schenkt.

Grundwerte von Willow Creek und Promiseland

Die zehn Grundwerte von Willow Creek (Kapitel 4)

Wert 1: Wir sind überzeugt, dass vollmächtige Lehre Veränderung im Leben von Einzelpersonen und im Leben der ganzen Gemeinde bringt (Römer 12,7; 2. Timotheus 3,16–17; Jakobus 1,23–25).

Wert 2: Wir sind überzeugt, dass Menschen, die Gott noch nicht kennen, Gott wichtig sind und deshalb auch der Gemeinde wichtig sein sollten. Das schließt Freundschaftsevangelisation und Evangelisation als Prozess mit ein (Lukas 5,30–32; Lukas 15; Matthäus 18,4).

Wert 3: Wir sind überzeugt, dass die Gemeinde kulturell relevant sein sollte, ohne ihre Identität und ihre Lehre zu verleugnen. Das schließt sensible Annäherung des Evangeliums an unsere Kultur durch unsere Gebäude, unsere Materialien und den Einsatz gestaltender Künste mit ein (1. Korinther 9,19–23).

Wert 4: Wir sind überzeugt, dass Nachfolger Christi authentisch leben und stetes geistliches Wachstum anstreben sollten. Das schließt Authentizität, Charakter und Ganzheit ein (Epheser 4,25–26.32; Hebräer 12,1; Philipper 1,6).

Wert 5: Wir sind überzeugt, dass eine Gemeinde eine Gemeinschaft von Dienern ist, die ihre geistlichen Gaben vereint zum Dienst an der Welt einsetzt. Das schließt Einheit, echtes Dienen, geistliche Gaben und Berufung zum Dienst mit ein (1. Korinther 12 und 14; Römer 12; Epheser 4; Psalm 133,1).

Wert 6: Wir sind überzeugt, dass liebevolle Beziehungen jeden Aspekt des Gemeindelebens prägen sollten. Das schließt von Liebe motivierten Dienst, Teamarbeit und Beziehungspflege mit ein (1. Korinther 13; Nehemia 3; Lukas 10,1; Johannes 13,34–25).

Wert 7: Wir sind überzeugt, dass sich die Veränderung des Lebens durch den Glauben am besten in Kleingruppen vollzieht. Das schließt Jüngerschaft, Verletzlichkeit und Verbindlichkeit mit ein (Lukas 6,12–13; Apostelgeschichte 2,44–47).

Wert 8: Wir sind überzeugt, dass exzellente Qualität Gott ehrt und Menschen inspiriert. Das schließt Auswertung, kritischen Rückblick, Intensität und Qualität mit ein (Kolosser 3,17; Maleachi 1,6–14; Sprüche 27,17).

Wert 9: Wir sind überzeugt, dass die Gemeinde von denen geleitet werden soll, die die geistliche Gabe der Leitung haben. Das schließt Bevollmächtigung, dienende Leitung, Strategie und Zielorientiertheit mit ein (Nehemia 1–2; Römer 12,8; Apostelgeschichte 6,2–5).

Wert 10: Wir sind überzeugt, dass volle Hingabe an Christus und seine Sache normal für jeden Christen ist. Das schließt Haushalterschaft, echtes Dienen, Zurückschrauben der eigenen Bedürfnisse und das Verfolgen der Ziele des Reiches Gottes mit ein (1. Könige 11,4; Philipper 2,1–11; 2. Korinther 8,7).

Sechs Grundwerte von Promiseland (Kapitel 4)

Wert 1: *Promiseland* ist kinderorientiert (1. Korinther 9,22).

Wert 2: *Promiseland* ist ein sicherer Ort für Kinder (Markus 10,14).

Wert 3: Die Inhalte von *Promiseland* sollen für den Alltag der Kinder relevant sein (Psalm 119,11).

Wert 4: *Promiseland* vermittelt biblische Inhalte auf kreative Weise.

Wert 5: *Promiseland* will Kinder persönlich in Kleingruppen begleiten, wo den Kindern vorgelebt wird, was es heißt, eine authentische Beziehung zu Jesus Christus zu haben (2. Timotheus 2,2; Apostelgeschichte 2,44–47).

Wert 6: *Promiseland* macht Spaß!

Eine typische Stunde in Promiseland

Teamtreffen der ehrenamtlichen Mitarbeiter (45 Minuten vor dem Start)

Ein kurzes Treffen, in dem der Leiter die Vision des Dienstbereichs vermittelt, wichtige Informationen weitergibt und dem Team die Möglichkeit gibt, für den Kindergottesdienst und für persönliche Anliegen zu beten.

Spielstraße (30 Minuten vor dem Start)

Tische mit Spielen, Bastelmöglichkeiten und andere Aktivitäten, die Spaß machen, sind aufgebaut. Diese unstrukturierte Zeit trägt das Etikett „zielorientiert spielen". Kleingruppenleiter nutzen diese Zeit, um Beziehungen zu den Kindern aufzubauen. Diese Zeit prägt eine lockere Atmosphäre.

Treffpunkt (die ersten 10 Minuten)

Kleingruppen treffen sich kurz, um Gemeinschaft wiederherzustellen und ein oder zwei Fragen zu beantworten, die sie auf die folgende Einheit im Plenum vorbereiten sollen.

Plenum (die nächsten 20 Minuten)

Alle Gruppen versammeln sich gemeinsam, um eine biblische Einheit zu erleben, die interaktiv, lebensverändernd, mitreißend ist und genug Spaß macht, um die ungeteilte Aufmerksamkeit der Kinder zu fesseln.

Kleingruppen (die letzten 30 Minuten)

Die Kinder gehen zurück in die Kleingruppen des Treffpunkts, um kreative Möglichkeiten zu entdecken und zu besprechen, wie sie die biblischen Inhalte aus dem Plenum in ihrem Leben anwenden können. Dies ist das ideale Umfeld, um von den erwachsenen Kleingruppenleitern persönlich begleitet zu werden.

Anhang

Geistliche Gaben

Apostel: Die von Gott gegebene Fähigkeit, neue Dienstbereiche oder Gemeinden aufzubauen und zu betreuen.

Auslegung von Sprachengebet: Die von Gott gegebene Fähigkeit, der Gemeinde die Worte, die jemand in Sprachen redet, verständlich zu machen.

Barmherzigkeit: Die von Gott gegebene Fähigkeit, gerne und ganz praktisch Menschen zu helfen, die leiden oder in Not sind.

Erkenntnis: Die von Gott gegebene Fähigkeit, anderen Christen durch biblische Erkenntnis Wissen von Gott zu vermitteln.

Ermutigung: Die von Gott gegebene Fähigkeit, andere Menschen zu ermutigen.

Evangelisation: Die von Gott gegebene Fähigkeit, das Evangelium wirkungsvoll Nichtchristen weiterzugeben, sodass diese zum Glauben an Jesus Christus kommen.

Gastfreundschaft: Die von Gott gegebene Fähigkeit, für andere Menschen zu sorgen und ihnen Freundschaft anzubieten.

Geben: Die von Gott gegebene Fähigkeit, gerne und freiwillig Geld und andere Mittel für Menschen und Projekte zu spenden.

Gebet: Die von Gott gegebene Fähigkeit, regelmäßig für die Anliegen anderer Menschen zu beten und konkrete Ergebnisse zu erwarten.

Glaube: Die von Gott gegebene Fähigkeit, im Vertrauen auf Gottes Wort zu handeln und unerschütterlich daran zu glauben, dass er seine Verheißungen erfüllt.

Handwerk: Die von Gott gegebene Fähigkeit, Dinge zu entwerfen, herzustellen oder zu reparieren, die praktisch einsetzbar sind.

Heilung: Die von Gott gegebene Fähigkeit, Gottes Werkzeug zu sein, damit Menschen an Leib, Seele und Geist wieder völlig gesund werden.

Helfen (Dienen): Die von Gott gegebene Fähigkeit, praktische und notwendige Aufgaben zu erfüllen, die andere entlasten, unterstützen und ihren Bedürfnissen entgegenkommen.

Hirtendienst: Die von Gott gegebene Fähigkeit, Menschen zu fördern, für sie zu sorgen und sie zu geistlichem Wachstum und Reife zu führen, damit sie Christus immer ähnlicher werden.

Kreativität: Die von Gott gegebene Fähigkeit, mit Hilfe künstlerischer Ausdrucksformen von Gott zu erzählen.

Lehren: Die von Gott gegebene Fähigkeit, die Bibel zu verstehen, verständlich zu erklären und so auf das Leben anzuwenden, dass andere in ihrem Glauben und Leben einen Schritt vorwärtsgehen können.

Leitung: Die von Gott gegebene Fähigkeit, Perspektiven zu vermitteln, Menschen zu motivieren und so anzuleiten, dass sie gemeinsam Gottes Ziele erreichen.

Organisation: Die von Gott gegebene Fähigkeit, zu verstehen, wie eine Organisation funktioniert, sowie Arbeitsabläufe so zu planen und durchzuführen, dass gesteckte Ziele erreicht werden können.

Prophetie: Die von Gott gegebene Fähigkeit, Gottes Wahrheit für eine bestimmte Situation zu offenbaren und so konkret auszusprechen, dass sie zu mehr Verständnis, zu Korrektur, Umkehr oder Ermutigung führt.

Sprachengebet: Die von Gott gegebene Fähigkeit, in einer Sprache, die der Sprecher nicht kennt, zu reden, zu beten oder Gott zu loben.

Unterscheidung der Geister: Die von Gott gegebene Fähigkeit, Wahrheit und Irrtum klar aufzuzeigen. Die Gabe beinhaltet die Fähigkeit, die Geister zu unterscheiden und zu sehen, was gut und böse, richtig und falsch ist.

Weisheit: Die von Gott gegebene Fähigkeit, geistliche Wahrheiten und Wissen auf eine konkrete Situation oder ein Bedürfnis anzuwenden.

Wundertaten: Die von Gott gegebene Fähigkeit, durch übernatürliche Ereignisse Gottes Wirken sichtbar werden zu lassen.[29]

Anmerkungen

[1] Dr. Gilbert Bilezikian, zitiert in: *Willow Creek Monthly* (Oktober 1999), S. 3.

[2] George Barna: *Barna Update – Teens and Adults Have Little Chance of Accepting Christ as Their Savior.* Ventura, CA, Barna Research Group, 15. November 1999.

[3] „Apollo 13", von Ron Howard, USA, Universal Pictures 1995.

[4] Kay Kuzma: *Building Your Child's Character from the Inside Out*. Elgin, Ill.: David C. Cook, 1988, S. 2.

[5] Karyn Henley: *Child Sensitive Teaching*. Cincinnati: Standard, 1997, S. 29.

[6] Barna: *Barna Update*.

[7] *Prestonwood Baptist Church* (Plano, Texas), http://www.prestonwood.org (Dezember 2002).

[8] *Grace Community Church* (Carmel, Indiana), http://www.gracecc.org (Dezember 2002).

[9] Bill Hybels, *Promiseland*-Konferenz: „The Difference One Children's Ministry Can Make". South Barrington, Ill.; Willow Creek Association, 2002.

[10] Mark Haguemen (Geschichte erzählt auf der *Promiseland*-Konferenz, South Barrington, Willow Creek-Gemeinde, 2002).

[11] John Ortberg in einer Predigt mit dem Titel „Parents and Kids: Same Planet, Different Worlds – Hearts and Souls". South Barrington, Illinois, Willow Creek-Gemeinde, Februar 2003.

[12] Suzette Elgin: *The Gentle Art of Communicating with Kids*. New York: John Wiley & Sons, 1996, S. 9.

[13] „Ich kann Gott anbeten – er ist ewig", Einheit 8 aus: „Ab in den Himmel". Asslar: Projektion J, 2004.

[14] Marlene D. LeFever: *Learning Styles*. Colorado Springs: David C. Cook, 1995, S. 17.
[15] Cynthia Ulrich Tobias: *The Way They Learn*. Colorado Springs: Focus on the Family, 1994, S. 99.
[16] Marlene LeFever: *Learning Styles*, a. a. O., S. 18.
[17] Bill Hybels: *Leadership Summit,* Vortrag: „The Y-Factor". South Barrington, Illinois, Willow Creek Association, 2002.
[18] Stuart Hample und Eric Marshall: „Kinderbriefe an den lieben Gott". Gütersloh: Gütersloher Verlagshaus 1999.
[19] Emily Kittle Morrison: *Leadership Skills*. New York: Fisher, 1994, S. 85.
[20] Anne Allan Adams: Mobilize Volunteers for Maximum Impact. An Interview with the American Red Cross (Vortrag auf der Promiseland-Konferenz 2003). South Barrington, Illinois, Willow Creek Association, 2003.
[21] Theodor S. Geisel (Dr. Seuss) & Audrey S. Geisel: *Oh, The Places You'll Go!* New York: Random House, 1990.
[22] John Maxwell: *The Maxwell Leadership Bible*. Nashville: Nelson, 2002. S. 300.
[23] Aaron Niequist: „Bend my Knee". © 2000 Ever Devoted Music (Willow Creek Association).
[24] C. S. Lewis: *The Letters of C. S. Lewis to Arthur Greeves*, zitiert in: Wayne Martindale & Jerry Root: *The Quotable Lewis*. Wheaton, Illinois: Tyndale House, 1989, S. 335.
[25] Geisel & Geisel: *Oh, the Places You'll Go!* a. a. O.
[26] John F. Kennedy zitiert in: Anne Bausum: *Our Country's Presidents*. Washington, D.C.: National Geographic Society, 2001, S. 145.
[27] Martin Luther King jr.: *Letter to Fellow Clergymen*. Zitiert in Andrew Carroll: *Letters of a Nation*. New York: Kodansha America, 1997, S. 209.
[28] *Congressional Medal of Honor Society*, http://www.cmohs.org (Mai 2003).
[29] Hybels/Bugbee/Cousins: „D.I.E.N.S.T. – Teilnehmerbuch". Asslar: Projektion J Verlag, 2003.

„Treffpunkt Vaterhaus" – eine lebendige Arbeit mit Kindern

März 1999: Willow Creek-Kongress für missionarische Kinderarbeit in Bochum. Fünf Mitarbeiterinnen der ev. Kirchengemeinde Neuenburg lernen Promiseland kennen. Ein Traum entsteht.
Der Traum von einem Kindergottesdienst, der die Botschaft von Gottes Liebe auf neue, überraschende und lebensnahe Weise vermittelt. Der Traum von einem Gottesdienst, der Kinder und Mitarbeiter begeistert und der immer weitere Kreise zieht. Dieses Buch zeigt Ihnen, wie dieser Traum Schritt für Schritt Wirklichkeit wurde. Lassen Sie sich inspirieren und brechen auch Sie aus Langeweile und Frustration auf, um in Ihrem Ort Neues zu wagen – aus Liebe zu den Kindern.

Norbert und Gudrun Gantert
Schluss mit Langeweile
Taschenbuch, 224 Seiten
Bestell-Nr. 657 475

Die wilden David-Kids

Entdecke das spannende Leben von König David.

Mit dem Promiseland-Programm „Die wilden David-Kids“ laden Sie die Kinder Ihrer Gemeinde ins Zeltlager ein, wo sie mehr über David erfahren werden, der ein echter Freund Gottes war.

Die Kinder entdecken, wie auch sie Freunde Gottes werden und ihr Leben mit ihm zusammen verbringen können: indem sie ihm vertrauen, zu ihm beten und ihm gehorchen, indem sie andere Menschen lieben, geduldig sind, ihre Fehler und Vergehen bekennen, an ihn glauben, treu sind und ihn anbeten.

In den unterschiedlichen Bereichen des „Camps“ werden die Kinder dann auch auf bewährte Weise dazu herausgefordert, das Gehörte in ihrem Leben umzusetzen. Bestell-Nr. 657 538

Weitere Informationen über Promiseland bei:

Willow Creek Deutschland: www.promiseland-online.de
Willow Creek Schweiz: www.willowcreek.ch
Gerth Medien: www.gerth.de